지금 다시
Karl Polanyi
칼 폴라니

Karl Polanyi no Keizaigaku Nyuumon
by WAKAMORI Midori

Originally published in Japan by HEIBONSHA LIMITED, PUBLISHERS, Tokyo.
Korean translation rights arranged with HEIBONSHA LIMITED, PUBLISHERS, Japan
through BC Agency.

지금 다시,

Karl Polanyi

칼 폴라니

우리 시대의 경제적 고통은 어디에서 출발하는가

와카모리 미도리 지음 | 김영주 옮김

생각의힘

차 례

일러두기

1. 원서의 주는 번호를 달아 미주로 넣었고, 옮긴이의 주는 ✽로 표시하여 본문 하단 각주로 정리했다.
2. 단행본은 『 』로, 논문, 초고, 칼럼, 강연 원고, 정기간행물 등은 「 」로 표기했다.
3. 본문 중 인용한 문헌에서 저자의 이름은 칼 폴라니 공식 출간 도서와 구미권 출간 도서의 경우 영문으로 표기했고, 일본어권 출간 도서의 경우 한글과 일본어를 병기했다. 저자의 이름 뒤에는 인용한 도서의 출간 연도를 표기했다.
4. 본문 중 인용한 문헌에서 저자의 이름 없이 숫자로만 표기한 경우는 칼 폴라니 아카이브 자료로, 해당 문헌이 보관된 컨테이너 번호와 파일 번호를 뜻한다(예: 19-5). 참고 문헌을 참조할 것.

왜 지금 칼 폴라니인가

칼 폴라니에 대한 관심이 다시 뜨거워지고 있다. 세계경제위기가 확대되면서부터다. 2012년 다보스포럼에서도 시장경제의 확대와 그 파괴적인 귀결에 관한 폴라니의 통찰이 화제에 올랐고, 글로벌기업 엘리트들이 모인 회의장에 "폴라니의 망령이 출몰했다"고 보도되기도 했다.[1] 프란치스코Francis 교황은 2013년 11월 26일에 발표한 「사도적 권고」에서 '시장과 금융 투기의 절대적 자율성을 지키려고' 하는 현대의 경제체제는 다수의 사람들을 번영에서 배제하는 불평등한 경제라고 규탄했다. 그는 또한 금융위기의 근원에는 우리 스스로 인간과 사회에 대한 화폐의 지배를 받아들이고 있다는 문제가 존재한다고 지적했다. 프란치스코 교황의 이러한 시장원리주의 비판은 많은 사람들의 주목을 받았고, 그의 비판이 마르크스적인지 아니면 폴라니적인지 논쟁을 불러일으켰다. 미국의 시사 월간지 「더아틀란틱」(2013년 11월 26일)은 '교황 프란치스코의 경제 이론'을 다루며 시장과 사회의 관계에 주목했다. 사회가 시장경제에 종속된 것에서 1930년대의 세계적 대불황과 2차 세계대전의 기원을 발견한 폴라니와, 경제활동의 중심에서 인간이 부정당하는 현상에서 오늘날 금융위기의 원인을 찾고 있는 프란치스코 교황의 공통점을 지적했다.

2008년 가을, 미국의 투자은행 리먼브라더스의 도산으로 시작된 금융위기에서 6년이 흘렀지만 경기의 회복 기조는 극히 미약하고 불균일하다. 금융시장의 투기성, 채무, 격차, 빈곤, 사회적 배제, 실업, 원자력발전소 사고와 환경 파괴 등의 문제도 여전히 산더미처럼 쌓여있다. 정치학자 콜린 크라우치Colin Crouch는 1980년대 이후 대기업들이 추진한 로비정치로 인해서 '포스트 민주주의' 체제가 성립되었다고 분석한다. 민주주의 체제에서는 평등주의와 재분배 정책을 중시하는 정치가 요구된다. 그에 비해 포스트 민주주의 체제에서는 '기업의 정치지배'를 추구하기 때문에 창조적인 민주주의의 활력은 현저히 저하되고 사회적 불평등이 초래된다(크라우치 2007[2004]).

또한 저널리스트 쓰쓰미 미카堤 未果는 크라우치가 말하는 포스트 민주주의 체제를 포스트 자본주의의 한 형태인 "코포라티즘corporatism"(정치와 기업의 유착주의)으로 표현한다. 지금 세계적으로 진행되고 있는 일들은 신자유주의나 사회주의를 넘어선 포스트 자본주의의 새로운 형태인 코포라티즘이라는 것이다. 코포라티즘에서는 로비스트 집단이 클라이언트인 식품—산업 복합체, 의료—산업 복합체, 군—산업 복합체, 감옥—산업 복합체, 교육—산업 복합체, 에너지, 미디어, 금융 등의 업계 대리로서 정부 관계자에게 로비를 해서, 기부금이나 낙하산 인사의 대가로 '기업에 유리한 법 개정'을 잇달아 실현시키고 '국민의 세금인 공적 예산을 민간 기업에 이양'시킨다(쓰쓰미 2013).

최근 수십 년 사이에 일어난 세계화와 정보기술의 눈부신 변화 과정을 들여다보면 국민소득에서 노동배분율이 계속해서 급격히 하락하고 있음을 알 수 있다. 현재 OECD 회원국 전체에서 실직 상태인 사람들은 약 4,800만 명이며 그중 3분의 1 이상은 장기 실업자로 추정된다. 일을 찾지 못하는 개인은 계속 늘어나고 가족의 생활은 압박을 받으면서 사회생활에 대한 직접적인 피해가 심각하게 커지고 있다. 그럼에도 '재정 재건'이라는 미명 아래 노동시장 활성화 정책에 이용할 수 있는 자원은 줄어들고, 교육과 직업훈련에 대한 투자가 억제되며, 사회보장비도 더욱 삭감되고 있는 상황이다. 한편 과점화로 인해 거대해진 글로벌 기업들이 정치와 여론에 미치는 영향력은 빠르게 증가하고 있다.

20세기를 대표하는 경제학자 가운데 한 사람인 밀턴 프리드먼 Milton Friedman은 시장 원리의 중요성을 주장한 공저 『선택할 자유』를 저술했다. 로널드 레이건이 미국 대통령에 당선된 1980년의 일이었다. 프리드먼이 재직했던 시카고 대학교에는 프리드리히 A. 하이에크Friedrich A. von Hayek, 로널드 H. 코스Ronald H. Coase, 조지 J. 스티글러 George J. Stigler, 게리 S. 베커Gary S. Becker 등 사상적·윤리적 입장은 다르지만 철저한 민영화와 규제 완화에 입각한 경제사회의 구조 개혁을 주장하는 연구자들이 결집해 있었다. 1980년대 미국과 영국의 정책은 레이거노믹스나 대처리즘이라 불리는 대담한 민영화와 규제 완화 그리고 사회보장과 세제 개혁 노선으로 전향되었고 이 같은 변화는 전

세계로 퍼져나갔다. 클린턴 정권이나 블레어 정권과 같은 그 이후의 미국 민주당과 영국 노동당에서도 그 기본적인 노선을 계승했고, 노동과 금융의 영역에서 규제 완화 정책은 일관되게 유지되었다.

시장원리주의는 보통 사람들의 생활이나 고용에 끼치는 파괴적인 영향을 시장의 안정성을 위한 어쩔 수 없는 희생으로 용인했고, 시장원리주의적 경제사회 개혁을 후원한 정책은 시장의 불안정화와 경제위기를 초래했다. 2008년 리먼 사태 이후 폴라니에 대한 관심이 높아진 것은 이러한 시장원리주의에 대한 깊은 회의와 정책에 대한 비판에서 비롯되었을 것이다. 신자유주의는 케인스 경제학을 '적자 재정의 경제학'이라고 야유하고, 복지국가의 재분배 정책을 비판하면서 활력을 얻어왔다. 이 신자유주의의 대항축이 될 수 있는 중요한 사상적 원천의 하나로서 폴라니의 의의가 지금 재평가되고 있는 것이다.[2]

폴라니는 19세기적 시장경제가 교착 상태에 빠진 시대와 20세기 격동의 시대를 살았던 헝가리 출신의 사회과학자이다. 존 M. 케인스John M. Keynes, 하이에크, 조지프 슘페터Joseph Schumpeter와 같은 세대이다. 폴라니가 연구에만 전념할 수 있게 된 것은 환갑이 넘어서였지만, 그럼에도 그는 명저 『거대한 전환』(1944)과 공편저 『초기제국에 있어서의 교역과 시장』(1957), 유저遺著 『사람의 살림살이The Livelihood of Man』(1977)를 남겼다. 폴라니는 '사회에서의 경제의 위치'라는 관점에서 시장사회의 위기와 파시즘의 대두 사이의 관련성을 탐구하고, 시장사회와 인간 자유의 관계에 대해 논했다. 그리고 자유를 효율의 희생양으로 삼지 않는 산업사회의 가능성을 추구했다.

1930년대 장기화되는 세계경제의 정체와 위기 속에서, 폴라니는 보통 사람들의 생활을 파괴하고 희생을 강요해서라도 시장체제의 경쟁 질서를 보다 강력하게 만들어서 위기를 타개하자고 주장하는 경제적 자유주의에 대항했다. 그는 그러한 주장을 '시장유토피아'의 기획으로 주의 깊게 분석하면서, 보통 사람들의 생활의 재건이 수반되는 사회경제제도 개혁이 불가피하다는 것을 규명하고자 했다.

폴라니는 경제적 자유주의(때로는 시장원리주의, 신자유주의라고도 불린다)의 시장유토피아가 만들어내는 위기에 생애를 바쳐 맞섰고 역사적, 경제적, 정치적, 사회철학적인 깊은 통찰에 입각한, 유례 없는 시장사회론을 구축했다. 이 책에서 자세히 살펴볼 시장사회에 관한 폴라니의 명제는 다음의 여섯 가지이다.

(1) 시장경제의 확대는 인간의 복지와 공동사회에 대한 위협이다.
(2) 시장경제의 확대가 초래하는 위협에 맞서기 위해, 사회는 다양한 자기보호 운동을 시작한다.
(3) 시장경제는 자연의 산물이 아니라 정부의 개입으로 구축된 것이다.
(4) 시장사회가 허용하는 민주주의는 제한되어 있다.
(5) 시장사회가 보장하는 평화는 깨지기 쉽다.
(6) 시장사회에서 자유는 제한되어 있다.

폴라니에 따르면 19세기의 시장사회는 자유로운 사회가 아니었다. 이익 창출과 번영을 주된 목표로 삼고 시장의 기능을 원활하게 만드는 일에 모든 신경을 곤두세운 사회였다. 자유는 의식적으로 추구된 것이 아니라 어디까지나 부산물에 불과했다. 또한 인간이 자신들이 만든 제도이자 시스템인 시장의 제어장치와 수단, 보다 근본적으로는 제어하기 위한 사고를 빼앗겼다는 의미에서 자유롭지 못한 사회였다. 시장이 야기한 통화 폭락과 해고와 같은 경제적 어려움은 불가항력적인 자연의 문제라고 여겨졌다. 개인이 할 수 있는 일이란 자신의 수난을 참고 견디는 것뿐이며, 타인의 수난에 대해서는 그저 묵인할 수밖에 없었다.

이러한 시장사회는 폴라니가 보기에는 자유롭지 못한 사회였지만 경제적 자유주의자에게는 자유로운 사회였다. 왜냐하면 경제적 자유주의자가 시장사회에서 발견하는 것은 전부 시장의 예정조화적인 힘들에 의해 (개인들에게 동등하게) 저항할 수 없는 결과로 형성되었기 때문이다. 자유로운 사회를 유지하고자 한다면 인간은 시장이 할 수 있는 것 이상을 기대해서는 안 된다는 것이 경제적 자유주의의 기본적인 입장이었다. 따라서 경제적 자유주의에 따르면 국가가 해야 할 일은 시장이 할 수 있는 일을 후원하는 것이다.

폴라니는 우리에게 묻는다. 경제적 자유주의자의 시장유토피아 기획대로 사회를 한층 더 시장경제에 종속시킴으로써 위기를 극복할 것인가? 아니면 시장경제를 사회 속에 위치시키고 보통 사람들의 생활 안정과 회복을 보장하는 제도의 구상과 실천을 지향하는 방향으로 나아가야 하는가? 『거대한 전환』에 따르면 이 문제는 반복되는 시장사회의 위기 속에서 파시즘이나 전체주의의 출현을 허용한 20세기가 직면한 큰 난제였다.

2008년에 세계금융위기를 경험하고도 여전히 시장유토피아가 지배하는 신자유주의 시대를 살고 있는 현대인에게 자그마치 70년 전에

쓰인 폴라니의 저서가 현실성을 가지는 이유는 그가 경제적 자유주의라는 사고방식을 철저하게 분석하고 그 기원을 역사적으로 규명한 데 있을 것이다. 폴라니는 인간의 자유와 문명의 번영 및 평화가 시장경제 질서와 분리할 수 없을 정도로 얽혀 있다는 사실을 다양한 방법을 동원해 입증한다. 그는 그렇게 지금까지 살아남은 경제적 자유주의의 강인한 생명력을 해명하고 있다.[3]

지금 세계적인 신자유주의적 코포라티즘은 '보통 사람들의 생활을 파괴하고 정치적 민주주의를 희생해서라도 시장체제의 규율과 기능을 완벽하게 만들어야 한다'고 주장하고 있다. 폴라니의 망령이 다보스포럼에 출몰한 것은 이 같은 코포라티즘을 향한 『기대한 진환』 서사의 성종이라고 할 수 있을 것이다.

1장

파국의 시대,
한 세계와 명멸하다

칼 폴라니의 생애와 사상

나의 생애는 한 세계의 생애였다. 나는 한 세계의 수명을 누렸다.
(1958년의 편지에서)

칼 폴라니는 살아 생전 2번의 망명을 포함해 3번의 해외 이주를 경험했다. 그는 역사가 에릭 홉스봄Eric Hobsbawm이 "극단의 시대"라 부른 20세기의 산증인이었다. 폴라니가 태어난 1886년은 카를 마르크스Karl Marx가 사망한 3년 뒤였다. 그는 슘페터, 루드비히 폰 미제스Ludwig von Mises, 케인스 등과 같은 세대이기도 했다. 유럽 대륙 출신의 망명 지식인으로서 파란의 시대를 살았던 폴라니의 삶과 세대적 사명에 대한 이해 없이는 그의 시장사회에 대한 비판적 인식의 근원도, 2차 세계대전 이후 그를 비非시장경제 연구로 이끈 동기도, 산업문명의 인간화(자연과 과학기술)라는 말년의 연구 주제가 갖는 의의도 이해할 수 없다. 격동의 시대를 살았던 폴라니에게는 실로 다양한 '얼굴'이 있었다.

헝가리 시절(1886~1919) 폴라니는 변호사로 일하면서 봉건적 지배체제에 대항하는 민주화 운동을 이끌었다. 오스트리아 시절(1919~1933)에는 사회주의자이자 저널리스트였고, 영국 시절(1933~1947)에는 노동자교육협회의 교사이자 기독교 좌파의 이론가로서 살아갔다. 그리고 북미 시절(1947~1964)에는 컬럼비아 대학교의 객원교수로 처음으로 학계에서 일자리를 얻어 경제사학자이자 경제인류학자로서 당시의 과제에 맞섰다. 어느 시기에도 그는 노동자나 학생의 교육에 종사했으며 가르치는 일은 그의 천직이었다.

폴라니는 오스트리아와 영국에서 머문 기간 내내 1930년대 위기의 원인을 규명하는 일에 천착했다. 그는 세계공황, 파시즘, 2차 세계대전과 같은 20세기 대변동의 기원은 시장사회(자유주의적 자본주의)가 탄생한 19세기 초 영국까지 거슬러 올라간다는 내용의 『거대한 전환』을 저술했다. 이 저서 하나만 보더라도 보수주의, 경제적 자유주의, 파시즘, 뉴딜정책, 뉴리버럴리즘new liberalism*, 사회주의 등의 다양한 사상적, 이론적, 정책적 입장을 토대로 고유한 이야기를 엮어낸다. 그러면서 영국 산업혁명과 구빈법의 역사와 같은 영국 사회경제사나 사회정책의 연구 주제부터 고전파 경제학과 공리주의, 인류학적 연구 그리고 동시대의 국제통화체제와 국제정치역학에 이르는 폭넓은 영역을 다루고 있다. 넓은 연구 범위와 장대한 규모로만 따지면 폴라니는 경제학자보다도 사회학자라는 표현이 적합할지 모른다. 그러나 폴라니 본인은, 특히 말년의 그는 스스로를 "경제사학자" 또는 "제도의 경제학자"로 정의했다. 폴라니가 보기에 경제학은 근현대의 사회과학 전체에 결정적인 영향을 주는 중추적 위치를 차지했다. 그는 경제학의 방

---

* 19세기 영국에서 발흥한 사상으로, 신분적 자유는 물론 사회적 자유의 확충을 지향한다. 자유경쟁을 제한하여 새로운 자유를 얻고자 했다.

법이나 정의에 대한 개념이 사회과학 전체에 결정적인 영향을 주고 있다고 생각했다. 그래서 사회경제사, 정치학, 경제사상 등이 복잡하게 얽혀 있는 영역에 사색의 기반을 두고 인간 경제의 근원적 의미와 인간 자유의 가능성을 탐구하는 '경제학자'로서 살아갔다.

폴라니는 근현대사회의 특징을 시장경제에 입각한 시장사회로 파악했다. 시장사회에서 사회의 가능성은 시장이 초래하는 경제적 가능성에 의해 제약을 받는다고 여겨졌다. 일상생활에서는 생존을 위한 조건들을 시장에서의 매매를 통해 각자가 획득해야 한다. 하루하루의 생활이 시장을 통해서 이루어지기 때문에, 각자 자신이 모든 책임을 지고 시장의 요구에 적응해서 필요한 물건을 살 수 있을 만큼의 보수를 얻어 굶주림을 피해야만 한다. 그러한 사회에서는 개인뿐 아니라 가족, 기업, 자치단체, 정부도 시장의 요구에 적응해야만 하며, 경제적인 것이 인간적 사항, 사회적 사항, 정치나 문화의 영역 그리고 사람들 행위의 동기를 지배한다. 또한 시장경제의 이해利害와 요구에 따르고 적응하는 것은 인간의 삶에서 유일한 선택지임은 물론 유일하게 허용된 자유이다. 폴라니는 이와 같이 시장이 인간의 운명을 쥐고 있는 것처럼 사고하는 '경제결정론'의 속박을 풀고, 경제와 사회의 관계에서 또 하나의 길을 개척하는 일에 도전했다.

폴라니는 '인간의 자유는 시장경제와 분리하기 어려울 정도로 얽혀 있다'는 경제적 자유주의의 공리에 생애를 바쳐 도전했다. 그는 '사회주의자'이며 동시에 기독교 신자였다. 폴라니 사상의 대항축은 경제적 자유주의이고, 그 사상의 핵심에는 그만의 독자적인 기독교 해석과 사회주의에 대한 정의가 존재했다. 폴라니는 친우이자 영국 기독교 좌파인 도널드 그랜트Donald Grant에게 보낸 편지(1929)에서 사회주의를 다음과 같이 정의했다.

> 사회주의의 모든 형태는 사람들이 일상생활에서 동료에 대한 자신의 책임을 이해하는 사회적 존재의 형태에 도달한다는 희망에서 만들어진다. 그러면 사람들은 자신들의 권한과 나태함이 동료에게 어떤 영향을 주는지 인식할 것이며 그에 따라서 행동할 수 있기 때문이다.(Dale 2010)

기독교와 사회주의는 폴라니의 사상 형성에 지속적으로 영향을 미쳤다. 청년기를 보낸 부다페스트에서 그는 기독교 보수파를 비판했고, 1차 세계대전 이후에 생활한 빈에서는 종교적 사회주의 네트워크를 형성했으며, 1933년 이후에 머무른 영국에서는 기독교 좌파와 교류했다. 이러한 경험은 특히 자유와 경제제도에 대한 폴라니의 사고방식, 즉 산업문명 시대에 시장을 매개로 하는 계약관계에 의거하지 않고 타인과의 인격적 관계를 통해서 얻을 수 있는 사회적 자유를 추구하는 그의 사고방식에 결정적인 영향을 미쳤다.

인간의 자유에 대한 문제와 함께 인간과 시장의 관계를 근원적으로 추궁하는 작업은 폴라니가 평생에 걸쳐 매달린 연구 주제였다. 폴라니는 '사회에서 경제(특히 시장)의 위치'는 역사적으로 변해왔으며 앞으로도 변할 수 있다고 설명했다. 그는 현대의 시장사회가 인간 사회의 유일하고 보편적인 경제 형태가 아니며 사회 속에서 경제를 제도화하는 다양한 방법이 존재할 수 있다는 가능성을 밝히고자 했다. 생산 혁명 이전의 사회에서는 경제가 사회의 다른 영역과의 상호작용

속에 자리 잡고 있었다. 때문에 이득이나 굶주림을 동기로 삼는 순수한 경제활동은 존재하지 않았고, 경제는 사회적 관계들 속에 위치하고 있었다. 폴라니는 시장사회, 즉 시장에 의해서 조직된 산업사회와는 다른 형태로 산업문명의 인간화 가능성을 탐구했다. 이러한 작업은 '산업사회에서의 좋은 생활'이라는 말년의 연구 과제로 이어진다.

헝가리 시절(1886~1919년)

폴라니는 오스트리아－헝가리 2중 제국* 시절인 19세기 말, 빈의 유복한 유태인 가정에서 태어났다. 그의 세 살 어린 남동생은 저명한 과학철학자인 마이클 폴라니Michael Polanyi이다. 아버지 미하이 폴라섹Mihály Pollacsek은 아이들의 성을 헝가리 식으로 바꾸고 종교도 기독교로 개종시켰다. 폴라니 집안의 아이들은 열두 살에서 열세 살이 될 때까지 가정에서 교육을 받으며 영어, 독일어, 라틴어, 그리스어를 습득했다. 폴라섹은 자신의 영국 체재 경험을 중요하게 여겨서 특히 영어교육에 힘을 쏟았고, 만년의 폴라니는 영어로 책을 쓰고 강연하게 된 것은 아버지의 교육 방침 덕이라고 회고했다.

폴라니의 가족은 1890년대 초에 오스트리아－헝가리 제국의 중

---

* 다민족 국가 오스트리아는 국력 약화로 내부 다민족에 대한 통제가 힘들어지자 1867년 헝가리 왕국의 건설을 허락하고 오스트리아 황제가 헝가리왕국의 국왕을 겸하는 2중 제국 체제를 수립했다. 2중 제국은 1918년 1차 세계대전의 패배와 함께 해체되었다.

심 도시 중 하나인 부다페스트로 이주했다. 유년기와 청년기의 폴라니는 그곳에서 급속한 공업화, 봉건적 구체제와 민주화 세력의 정치적 대립, 1차 세계대전의 발발과 패전, 1918년 10월의 민주적 세력에 의한 데이지혁명과 좌절, 1919년 3월의 공산당 주도에 의한 헝가리소비에트공화국 수립과 시민적 자유의 억압이라는 사회적 · 정치적 격동의 시대를 살았다.[1]

칼 폴라니가 부다페스트 대학교의 법률정치학부에 입학한 것은 1904년 가을이었다. 당시 대학 당국과 부유층 학생들은 줄러 피클러 Gyula Pikler교수의 강의를 집요하게 공격하고 있었다. 그는 헝가리의 진보적 지식인들이 일으킨 민주화운동의 사상적 지주 가운데 하나였던 허버트 스펜서 철학의 제창자였다. 폴라니가 보기에 이 공격은 합스부르크 특권계급의 보수적 가치관에 기반을 둔 대학의 퇴보적 성격을 상징하는 사건이었다. 폴라니는 피클러 교수를 옹호하는 학생운동에 관여했다는 이유로 반년도 못 되어서 퇴학당했고 어쩔 수 없이 트란실바니아(현재는 루마니아의 크루즈 나포카)에 있는 콜로주바르 대학교로 학적을 옮겨야 했다. 피클러 사건 이후, 폴라니는 합스부르크 특권계급의 보수적 가치관에 맞서는 대항문화 형성에 참여하면서 데이지혁명을 향한 사회적 · 정치적 운동에 깊게 관여하기 시작했다.

1908년에는 피클러 교수의 강의 방해 사건에 항의하기 위한 목적으로 '갈릴레이 서클'이 창설되어 당시 22세였던 폴라니가 초대 위원장을 맡았다. 이 모임은 읽고 쓰기를 못하는 민중의 문화 수준을 향상시켜서 진보 사상을 보급시키기 위한 교육 조직으로 발전했고, 약 2,000명이 넘는 회원들이 수천 개의 강의 및 세미나를 운영했다. 『역사와 계급의식』(1923)을 저술하여 20세기의 대표적 마르크스주의 철학자가 된 죄르지 루카치György Lukács, 『이데올로기와 유토피아』(1929)로 지식사회학의 선구자가 된 칼 만하임Karl Mannheim 등 쟁쟁한 회원들도 젊은 시절에 갈릴레이 서클에 참가했다. 이 서클은 기관지 「자유사상」의 발간을 통해서 앨버트 아인슈타인의 과학, 에른스트 마하Ernst Mach의 철학, 지그문트 프로이트의 심리학 그리고 스펜서의 사회학과 마르크스주의의 사회이론 등, 당시 최첨단의 과학·문화·사회과학의 사조를 보급시키는 일 또한 중요하게 여겼다. 1차 세계대전 중 익찬翼贊 체제*에 의해 활동을 금지당하는 1917년까지, 갈릴레이 서클은 대항문화의 거점으로서 수천 개의 성인 대상 수업을 운영했고 수만 명의 노동자가 그 수업에 참가했다. 폴라니는 1912년에 변호사 자격을 취득하여 삼촌의 법률사무소에서 일하는 한편, 1908년부터 1914년까지 갈릴레이 서클의 활동에 전력을 쏟았다.

대항문화 속에서 자극을 받고 성장한 폴라니는 '자유주의적 사회주의'로 정의되는 부다페스트의 정치적 조류에 참여했다. 자유주의적 사회주의의 특징은 사회주의를 도덕적 책임과 인간 행위의 자유로 정의하고, 도덕적 책임으로서의 인간의 자유를 경시하는 마르크스주의의 유물론적 경제결정론을 거부한다는 점이다. 그것은 폴라니의 청년기와 장년기에 가장 큰 영향을 준 오스카 야씨Oszkár Jászi의 입장이기도 했다. 청년 폴라니를 지적으로, 정신적으로 뒷받침하고 이끌어준

---

* 국가권력에 대한 무비판적인 복종을 강요하며 전쟁에 국민을 총동원했던 태평양전쟁 중의 일본 정치체제. 넓은 의미로 독일 나치스나 소련 스탈린 독재 등에도 사용된다.

연상의 친구 야씨는 자유주의적 사회주의를 지향하는 헝가리의 대표적인 반봉건 운동 지도자였다.[2] 야씨는 고전적 자유주의의 중심 요소로 시민적 자유, 의회 민주주의, 관용, 자유방임이 아닌 자유무역을 꼽고, 필요에 따라서 생산수단의 사적 소유를 도입해야 한다고 주장했다. 또한 그는 헝가리 현상의 사회과학적 분석에 대한 중요성을 깨닫고 1900년에 영국의 페비앙협회를 모델로 사회과학협회를 설립하기도 했다.[3]

1911년부터 1913년 무렵, 폴라니는 「자유사상」(1911년 9월)에 게재된 논문의 주제이기도 한 '신앙으로 착각하기 쉬운 것'에 관심을 가졌다. 이것은 헝가리에서의 기독교 보수파 신앙체계, 즉 당시 헝가리에서 "종교 윤리"라고 부르던 것에 대한 문제였다. 폴라니는 종교 윤리가 "우리가 하는 행위에 대한 우리 자신의 도덕적인 책임"을 약화시켜 도덕적 자유를 무너뜨리고 있다고 비판하고, "책임을 받아들이는 것이 진정한 신앙의 본질을 형성한다"고 주장했다(Congdon 1991). 이러한 폴라니의 젊은 날의 신조는 인간의 자유를 향한 그칠 줄 모르는 탐구의 원동력이 되어 평생에 걸쳐 그를 이끌었다. 그리고 보통선거제도를 요구한 총파업이 보수파로부터 탄압당했던 '피의 목요일'(1912년 5월 23일) 사건 이후, 폴라니는 적극적인 정치 활동을 자신의 사명으로 자각하게 되었다(Congdon 1976).

1914년 1차 세계대전의 발발을 계기로 폴라니는 정열적으로 임했던 헝가리 민주화운동을 중단했다. 그리고 다음 해인 1915년부터 오스트리아—헝가리 군대의 기마장교로 종군하던 중 1917년에 부상을 당하고 병을 앓아 귀국했다. 패전으로 인한 오스트리아—헝가리 2

중 제국의 붕괴와 헝가리의 독립, 거액의 배상 문제, 민족 대립과 계급 투쟁의 격화 등 전쟁 후의 혼미한 상황에서 야씨의 급진시민당을 포함한 민주적 세력이 주도한 데이지혁명에 의해 카로이 정부가 수립되었다. 그러나 그 기간 동안 폴라니는 거의 병원 침상 위에 누워 있었다. 1919년 초에 수립된 헝가리소비에트공화국에서는 벨라 쿤Béla Kun에 의한 탄압이 계속되어 언론 통제가 심해졌고 폴라니가 참여하던 「자유사상」도 발매금지 처분을 받았다. 신변의 위험이 닥치자 폴라니는 야씨와 함께 1919년 6월 오스트리아로 망명한다.⁴ 이때 폴라니는 33세였다.

폴라니에게 1차 세계대전은 20세기의 시작을 각인하는 사건이었다. 그는 1919년 1월 「자유사상」에서 1차 세계대전이 발발한 "1914년 8월 4일은 영원히 자동적으로 진보한다는 맹목적인 신뢰를 부숴버렸다"고 적었다. 폴라니에 따르면 유럽인들을 전쟁으로 몰아간 것은 인간의 책임을 초월한 비인간적인 힘들이 아니라 유럽인들 자신의 정신적이고 도덕적인 혼란과 타락이었다. 1차 세계대전 때문에 수천만 명에 달하는 희생자가 발생했고, 경제결정론을 강령으로 삼는 벨라 쿤 정권의 헝가리소비에트공화국은 폭력 사용을 용인했다. 이러한 경험을 통해서 폴라니는 "20세기의 인간에게 가장 중요한 문제, 다시 말해 현대인의 운명이 걸려 있는 쟁점은 경제결정론과 자유롭고 도덕적인 의지 사이에 있다"는 확신을 굳혔다(같은 책). 그는 1918년 6월 「자유사상」에 발표한 논문 「우리 세대의 사명」에서 많은 사상자를 낸 1차 세계대전에 대한 자기 세대의 고뇌와 책임을 다음과 같이 적고 있다.

모든 것을 잃어버린 세계는 그 대신 단 하나, 그러나 풍요로운 수확을 가져다줄 수 있는 한 가지를 손에 넣었다. 〔중략〕 우리에게 확실해진 것은 우리가 어떻게 하면 전쟁을 피할 수 있었는지가 아니라, 지금까지 우리의 모든 행동이 전쟁을 피할 수 없게 만드는 하나의 원인이 되었다는 점이다. 우리는 누군가가 비난받는 것이 아니라 우리의 모든 것이 비난받아야 한다는 것을 깨달았다.(1-26)

이 논문에는 인류 최초의 세계대전이라는 충격적인 경험을 통해서 얻은 새로운 인식, 다시 말해 그 뒤로 폴라니의 사상과 이론의 발전에 핵심이 되는 인식이 적혀 있다. 이 새로운 각성에 따르면 각각의 인간 행동과 선택에서 유래되지 않는 사회적 사건이나 비극은 있을 수 없다. 누구나 자기 행동의 의도하지 않은 결과에 책임이 있으며 그러한 책임에서 도망칠 수 없다. 자유로운 의지를 지닌 인간은 자신의 행위가 다른 사람들에게 미치는 영향과 그 사회적 결과에 책임을 진다. 이러한 인식은 폴라니가 추구한 독자적인 자유론의 원형을 내포하고 있다. 긴 우여곡절을 겪은 폴라니의 연구 여정은 1차 세계대전의 원인과 책임을 묻는 「우리 세대의 사명」으로 시작되었다.[5]

빈 시절(1919~1933년)

폴라니가 망명한 오스트리아의 수도 빈에서는 1918년 선거에서 승리한 사회민주주의노동당이 급진적인 자치체사회주의를 실시했다. 부유세를 재원으로 전례 없는 규모의 노동자 공공주택을 건설하거나 시민대학과 병원을 설립하는 전대미문의 사회, 교육, 주택 정책이 연이어 실현되었다. 1918년부터 (오스트리아 파시즘이 권력을 잡은) 1934년까지 15년간 빈에서는 노동, 교육, 주택, 의료보험제도에 이르기까지 도시 정책, 특히 노동자계급의 공동생활에 대한 도시적 형태의 시도가 이어졌다. 그런 점에서 빈은 상징적으로 "붉은 빈"이라 불렸다. 빈의 '사회주의'는 이른바 '복지국가'를 한발 앞서 시작한 유럽에서 이루어진 자본주의의 발본적인 변혁으로, 민주주의 발전에 기반을 둔 점진적인 경제, 사회 개혁이었다. 이 개혁은 19세기 자유주의적 자본주의(시장사회)를 대체할 경제체제의 방향성을 고찰하는 데 있어서도, 자본주의와 정치적 민주주의의 관계를 탐구하는 데 있어서도, 또한 산업계와 노동자계급의 타협 사례로서도 폴라니에게 지적 발전의 양식이 되었다. 폴라니는 『거대한 전환』에서 이 시기의 빈이 달성한 업적에 대해 다음과 같이 적었다.

> 빈은 서유럽 역사상 가장 장대한 문화적 승리를 달성했다. 〔중략〕 고도로 발전한 공업노동자의 상태가 도덕적, 지적으로 전례 없는 고양을 보여줄 가능성을 제시해주었다. 이렇게 그들은 빈 체제의 보호를 받으며 심각한 경제적 혼란의 비속한 영향에 맞서, 어떤 산업사회의 인민대중도 지금껏 이르지 못한 높은 수준에 도달했다.(Polanyi 2001)

붉은 빈에서는 오스트로마르크스주의자와 경제적 자유주의자 사이에 다양한 논쟁과 토론이 전개되었다. 전자에는 경제결정론에 비판적인 입장에서 개인의 윤리적 책임이나 정치적 민주주의의 중요성을 인정하고 민주적인 사회주의 모델을 만들고자 했던 오토 바우어Otto Bauer, 오토 노이라트Otto Neurath, 막스 아들러Max Adler 등이 있었고, 후자로는 복잡한 상호의존적 분업사회에서는 시장경제가 실행 가능한 유일한 경제체제라고 주장하는 미제스나 하이에크 등이 있었다(모리森 1995). 폴라니는 바우어와 가까운 입장에서 이 논쟁에 참가했다.

미제스는 자치체사회주의의 주택정책이나 후한 실업수당이 노동시장의 유동성을 저해하여 실업을 증가시킨다고 비판했고, 하이에크는 노동자 파업을 장기화시킨다는 이유로 노동자를 위한 시영주택의 건설에 반대했다. 그에 반해 폴라니는 빈에서 시장경제를 대체할 수 있는 새로운 경제 형태를 발견했다. 미제스가 먼저 '사회주의는 실행 가능한가'라는 주제로 이루어진 당시의 사회주의 경제계산 논쟁[6]에서 시장 또는 계획이라는 이분법을 초월한 공동체적 사회주의를 제창한 노이라트를 비판하고 가격체제와 생산수단의 사적 소유가 없는 사회주의는 실행 불가능하다는 논설을 펼쳤다. 그에 대해 폴라니는 교섭으로 조절되는 협동조합연합으로서의 사회주의는 실행 가능한 체제라고 반론했다.

폴라니는 이러한 논쟁에 참가하면서 칼 멩거Carl Menger, 프리드리히 폰 비저Friedrich von Wieser, 슘페터 등 오스트리아 경제학자들의 저작이나, 구스타프 폰 슈몰러Gustav von Schmoller와 같은 역사학파와 바우어를 비롯한 오스트로마르크스주의자의 저술, 나아가 마르크스의 『자본론』과 영국의 사회주의자 조지 D.H. 콜George D.H. Cole의 『노동의 세계The World of Labour』(1915), 『길드 사회주의 재론Guild Socialism

Restated』(1920) 등을 집중적으로 연구했다. 이렇게 폴라니는 시장경제
와 인간의 자유에 대한 고찰을 심화시키면서 중앙집권이 아닌 새로운
형태의 사회주의를 구축해나갔다.

폴라니는 1922년에 학술잡지 「사회과학 사회정책의 아카이브」
에 발표한 논문 「사회주의 경제계산」에서 중앙집권이 아닌 새로운 형
태의 사회주의 모델로 '기능적 민주주의functional democracy'를 제창한다.[7]
그는 이 논문에서 사회주의는 복잡한 분업사회에서 실행될 수 없다고
주장하는 미제스의 견해를 정면으로 반박했다. 그리고 분권적인 '기능
적 민주주의'를 '시장 대 계획' 또는 '시장경제 대 시장 없는 경제'라는
내항 도식을 초월하는 제3의 길로 정의했다. 폴라니가 말하는 기능적
민주주의는 (1) 기능에 따라서 자주적으로 조직된 연합의 의사결정과
운영에 개인이 참여하는 것 (2) 연합 간의 교섭에 의해서 생산과 소비
의 대립, 또는 공공교통 등의 도시 인프라 정비와 사적 소비의 대립을
조정하는 참가형 민주주의 등을 의미한다. 당시 폴라니는 시장사회의
불투명하고 비인간적인 사회관계를 이러한 기능적 민주주의 원리로
대체하면 자유가 확대될 것이라고 확신했다.

인간의 자유는 자신의 행위가 타인에게 미치는 영향에 책임을 짐
으로써 비로소 가능해진다. 폴라니는 이러한 자유를 추구하는 사회주
의를 "기능적 사회주의"라고 불렀고, 그 실행 가능성을 「이론과 실천
에 관한 새로운 고찰」(1925)에서 '전망 문제'로서 이론적으로 검토했다
(고바야시小林 2010; 와카모리若森 2011).

마르크스는 『자본론』 1권의 1장 「상품」에서 물상화론에 대해 설
명했다. 사람들의 의도적 행위가 인간의 상호 관계나 물건과 물건의

관계를 만들어내고, 이 물상적 관계(예를 들어 가격관계)가 인간의 행위나 동기를 지배한다는 주장이다. 폴라니는 이를 단서로 자신의 사회철학의 핵심인 인간의 자유를 더욱 깊이 고찰한다. 그리고 1927년 무렵에 집필한 「자유에 대하여」의 초고를 통해 그의 사회철학에서 핵심이 되는 주장을 전개한다. 시장사회에서는 인간의 선택이나 행위가 타인에게 끼치는 강제적인 영향력 또는 해악(가령 실업, 도산, 빈곤)이 불투명하고 보이지 않기 때문에 '책임을 지는 것을 통한 자유'를 빼앗긴다는 것이다.[8] 다음의 인용은 「자유에 대하여」의 일부이다.

> 인간의 의지가 아니라 가격이 노동의 방향성을 결정한다. 인간의 의지가 아니라 이자율이 자본에 명령한다. 〔중략〕 노동자든 자본가든 근본적으로 인간은 경제라는 무대에서는 단순한 조연이자 사회적 존재의 객관적 사실일 뿐이며, 인간의 자유로운 의지는 이미 하나의 환영이나 단순한 가상에 불과하다.(폴라니ポランニー 2012[1927])

시장경제만이 인간의 자유를 가능하게 한다는 경제적 자유주의자의 자유관과 정반대인 폴라니의 자유관(즉 시장경제와 인간의 자유는 긴장 관계에 있다는 관점)은 붉은 빈에서 처음 나타났고 1920~1930년대의 경제위기와 파시즘을 분석하면서 그 깊이를 더해갔다.

빈에서 폴라니는 이론 연구에 힘쓰는 한편 저널리스트로서도 활약했다. 그는 1924년 여름부터 1933년의 영국 망명을 거쳐 1938년까지, 중유럽의 가장 유명한 신문 중 하나인 「오스트리아 경제Der Österreichische Volkswirt」의 선임 편집자로서 국제 문제에 관한 다수의 정치적, 경제적 논고를 기고했다. 그 논고들에는 다음의 세 가지 특징이 있다. 첫째는 시장경제에 자유와 평화의 수단이라는 역할을 기대해서는 안 된다고 주장한다는 점이다. 그는 이단 경제학자로 널리 알려진 존 A. 홉슨John A. Hobson의 국제연맹에 대한 비판에 공감하며, 자유와 평화는 민주주의 원칙에 기반을 둔 국제관계 구축으로 이룰 수 있다고 주장했다. 둘째는 시장경제의 위기에서 겉으로 드러난 '경제와 민주주의의 대립 국면'이 긴박한 국제정세를 파악하는 열쇠라고 인식한다는 점이다. 셋째는 파시즘, 뉴딜정책, 영국의 자유주의적 개혁에 대한 평론을 통해서 자유주의적 자본주의를 대신할 자본주의의 새로운 여러 형태들(협동조합주의적 자본주의)을 수시하고 있다는 점이다.

1933년에는 오스트리아에서도 파시즘 세력이 대두한다. 「오스트리아 경제」는 더 이상 사회주의적 입장을 견지하는 편집자와 함께할 수 없게 되었고 폴라니는 딸 캐리와 함께 일자리를 찾아 영국으로 건너갔다. 1934년 오스트리아에서 민주 세력이 패배하자 그의 귀국은 요원한 일이 되어버렸다. 그러나 폴라니는 영국에 건너간 이후에도 「오스트리아 경제」가 폐간으로 내몰린 1938년까지 기고를 멈추지 않았다. 그는 세계경제공황에 대한 미국 뉴딜정책의 추이, 통화위기와 고용위기의 딜레마에 맞선 영국의 대응, 독일·오스트리아·이탈리아·발트3국 등 유럽 대륙에서 발흥한 파시즘의 확대와 민주주의 붕괴, 파시즘의 사회관과 경제정책 등을 주시하고 '해외 편집장'으로서 이를 주제로 논설을 계속 기고했다.

영국 시절(1933~1947년)

폴라니는 시장사회의 근본적인 비판자였지만 정치적 운동에 가담하는 일은 극히 드물었다. 그러나 기독교인의 사회주의 네트워크 구축에 착수하고 기독교 사회주의 운동이나 연구회에 적극적으로 관여했다. 특히 '보조적 기독교 좌파'[9]의 활동과 연구를 지원했고, 1935년에 간행된 『기독교와 사회혁명Christianity and the Social Revolution』의 편집에 참여하여 자신의 논고 「파시즘의 본질」을 기고하기도 했다.

  폴라니가 알게 된 기독교인 사회주의자들은 마르크스의 『경제학 철학 초고』를 기독교적 윤리 가치에 기반을 둔 사회주의의 이론적 버팀목으로 삼고 있었다. 이 책은 1933년에 스위스를 경유해 영국에 도착한 란즈푸트 마이어가 엮은 초기 마르크스 저작집 『사적 유물론』(1932)에 발췌하여 수록된 것이었다. 폴라니는 마르크스주의와 기독교 사회주의의 관계를 해명하는 연구와 논의를 주도했다. 그는 기독교인 사회주의자들과의 대화를 통해 권력과 경제가치 같은 강제력들이 발생하는 상황에 사람들이 불가피하게 휘말리는 '사회'와, 자신의 행위가 타인에게 미치는 영향을 책임질 수 있는 인격들의 '공동체'를 구별하게 되었다. 이러한 깨달음은 「공동체와 사회」(폴라니ポラニー -2012[1937])로 발표되었다. 폴라니는 기독교인이 정치와 경제 문제를 종교적인 주제로 받아들여야 한다고 호소했다. 한편 **"인간의 공동체는 사회에 내재된 동시에 사회를 초월한다"**고 말하며, 사회가 불완전하다는 인식이 결여된 마르크스주의자의 사회주의 이론이 지닌 한계를 정확히 인식했다. '경제체제를 사회 안으로 다시 흡수하는 일은 사

회 내부에서 공동체를 완성시키기 위한 첫걸음'이라고 확신한 폴라니는 그 이후 경제체제와 사회의 관계 변화를 추적하는 독자적인 '제도' 분석을 개척하기 시작했다.

영국에 온 폴라니는 빈 시절부터 사상적으로 많은 영향을 받은 영국 사회주의 이론가인 콜과 역사가 리처드 H. 토니Richard H. Tawney 의 도움으로 노동자교육협회WEA가 진행하는 성인 대상 교육의 강사 직을 얻어 생계를 꾸렸다. 폴라니는 때때로 열차나 버스를 타고 켄트나 서식스에 있는 작은 마을로 야간 강의를 나갔다. 그는 그곳에서 빈의 노동자와는 비교도 되지 않는 열악한 환경과 문화적 빈곤을 겪고 있는 영국 노동자 가족들을 목격하고, 산업혁명이 노동자의 삶과 문화에 끼친 파괴적 영향을 알게 되었다. 당시 폴라니의 체험은 시장사회의 융성이 보통 사람들의 삶에는 '악마의 맷돌'로 작용했다는 『거대한 전환』의 묘사에 반영되어 있다.[10]

폴라니는 1937년부터 노동자교육협회와 런던 대학교 및 옥스퍼드 대학교의 공개강좌위원회가 공동으로 조직한 교육 프로그램의 강사로 일했다. 이때 그는 자신의 전문 분야인 국제관계론과 함께 영국 사회경제사 강의를 맡게 되었다. 50세가 넘은 나이에 미지의 분야인 영국 경제사를 다시 공부할 수밖에 없었지만, 덕분에 사회철학이나 정치학에 치우쳐 있던 그의 사회과학 연구에 경제사적 시각이 더해졌다.[11] 예를 들어 『거대한 전환』은 세계적 위기를 19세기 문명의 네 가지 제도(시장경제, 자유주의적 국가, 국제금본위제, 세력균형)의 위기와 붕괴로서 설명하는데, 그 골격은 1939년부터 1940년에 걸친 몰리 칼리지에서의 강의 준비 과정에서 만들어졌다. 폴라니는 이 점을 『거대한 전환』

을 위한 1943년의 기획서 「대변동의 기원(정치적·경제적 고찰)에 관한 저작 계획 각서」에서 밝히고 있다(19-5). 노동자 교육을 위한 강의와 세미나 경험은 폴라니의 연구와 사상을 사회철학적인 것에서 사회경제사적인 것으로 전환시켰고, 덕분에 그는 자유의 문제를 사회경제사적인 문맥 속에서 고찰할 수 있게 되었다.

영국으로 이주한 뒤에도 폴라니는 국제 정세와 각국의 대응을 분석한 논설이나 소론을 다수 발표했다. 국제 문제에 대한 폴라니의 1930년대 교육 활동의 성과는 콜의 서문과 함께 『유럽의 오늘Europe Today』(1937)이라는 제목으로 출간되었다. 노동자 교육을 위한 노동조합위원회에서 펴낸 이 책은 1918년부터 1937년까지의 국제 정세를 노동자들이 알기 쉽게 설명하고 유럽을 뒤흔들고 있는 대립의 본질을 해석한 것이다. 또한 폴라니는 노동자교육협회를 통해 미국의 초청을 받아 38개 주를 돌며 유럽 정세를 주제로 강연을 하기도 했다. 그는 교육의 현장에서 국제 정세와 근현대 사회경제사의 최신 연구 성과를 전하는 일을 자신의 사명으로 삼고 일반 대중의 계몽을 위해 부단히 노력했다. 폴라니는 영국과 미국의 노동자들에게 '소비에트와 그 밖의 전승국 사이의 심각한 균열'을 초래한 1차 세계대전 이후의 베르사유 체제가 결과적으로 독일의 '파시즘 외교'를 부추기게 된 경위에 대해 자세히 설명했다. 그가 남긴 강의 메모와 노트에는 세계대공황, 금본위제의 붕괴, 파시즘의 대두 등 1930년대의 대변동을 이해하기 위해서는 경제와 민주주의 사이의 근원적 대립을 내포하는 시장사회 본질을 제도적으로 분석하는 작업이 불가피하다는 점, 그리고 현대의 위기를 이해하기 위해서는 시장사회에 대한 장기적 관점의 역사관이 필요하다는 점 등이 적혀 있다. 영국 시절의 폴라니는 『거대한 전환』에서 전개한 국제체제의 분석, 특히 민주주의 세력이 패퇴하고 파시즘이 만연하게 된 유럽 대륙의 대변동을 초래한 원인을 찾고 있었다.

『거대한 전환』은 폴라니가 록펠러재단에서 장학금을 받아 미국의 베닝턴 대학교에 체류 중이던 1940년부터 1943년 사이에 집필되었고, 최종 교정은 1943년 10월 영국에 돌아와서 이루어졌다. "우리 시대의 기원: 거대한 전환"이라고 제목을 붙인 영국판(1945)의 출간을 앞두고 그는 마지막 장인 「복잡한 사회에서의 자유」를 고쳐 쓰고 영국 구빈법에 대한 주해를 추가했다. 뉴욕에서 간행된 『거대한 전환』의 초판은 출간 당시 미국의 제도주의 경제학자나 사회학자들의 환영을 받았다. 그러나 2차 세계대전이 끝나자 시장사회의 위기와 파시즘의 대두라는 1930년대 국제정세를 분석한 이 책은 관심에서 밀려났다. 한편 『거대한 전환』의 영국판은 폴라니의 기대와 달리 반향이 미약했다. 이 책이 고전 명저로서 부동의 지위를 획득한 것은 처음 출간되고 반세기 가까이 지나 경제적 자유주의가 신자유주의라는 이름으로 부활한 뒤였다.

북미 시절(1947~1964년)

1947년 폴라니는 『거대한 전환』에 공감하고 지지를 표한 미국의 제도주의 경제학자 모리스 클라크Maurice Clark의 후원을 받아 컬럼비아 대학교 경제학부의 객원교수로 초빙된다. 이때 그는 환갑을 넘긴 나이였다. 폴라니는 컬럼비아 대학교에서 1947년부터 1953년까지 5년 동안 일반경제사 강의를 맡았다. 첫해의 강의 주제는 '사회에서 경제의 위치'였다(Polanyi 1947c). 그곳에서 폴라니는 막스 베버Max Weber의 『일반사회 경제사 요강Wirtschaftsgeschichte』과 탈코트 파슨스Talcott Parsons가 번역한 베버의 『경제와 사회Wirtschaft and Gesellschaft』 1부를 비판적으로 계승하여 사회 속에서 경제가 차지하는 위치가 어떻게 변화했는지를 규명하는, 다시 말해 '경제사회학'을 포함하는 일반경제사를 구축하고자 했다. 당시 폴라니는 산업사회의 경제문제를 해결할 유일한 방법은 시장체제라고 주장하는 신고전파 경제학이 2차 세계대전 이후 미국을 거점으로 융성하고 있는 상황을 우려했다. 그래서 신고전파 경제학의 대항축이 될 수 있는 베버의 가능성을 이끌어내는 전략을 취했다.

폴라니는 컬럼비아 대학교에서 '경제적 제도들의 기원'이라는 주제로 연구비를 받아서, '사회에서 경제의 위치와 그 변화'를 다루는 공동 연구를 진행했다. 컬럼비아 대학교를 떠난 뒤에도 그는 포드재단의 기금으로 '제도적 성장의 경제적 측면'에 관한 학제적인 프로젝트를 조직하고 해리 W. 피어슨Harry W. Pearson, 콘래드 M. 아렌스버그 Conrad M. Arensberg 등의 동료들과 공동 연구를 계속할 수 있었다. 이 두 연구 프로젝트의 성과는 1957년 『초기제국에 있어서의 교역과 시장』으로 출간되었고, 이를 계기로 폴라니는 경제인류학의 창시자로 주목받게 되었다.

폴라니가 세상을 떠난 뒤에 아브라함 로트슈타인Abraham Rotstein 의 협력으로 1966년 『다호메이 왕국과 노예무역』이, 1968년 조지 달톤 George Dalton의 편집으로 『초기, 고대, 근대의 경제들Primitive, Archaic, and

Modern Economics』이 출간되었다. 이 책들은 경제인류학자로서의 폴라니상像을 확립했지만, 한편으로는 폴라니에 대한 오해를 낳기도 했다. 이를 테면 폴라니가 자신의 이상을 논하기 어려운 현대경제에서 비시장경제로 도피했다는 것이다. 또한 이 책들은 폴라니에 대한 이후의 연구가 그가 만년에 천착했던 문제, 즉 2차 세계대전 이후 산업사회에 내재된 효율지상주의와 동조주의적 경향에 대항하는 인간의 자유에 대한 고찰을 외면하게 만든 아이러니한 결과도 초래했다.

　　1977년에는 그의 부인 일로나 두친스카Ilona Duczynska의 의뢰를 받아 피어슨이 편집한 유고집『사람의 살림살이』가 출간되었다. 이 책 덕분에 폴라니가『거대한 전환』이후 현대 세계에는 관심을 두지 않고 전통적 경제나 비시장경제 연구에만 몰두한 것이 아니라는 사실이 어느 정도 밝혀졌다. 최근의 연구에서 밝혀진 것처럼,『사람의 살림살이』는 '사회에서 경제의 위치와 그 변화'라는 장기적 관점의 역사관에서 2차 세계대전 이후의 세계를 비판적으로 파악하고, 인류 평화와 인간의 자유라는 목적의 수단으로서 경제를 제도화하여 사회 속에 위치시키기 위한 지적 투쟁의 궤적이다.[12]

산업사회에서 우리는 자유로울 수 있는가

『초기제국에 있어서의 교역과 시장』이 출간되면서 컬럼비아 대학교에서의 프로젝트가 모두 종료되자 폴라니는 '산업사회에서의 자유'라는 주제에 착수했다. 이 주제는『거대한 전환』에서 다루었던 19세기적 시장사회와는 다른, 2차 세계대전 이후의 인식에 기반을 두고 있다.

1930년대에 19세기적 시장사회가 붕괴되고 경제와 정치가 융합되었다. 그러나 2차 세계대전 이후, 정치를 포함한 사회 전체에서 경제체제가 과거보다도 우위를 차지했고 사회의 목적과 가치관이 경제에 의해서 결정되는 경향이 강해졌다. 효율이나 물질적 진보, 생활의 획일화, 조직화와 같은 경제생활의 가치관이 사회 전체의 목적을 규정하게 되었다. 다시 말해 민주주의를 통해 새로운 사회 현실 속에 자유의 영역을 만들어낸다는 폴라니의 이론적 전망은 더욱 어려워졌다. 그는 이와 같은 사회 현실을 "기계적 사회" 또는 "기술적 사회"라고 표현했다.

아이젠하워 미국 대통령이 국제연맹 연설(1953년 12월 8일)에서 원자력의 평화적 이용을 제창한 이후, 폴라니는 기술적 사회와 인간의 자유 사이의 충돌을 주제로 「자유와 기술」(1955), 「복잡한 사회에서의 자유」(1957)와 같은 일련의 초고와 강연 원고 등을 남겼다. 이 가운데 「자유와 기술」은 아브라함 로트슈타인과 함께 책으로 집필할 계획을 세우고 1957년에 출판 계약까지 맺었다.[13]

『자유와 기술』의 간행을 보류한 1958년 이후에도 폴라니는 젊은 연구자인 달톤, 테렌스 K. 홉킨스Terence K. Hopkins, 폴 메도우Paul Meadow, 로트슈타인, 피어슨, 폴 보하난Paul Bohannan 등과 산업사회의 새로운 이상적 형태를 연구하는 학제적인 프로젝트에 착수했다. 그는 1958년부터 1959년에 걸쳐 '산업사회에서의 좋은 생활'에 관한 보고와 토론 모임을 이끌었다. 이에 대한 연구 성과는 폴라니 본인이 남긴 초고들, 「아리스토텔레스와 갤브레이스의 풍요론」(37-11b), 「아리스토텔

레스의 풍요로운 사회론」(37-11c)으로 남아 있다. 산업사회의 제도 개혁에 관한 이러한 연구는 폴라니가 미국에 온 해에 쓴 논고 「시대에 뒤처진 시장 지향」(1947)에서 다룬 "기술적으로는 효율이 떨어지는 사회를 의미한다고 해도 삶의 충족을 개인에게 돌려준다는 지극히 중요한 과제"(Polanyi 1947b), 또는 「경제결정론의 신앙」(1947)의 "산업문명을 인간 존재의 요구에 적합하게 만든다는 과제"(폴라니ポランニー 2012[1947])를 다시 전개한 것이라고 할 수 있다.

　말년의 폴라니가 사색하고 연구했던 주제 가운데 흥미로운 것은 그가 장 자크 루소Jean Jacques Rousseau의 『사회계약론』의 사회철학에 입각해 그의 사상에서 '보통 사람들의 생활양식으로서의 문화'가 내포하는 결정적인 의의를 발견했다는 점이다. 폴라니는 「장 자크 루소: 자유로운 사회는 가능한가?」(1950년대)에서 "루소는 민중people을 발견했다. 민중은 〔중략〕 문화의 보고寶庫로서의 보통 사람들이다"라고 말했다. 이러한 루소론은 「주말 노트Notes of Weekend」의 자유론에 대한 주장에도 반영되었다. 폴라니는 보통 사람들의 생활양식인 문화에 기반을 둠으로써 자유와 평등을 양립시키는, 또는 사회구성원 사이의 소망이나 이상을 조정하는 제도화가 가능해진다고 강조한다. 그리고 경제를 다시 사회 속에 위치시키는 '사회에서의 경제 위치' 조정에 대한 구상에 전념했다.

　폴라니가 일로나의 도움을 받아 생애 마지막으로 도전한 일은 국제적인 학술잡지 「공존Co-Existence: 변화하는 세계에서의 경제학, 사회학, 정치학의 비교연구 저널」의 기획이었다. 이 잡지의 발기인으로는 조앤 로빈슨Joan Robinson, 쓰루 시게토都留 重人, 에리히 프롬Erich Fromm

등이 있다. 이 기획의 목적은 다양한 사회체제, 국민국가, 이념 등이 공존하는 세계에 초점을 맞추고, 보통 사람들의 생활양식이나 문화에 기반 한 다양한 산업사회의 가능성, 인간의 자유, 국제 평화의 조건 등에 대해 세계 각지의 사회과학자들이 한데 모여 탐구할 수 있는 자리를 제공하는 것이었다. 「공존」의 창간호가 발행된 것은 폴라니가 세상을 떠난 1964년 4월 23일 직후였다. 경제가 사회를 지배하는 구조에 대한 근원적인 비판을 펼쳐온 폴라니는 생애에 걸쳐 '인간의 자유와 사회적 책임'이라는 주제에 천착했다.

2장
시장이 사회를
지배하기 시작했다

경제적 자유주의는 산업혁명의 역사를 잘못 해석했다.
왜냐하면 이 사상은 사회적으로 관찰할 수 있는 사물과 현상을
경제적 관점에서 비판해야 한다고 주장하기 때문이다.

1차 세계대전 이후 폴라니는 인간의 운명에 대해 거의 종교적 수준의 책임감에 사로잡혔다. 그는 감옥, 강제수용소, 전쟁의 지옥 속에서 사람들을 고통스럽게 만들고 살상했던 20세기 전반의 대변동이 어디에 기원을 두고 있는지 추적하는 일에 몰두했다. 폴라니의 가장 중요한 업적은 1944년에 펴낸 『거대한 전환』이다. 이 책은 인류를 파시즘과 세계대전으로 몰아넣은 정치, 경제, 사회체제의 분석이다. 폴라니는 20세기의 위기를 이해하기 위해서는 그 위기의 기원을 좇아 18세기 후반 영국까지 거슬러 올라가야 한다고 말했다. 그는 20세기 위기의 본질이 18세기 후반 영국에서 탄생하여 세계로 퍼져나간 시장사회의 한계에서 유래한다고 생각했다.

18세기 후반 영국에서 세계 최초로 '자본주의'(『거대한 전환』의 용어로는 '시장사회')가 탄생했다. 이 시장사회는 점진적이고 자생적으로 생겨난 것이 아니었다. 폴라니에 따르면 시장사회는 '경제적 자유주의'가 추진한 경제와 사회정책에 의해서 만들어졌다.

폴라니는 시장사회가 과연 무엇이며 경제적 자유주의의 강인한 역동성은 어디에서 비롯된 것인지 철저하게 파고들었다. 시장사회가 지향한 계획은 무엇이었을까? 그 계획은 왜 한계에 부딪혔을까? 시장사회는 어떤 여론, 법률, 국가, 에토스ethos, 즉 어떤 제도와 윤리에 의해 움직이고 있었을까? 이러한 시장사회의 본질을 이해하지 않고는 현대 위기의 본질을 파악하고 이를 극복하기 위한 전망을 세울 수 없다.

시장사회는 영국에서 탄생했다. 그러나 시장사회의 약점이 가장 비극적인 혼란을 불러온 곳은 유럽 대륙이었다. 독일의 파시즘을 이해하기 위해서는 리카도 시대의 영국으로 돌아가야만 한다.(Polanyi 2001)

폴라니가 다루고 있는 스피넘랜드 제도Speenhamland System*부터 신新구빈법**까지의 기간 동안, 즉 토마스 R. 맬서스Thomas R. Malthus와 데이비드 리카도David Ricardo의 고전파 경제사상이 형성되었던 1795년부터 1834년 사이에 빈곤이 사회문제로 주목받고 생활이 곤궁한 사람들의 처우를 둘러싼 논쟁이 일어났다. 이 논쟁의 과정에서 "경제적 자유주의가 거역할 수 없는 힘을 얻어 현대에 이르기까지 복지정책 형성에

---

* 스피넘랜드 제도는 영국의 스피넘랜드 지역에서 실시된 임금보조 제도이다(1795~1834). 빵의 가격과 가족 수에 따라 최저생활기준을 선정해 실업자와 저임금 노동자에게 구빈세에 의한 수당을 지급하였다.(p.58 「굶주림이 빈민을 노동하게 만든다는 논리」 참조)
** 신구빈법은 1834년 제정된 법으로 빈곤의 자주 해결, 원외 구제의 최소화 등을 추구하였다. 1948년 폐지되었다.

큰 영향력을 갖게 되었다"(오야마大山 2012). 폴라니에 따르면 이 스피넘 랜드 시대에 시장의 유토피아적 이념을 따라서 사회를 개혁하고 조직 하는 경제적 자유주의가 형성되었다. 경제적 자유주의는 시장경제에 적합한 인간, 사회, 정치, 경제에 대한 사고방식의 총칭이다. 그것은 시대에 적합한 형태로 끊임없이 변화하면서 인간은 어떻게 행동해야 하는지, 사회체제는 어떻게 기능해야 하는지, 국가는 어떻게 행동해야 하는지에 대한 규범적이고 실증적인 견해를 제시해왔다. 그러한 점에 서 경제적 자유주의는 시장사회에 정당성을 부여하고 활력을 주는 지 적인 원천임에 틀림없다.

인류 역사에서 시장은 예로부터 존재해왔으며 시장이나 상입의 역할을 옹호하는 사고방식 또한 이전부터 존재했다. 그러나 그것은 경제적 자유주의가 아니었다. 폴라니는 경제적 자유주의를 만들어내 시장사회를 탄생시킨 스피넘랜드 시대의 경제적, 사회적, 정치적 배경 을 탐구했다.

19세기적 '사회의식'의 특징인 정치경제학이나 시장경제에 적합 한 인간관과 사회관은 스피넘랜드 시대의 구빈법 논쟁을 통해서 나타 났다. 폴라니는 이 사회의식의 탄생을 프랑스혁명과 더불어 인류 역 사의 획기적인 사건으로 정의한다. 그가 보기에 "구빈법 논쟁은 벤샘과 버크, 고드원과 맬서스, 리카도와 마르크스, 로버트 오언Robert Owen과 존 스튜어트 밀, 다윈과 스펜서의 사상을 형성했으며 그들은 프랑스혁 명과 함께 19세기 문명의 정신적 기원을 공유하고 있었다"(같은 책).

스피넘랜드에 대한 폴라니의 해석은 경제적 자유주의의 사회복 지에 대한 비판(앨버트 O. 허시먼Albert O. Hirschman의 표현을 빌리면 '복지가 의

존과 빈곤을 만들어낸다'와 같은 '역전적 명제')에 맞서는 한발 앞선 도전이었다. 이제부터 자세히 살펴보겠지만, 폴라니는 경제적 자유주의의 전통과 사회정책의 학술적 논쟁에서 계속 언급되는 '스피넘랜드의 어두운 그림자'의 이미지가 우리의 사회정책을 '열등 처우의 원칙*' 쪽으로 되돌리는 힘을 가지고 있다는 사실을 효과적으로 설명했다(Block and Somers 2014).

폴라니는 오늘날까지 영향력을 떨치고 있는 경제적 자유주의의 복지 정책에 대한 사고방식을 경제적 자유주의가 설파하는 스피넘랜드에 대한 주장을 통해 이해할 수 있음을 간파했다. 그리고 그들의 주장에 반박하는 다양한 해석과 주장, 역사적 연구의 가능성을 추구할 단서를 남겨놓았다. 폴라니가 제기한 문제는 우리의 사회의식을 구속하고 결과적으로 사회정책이나 사회 개혁의 가능성을 제한해온 스피넘랜드의 어두운 그림자와 어떻게 정면으로 맞서고 이를 극복할지에 관한 것이다(와카모리若森 2015).

폴라니에 따르면 20세기의 전반기에 비극적 전개로 파국을 맞이한 19세기 문명에 대한 철저한 이해가 필요하다. 또한 그러기 위해서는 시장사회로의 전환에 결정적 계기가 된 산업혁명기 구빈법 논쟁의 본질, 즉 당시 형성된 19세기 사회의식에 대한 고찰이 요구된다.

※ 1834년 신구빈법 운영 원칙 중 하나로 구빈법에 의해서 구제받는 빈민의 생활수준은 최하급 임금노동자 층보다 낮아야 한다는 이론이다.

인간과 사회를 파괴한
산업혁명

『거대한 전환』은 산업혁명과 시장경제체제, 이들이 초래한 사회적 혼란, 이 사회적 혼란을 집약적으로 드러내는 빈곤 문제의 원인과 그 해결 방법을 둘러싼 구빈법 논쟁, 그리고 사회적 재앙과 문화 파괴를 시장체제와는 별개의 논리로 타개하려고 했던 오언의 사상에 많은 지면을 할애한다.

산업혁명기에 이루어진 생산도구의 발명, 새로운 시장의 개척, 신제품의 발명, 노동조직의 개편, 재배와 목축 방법의 혁신과 같은 산업의 큰 변화는 화폐소득의 증대와 생활수준의 상승으로 이어졌다. 그러나 산업혁명이라는 거대한 규모의 진보는 농촌에서 생활을 꾸려가던 보통 사람들common people[1]의 주거와 전통적 사회에 전대미문의 혼란을 일으키고 인간의 상호적 관계를 해체했다. 공업 도시라는 이름의 황무지로 내몰린 노동자들은 빈민가에서의 생활을 강요당했고, 그 대부분의 가정이 파멸에 이르렀다. 또한 환경 파괴가 심각해져서 국토의 대부분이 공업도시에서 배출되는 하수와 배기가스로 오염되었다. 산업혁명 때문에 발생한 이러한 사회적 재앙은 보수주의자, 자유주의자, 사회주의자 할 것 없이 모든 당파의 저술가에 의해서 인간적 추락의 극치로 묘사되었다. 폴라니는 『거대한 전환』 2부의 첫 장 「삶의 터전이냐 경제 개발이냐」의 서두에서 생산도구의 혁명적 진보가 보통 사람들의 생활에 파국적 혼란을 가져온 사태를 윌리엄 블레이크William Blake의 장편 서사시 『밀턴』의 표현을 빌려 '악마의 맷돌 satanic mill'이라고 표현했다.

> 인간을 부랑하는 군상masses으로 부숴버린 '악마의 맷돌'은 무엇인가? 얼마나 많은 일들이 이 새로운 물질적 조건에 의해서 일어났는가? 얼마나 많은 일들이 이 새로운 조건 아래에서 나타난 경제적 의존관계에 의해서 발생했는가?(Polanyi 2001)

산업혁명과 시장경제 시스템의 탄생

산업혁명기라는 이름이 붙여진 시대에는 진보와 사회적 혼란, 부와 빈곤, 기계 사용과 인간적 타락 등 상반된 면이 동시에 나타나는 급격한 사회적 변화가 나타났다. 이러한 변화의 원인으로 시장의 확대, 기계의 발명, 석탄과 철강 등이 지적되었지만, 그 어떤 것도 '악마의 맷돌'처럼 결정적인 요인으로 논증하지 못했다. 폴라니에 따르면 급격한 사회적 변화의 진정한 원인은 산업혁명을 가속화시키려는 목적으로 종래의 공동체적 사회에서 시장경제로의 '전환'이 적극적으로 추진된 것이다. 그에 따라 나타난 공업 도시의 발흥, 빈민가의 출현, 아동의 장시간 노동, 일부 노동자의 저임금, 생활수준의 상승과 같은 징후는 기계시대의 개막이라는 인류가 처음 겪는 새로운 문제들 가운데 영국이 선택한 '시장경제 확립'이라는 방향성(공동사회에서 시장사회로의 제도 변화)에 부수적으로 발생하는 현상들로 정의된다.

시장경제로의 전환이라는 사건은 산업혁명의 시작을 알린 플라잉 셔틀(1733년), 수력방적기(1739년), 증기기관(1769년)과 같은 고가의 '정교한 기계'가 상업사회에서 생산에 사용되면서 발생한 충격과 관련이 있다. 상업사회에서 고가의 기계를 계속 사용하기 위해서는 손실을 입지 않도록 상품을 대량생산할 필요가 있고, 기계를 움직이기 위한 원재료나 노동력이 안정적으로 공급되어야 하며, 생산된 상품을 판매하기에 충분한 시장이 확보되어야만 한다. 만약 이들 조건이 충족되지 않으면 정교하고 특화된 기계를 생산에 이용할 때 리스크가 높아진다. 따라서 기계를 생산에 사용하기 위한 조건들을 만들어낼 필요가 있다.

기계 사용을 위한 결정적인 조건은 사회의 자연적 실재와 인간적 실재, 다시 말해 자연과 노동이라는 생산요소를 시장에서 구입할 수 있는 상품으로 '전환'시키는 것이다. 또한 사회 구성원의 행동 동기가 생존 동기에서 이득 동기로 바뀌어야 하고, 나아가 모든 소득이 판매에서 발생해야 한다. 요컨대 기계를 생산에 사용하기 위해서는 시장사회가 만들어져야만 한다. 상업사회에서 기계를 생산에 사용한 산업혁명은 전혀 새로운 체제를 요구했다. 바로 재화의 생산과 분배의 질서가 가격의 자기조정 작용에 위임되는 '자기조정적 시장self-regulating market'이었다. 폴라니가 주목한 점은 산업혁명에 적합한 이 시장경제체제가 교환과 상업이 발전하면서 자연히 발생한 것이 아니라, 새로운 구빈법 제정에 의해서 노동시장이 창출된 경우처럼 국가의 경제자유주의적 개입에 의해서 의도적으로 창출되었다는 사실이다. 이 점에 대해서는 뒤에서 자세히 설명할 것이다.

산업혁명과 인클로저 운동의 비교

18세기 후반부터 19세기 초반에 걸쳐 영국에서 급속하게 진행된 산업혁명과 시장사회로의 전환은 공동사회(커뮤니티)에 파괴적 영향을 미쳤고, 보통 사람들에게 인내를 강요하는 격렬하고 험난한 수난의 시대를 열었다. 폴라니에 따르면 이러한 전개를 살펴보지 않고는 독일을 파시즘으로 이끈 시장사회의 파괴적 영향력도 이해할 수 없다. 산업혁명과 비교하여 튜더 왕조(1485~1603년)와 스튜어트 왕조(1603~1714년) 당시의 인클로저 운동을 살펴보면 그러한 '전환'을 이해하기 쉽다며 폴라니는 다음과 같이 설명했다.

인클로저 운동은 양모 공업의 발흥에 따른 양모 수요 증가에 부응하려는 목적으로 마을 전체가 공동체 농지로 경작하던 땅에 영주가 울타리를 둘러치고enclosure 경작지를 목초지로 전환하는 운동이었다. 인클로저 운동은 규모가 확대된 경작지가 목초지로 전환되지 않는 경우에는 토지 수확량 증가를 촉진했고, 목초지로 전환된 경우에도 장기적으로 농촌 지역을 양모 가내수공업의 거점으로 만드는 경제적 진보를 가져왔다. 그러나 한편으로는 주택을 파괴하고, 고용을 축소하고,

가난한 사람들에게서 공유지에 대한 공동 이용권을 빼앗고, 돈독했던 사회적 관계를 끊어버리고, 농촌과 도시를 황폐하게 만들고, 인구를 감소시켰다. 이 때문에 인클로저 운동은 "가난한 사람에 대한 부자 혁명"(Polanyi 2001)이라고도 불렀다.

그런데 당시 튜더 왕조와 스튜어트 왕조의 정치가들은 인클로저 운동의 억제 정책, 즉 국왕의 권력을 사용해서 인클로저 운동이라는 경제적 진보를 사회적으로 감당할 수 있는 수준까지 완화시키는 조치를 취하려고 노력했다. 이러한 정책 덕분에 토지와 주택을 빼앗긴 사람들은 자신들의 자존심과 규범에 치명적인 손상을 입지 않고 상황의 변화에 대응하고, 이 상황이 변화로 인해서 발생한 여러 산업 분야에서 고용의 기회를 발견할 수 있었을 것이다. 폴라니는 만일 당시에 정치가들이 억제 정책을 실시하지 않았다면 공동사회는 인클로저 운동으로 인한 비극을 견디지 못하고 붕괴되었을 것이라고 말한다.

한편 19세기 초반 영국의 상황은 인클로저 운동과 이 운동의 억제 정책이 동시에 실시되었던 튜더 왕조나 스튜어트 왕조 시대와는 대조적이었다. 인류가 처음 경험한 산업혁명이라는 맹렬한 '진보'는 시장경제체제를 요구했고, 이 체제가 초래한 거대한 사회적 혼란에 휩쓸린 사람들은 곤혹과 수난을 겪었지만 이를 경감하거나 완화하기 위한 정책이나 조치는 스피넘랜드 제도뿐이었다. 그러나 이 제도는 사람들의 사회적 비극을 막는 방파제 구실은 해주지 못했다. 산업혁명과 시장경제의 확립에 동반되는 빠른 변화 과정 속에서 사람들의 삶은 분해되었고, 과거 '예절 바른 농부'였던 사람들은 직업과 살 곳을 잃었다. 그뿐 아니라 사람들은 일의 보람, 삶의 보람, 인간관계, 자존심

등 문화적인 것들도 잃어버렸다. 폴라니는 이 같은 파괴력을 지닌 산업혁명과 시장경제의 확립을 블레이크의 말을 빌려 '악마의 맷돌'이라고 표현했다.

시장경제의 도입이 불러온 문화적 파괴

앞에서 설명한 것처럼, 국가 권력이나 강제력을 사용한 시장경제의 급격한 도입과 경쟁적 노동시장의 성립은 그에 동반되는 사회적 혼란을 막을 조치가 마련되지 않는다면 기아 방지를 포함한 전통적인 사회적·문화적 조건들을 파괴하고, 자존심과 규율이 결여된 새로운 인간형을 만들어내며, 노동자의 타락과 비참함을 초래한다. 보통 사람들은 사회적 존재로서 사회적·문화적 제도 속에 자리 잡고 있다. 시장경제의 강제적인 도입으로 이러한 제도가 해체됨으로써 인간은 자긍심을 잃은 채 타락하고 나태한 존재로 급변한다. 폴라니는 이러한 사태를 인류학자의 용어를 빌려 '문화적 진공' 또는 문화적 파괴로 재인식했다. 그는 산업혁명 시대에 영국에서 일어난 사태가 서구 열강들의 자유무역에 강제로 휩쓸린 식민지나 미개사회에서도 유사하게 발생했다는 점에 주목할 필요가 있다고 강조한다.

폴라니는 『거대한 전환』 2부 뒷부분의 여러 장에서 문화적 접촉이나 파괴로 발생하는 문화적 진공의 문제에 관한 인류학적 연구의 의의를 찾기 위해 노력했다. 그는 여기에서 19세기 후반 북미 원주민에게 실시된 강제적 토지 분배와 열강들이 자유라는 명목으로 인도나 아프리카에 시장경제를 급속하게 도입하는 과정에서 공동사회가 파괴된 사실을 언급했다. 그 결과 인도에서는 대기근이, 아프리카에서는 문화적 쇠퇴가 발생했다.

국제자유무역은 농업과 공업의 국제분업을 진행시킨다. 이는 전세계가 산업문명의 요구를 따르게 만드는 과정이기도 하다. 공업의 발달과 도시인구의 증가는 산업화의 추진력이 되는데 농업은 그 추진력을 지속시키기 위한 존재가 되어버렸다. 산업문명은 원재료와 식량이라는 토지 생산물을 지속적으로 공급하고 공급량을 한 단계 더 늘릴 것을 요구했다. 그 결과 '토지 생산물(원재료와 식량 등)의 유동화'와 이를 추진하는 수단으로서의 시장체계가 세계적 규모로 확대되었다. 토지 생산물의 유동화가 가까운 농촌 지방에서 열대와 아열대 지역으로 확대되고 공업과 농업의 분업이 세계적으로 적용되었다. 그 결과, 유럽에서 멀리 떨어진 지역의 사람들까지도 시장경제의 도입을 강요당하고 그들의 생활양식은 급격한 변화의 소용돌이에 휘말리게 되었다.

예를 들어 아프리카의 몇몇 용맹한 흑인 부족사회에서는 기존의 제도가 빠른 속도로 철저히 파괴되었다. 남아프리카의 카피르족의 경우, 전통적으로 계승해온 뛰어난 공예기술이 사라졌고, 자존심과 규범을 모두 잃었으며, 자신의 생명과 재산을 방탕하게 낭비하는 삶으로 변해버렸다(Polanyi 2001). 인도에서는 종래의 사회적이고 문화적인 생활이 붕괴되고 이어서 부동산 시장의 요건을 충족시킬 수 있도록 사회가 조직되었다. 경쟁적 노동시장의 확립(노동의 상품화)과 농산물 자유무역의 침투(토지의 상품화)는 종래의 사회적 유대를 끊어버렸고, 무엇보다 기아를 통제해온 사회체제(인도 출신의 경제학자 아마르티아 센

Amartya Sen의 표현을 빌리면 '인간의 안정 보장')를 파괴해버렸다. 폴라니의 설명에 따르면 봉건제도와 촌락공동체에서는 신분에 따른 의무, 씨족 연대, 곡물시장 통제 등이 기근을 방지하는 역할을 담당했다. 이에 비해 서 도입되기는 했지만 불완전하게 조직되어 있는 시장경제의 지배하에 서는 가격 급상승으로 사람들이 곡물을 사지 못해 굶주림을 피할 수 없었다. 19세기 후반 인도를 덮친 대기근은 이러한 과정의 귀결이었다.

폴라니는 자유무역의 도입 때문에 아프리카나 인도에서 발생한 심각한 상황을 '착취'라는 단어로는 충분히 묘사할 수 없다고 설명한다. 그는 시장경제로의 이행을 강요당한 인도의 경우 경제적 관점에서 보 면 장기적으로는 수혜를 입겠지만, 사회적 관점에서 본다면 공동사회 의 해체로 많은 사람들이 비참함과 타락의 희생양이 되었다고 인식했 다(같은 책). 폴라니에 따르면 인도에서 시장경제 도입 이후에 기근이 빈발했다는 사실은 시장경제의 도입이 기아를 방지하는 사회체제를 파괴한다는 것을 보여준다. 또한 아프리카 부족이 백인 문화와 접촉 한 결과, 자신들의 문화에서 더 이상 노력이나 희생의 가치가 있는 어 떤 목적도 찾을 수 없게 된 '문화적 쇠퇴'에 이른 것은 시장경제의 극단 적인 인위성과 기존 인간관계의 급속하고도 격렬한 붕괴가 일으킨 직 접적인 결과로서의 사회적 비극 그 자체를 보여준다. 경쟁적 노동시 장을 도입하는 과정에서 기아 방지를 포함한 사회적이고 문화적인 조 건들이 파괴된다는 사실을 여기에서도 확인할 수 있다.

폴라니는 리하르트 C. 투른발트Richard C. Thurnwald의 연구에 의거 하여, 자유무역에 휩쓸린 비非서구 민족들의 공동체 사회에 나타나는 문화적 파국이 시장사회의 원점인 스피넘랜드 시대의 사회적 파국과 동일한 문제라고 강조한다(같은 책).

> 많은 차이점은 있지만 수십 년 전 또는 수세기 전에 우리 세계에 존재했던 상황과 기본적으로 동일한 힘든 상황이 오늘날의 비서구 민족사회에서도 나타나고 있다. 기술적으로 새로운 발명, 새로운 지식, 부와 권력의 새로운 형태가 사회적인 유동성을 강화하고, 개인들의 이주, 명문가의 흥성과 몰락, 집단들의 분화, 새로운 통솔의 형태, 새로운 생활양식, 상이한 가치관을 강화시켰다.(같은 책)

폴라니는 이러한 사회적 수난이 소득수준이나 인구통계를 통해서 측정할 수 있는 경제적 현상이 아니라 가장 근본적이고 중요한 문화적 현상이라고 강조하며, 19세기 초 영국 노동자계급이 왜 도덕적으로 타락한 존재가 되었는지 거듭 확인한다. 경쟁적 노동시장의 도입은 문화적 파괴를 일으켰다. 그것은 노동을 인간의 다른 활동에서 분리하여 시장의 법칙을 따르게 만드는 체제의 구축이, 사회적 존재로서 인간이 자리 잡고 있던 종래의 문화나 생활환경을 개별적이고 개인주의적인 새로운 시장경제체제에 적합한 것으로 대체하도록 요구했기 때문이다.

경제적 자유주의에 이용당한 산업혁명사

『거대한 전환』은 영국 산업혁명 초기의 사회적 혼란과 문화적 파국을 중시한다. 이러한 '경제사의 제도파制度派적 접근'이라고도 할 수 있는 견해'와 대립하는 것이 케임브리지 대학교의 초대 경제사 교수로 취임한 존 H. 클래펌John H. Clapham의 산업혁명사 연구이다. 폴라니는 1920년대 경제적 자유주의자들이 '박수갈채를 보낸' 클래펌의 『근대 영국경제사An Economic History of Modern Britain』(1926)에 주목했다. 이 책은 1780~1790년대 파국적 격변이 영국 민중을 휩쓸었다는 전통적인 산업혁명사를 뒤집는 내용이었다. 클래펌은 (1) 공장제도의 도입이 생활수준의 갑작스런 악화를 불러와서 민중을 힘들게 만들었다는 사실은 찾을 수 없다. (2) 평균적으로 보면 민중의 삶의 질은 공장제도 도입 이전보다 이후에 향상되었다. (3) 경제적 복지의 지표인 실질임금과 인구수로 측정하는 한, 초기자본주의의 '지옥편'은 존재하지 않는다고 주장했다(같은 책).

폴라니는 "사실을 존중하는 클래펌의 양식 있는 태도"에 대해서는 그 나름의 평가를 내리면서도, "이 역사 해석이 함의하는 중요한 점은 산업혁명 초기의 사회적 혼란이나 문화적 파국의 존재 그 자체를 부정하고 자유방임경제의 복권을 주장한다는 점"이라고 경고했다. 다시 말해 이 학설은 노동자계급이 착취당하지 않았으며 오히려 그들이 경제적인 승자였다고 주장한다. 또한 모든 사람에게 은혜를 베푼 시장체제에 맞서 사회의 자기방어를 논하는 것은 무리라는 경제적 자유주의의 주장에 정당성을 부여하고, 경제적 자유주의에 대한 강력한 지지 기반을 제공한다. 만약 영국 산업혁명의 소용돌이에 휩쓸린 불운한 노동자들의 사회적 비극을 전부 부정할 수만 있다면, 경제적 자유주의는 아무런 주저 없이 그 정당성을 주장할 것이다. 의심의 여지가 없는 경제적 진보에 사회적 비극은 존재하지 않는다고 말이다. 이 시점에서 폴라니는 클래펌의 산업혁명사가 연속적인 경제적 진보를 가져올 수 있다는 시장경제의 새로운 만능설[2]의 원천이 될 수 있다는 사실을 간파했다.

굶주림이 빈민을
노동하게 만든다는 논리

산업혁명이 한창 빠르게 전개되던 시기에 영국 농촌 지역에서는 흉작으로 인한 식량 부족과 프랑스와의 전쟁으로 인한 물가 상승 때문에 빈민층이 급증했다. 1795년 버크셔 스피넘랜드 교구의 치안판사는 이 사태를 완화하고자 법률로 정한 일정액 미만의 임금을 받는 노동자에게 구빈법의 범위 내에서 빵 가격과 가족 수에 따른 임금부조 지급을 인정한다는 판결을 내렸다. 이 판결 이후, 1601년 엘리자베스 구빈법[3] 때부터 도입되었던 원내 구제(구빈시설 수용)의 원칙은 폐기되고 가족수당 지급과 같은 원외 구제가 널리 적용되었다. 이로 인해서 종래의 노역소(노동 능력이 있는 빈민을 수용)와 구빈원(노동 능력이 없는 극빈자를 수용)의 구별이 무의미해졌다. 저임금 노동자, 노동 능력이 있는 실업자, 도움을 받아야 할 극빈자 사이의 구별도 사라졌고 이들은 차별 없는 하나의 빈곤 대중으로 융합되었다. 스피넘랜드 제도라고 불리는 이러한 구빈법 개혁은 노동자와 경영자 모두의 지지를 받으며 버크셔는 물론 전국적으로 확산되었다.[4]

그러나 대규모 임금부조가 실시되었음에도 빈민은 계속 증가했고, 임금부조의 재원으로서 교구의 유력자인 지주에게 징수되는 구빈세도 급상승했다. 그런 상황이 되자 빈민은 대체 왜 발생하는지, 스피넘랜드 제도가 복지에 의존하는 빈민을 늘리고 있는 것은 아닌지, 풍요로움과 빈곤이 왜 공존하는지 등의 논점을 둘러싸고 대규모 논쟁이 시작되었다. 경제학자, 신학자, 정치가 등이 다수 참여한 구빈법 논쟁은 맬서스의 『인구론』(1798)으로 대표되는, '스피넘랜드 제도를 철폐하라'는 주장의 승리로 끝났고, 그 결과 1834년 신구빈법이 의회에서 가결되었다. 이에 따라 신구빈법은 (1) 노동 가능한 자의 구제 거절(노동시장에서 일자리를 찾도록 강제) (2) 노역소 내 구제 원칙(원외 구제 폐지, 곤궁자만 원내 구제) (3) 열등 처우의 원칙 준수 (4) 구빈법 행정의 중앙집권화와 같은 구제의 엄격화와 노동자의 자립을 골자로 구성되었다.

　신구빈법이 제정되면서 스피넘랜드 제도로 인해 억제되었던 경쟁적 노동시장이 확립되고, 시장경제체제(자유경쟁적 자본주의)가 비약적으로 발전하게 된다. 그와 동시에 시장경제의 발전에 동반되는 파괴적 영향에서 주거와 자연을 보호하기 위한 자기보호운동도 시작되었다.

굶주림에 의한 노동시장의 자기조정

조셉 타운센드Joseph Townsend는 『구빈법론A Dissertation on the Poor Laws』(1786)에서 태평양의 어느 섬에 과도하게 늘어난 산양과 이 산양을 없애기 위해 풀어놓은 한 쌍의 개의 관계를 소개한다. 이 책에 따르면 개는 산양을 먹이로 삼아 급속하게 증가하지만 먹이인 산양의 수가 감소하기 때문에 결국 개와 산양의 수는 균형 잡힌 상태에 도달한다. 타운센드는 이 이야기의 자연도태설에서 '세계 인구를 조정하는 것은 식량의 많고 적음이다'라는 자연법칙을 추론하고 이를 구빈법 철폐 논리에 적용하고자 했다. 타운센드는 "굶주림은 아무리 사나운 동물도 길들여 얌전하게 만들어버릴 것이며, 아무리 삐뚤어진 인간에게도 배려와 예의, 공순恭順과 복종을 가르칠 것이다. 일반적으로 '빈민'을 노동하게 만드는 것은 굶주림밖에 없다. 그런데도 우리 나라 법률에는 빈민은 결코 굶주리지 않을 것이라고 되어 있다"(Polanyi 2001)는 논법을 전개하고, 구빈법이 굶주림에 의한 빈민 수와 식량의 균형을 방해하고 있는 현상을 비난했다.

그런데 폴라니는 1798년에 익명으로 출간되었던 맬서스의 『인구론』이 타운센드의 산양과 개 이야기에서 영감을 얻어 집필되었을 것이라고 추측했다. 맬서스의 인구론은 잘 알려져 있는 것처럼 다음 두 가지 공준에 의거하여 성립된다.

첫째로 식량은 인류의 생존에 필요하다. 둘째로 이성 간의 정념은 필연적이고 계속해서 거의 현재 상태 그대로 존재할 것으로 생각된다.(맬서스マルサス 1973[1798])

기하급수로 증가하는 인구와 산술급수로밖에 증가하지 않는 식량 공급은 결과적으로 동등하게 유지되어야 한다. 그러기 위해서는 대부분의 인류가 '생존의 어려움', 즉 곤궁이나 기아를 심각하게 여길 필요가 있다. 이러한 맬서스의 주장에는 혼인에 의한 이성 간의 정욕과 기아라는 두 가지 생물학적 자연력이 근거로 깔려 있다. 인구의 증가력과 식량의 증가력이라는 두 가지 불균형적인 자연의 힘은 결과적으로 항상 동등하게 유지되어야만 한다. 모든 것을 지배하는 이 자연의 제한 법칙으로부터 식물이나 동물은 물론 인류도 배제될 수 없다. 인류의 경우에는 곤궁과 가족을 부양하는 어려움, 기아가 혼인을 제한하고 자녀의 수를 억제하도록 작용한다.

맬서스가 구빈법을 비판하는 논리는 두 가지이다. 첫째는 스피넘랜드 제도를 비롯한 구빈법이 구제의 대상이 되는 일부 빈민의 곤궁을 일시적으로 완화시킬 수 있을지 모르지만, 사회적으로는 식량 증가를 동반하지 않는 인구의 증가를 유발하고 음식 가격의 상승과 실질임금의 하락을 초래하여 사회 최하층에 속하는 다른 사람들의 생활을 더욱 악화시킨다는 논리이다. 두 번째 논리는 구빈법이 농촌의 빈민과 하층계급의 노동 규범과 절약하는 생활방식을 무너뜨려 타락과 건강에 대한 부주의를 만연시키고, 결과적으로 기아의 공포에서 비롯된 생존의 어려움만이 제공할 수 있는 노동에 대한 자극을 소멸시킨다는 것이다. 이 두 논리는 노동시장에서의 공급과 수요의 균형이라는 자기조정 체제가 식량의 희소성이나 기아의 공포와 같은 자연의 제한법칙이 작용하는 상태에서만 달성된다는 주장에 입각한다.

폴라니는 맬서스의 이러한 논리가 앞에서 설명한 타운센드의 논법을 구빈법에 대한 더욱 체계적인 비판으로 완성시킨 것이라고 평가했다. '구빈의 조치는 기아에 의한 인구 수 조정이라는 자기조정의 원리, 즉 빈민이 결혼을 연기하고 이성 간의 정욕을 억제하도록 유도하는 원리가 작용하는 것을 방해한다'는 구빈법 비판의 체계가 타운센드에서 맬서스로 이어졌다고 폴라니는 해석했다.

구빈법의 역사가 보여주는 것처럼, 맬서스의 구빈법에 대한 비판은 1834년 신구빈법 제정을 준비했던 구빈법조사왕립위원회의 보고서에 큰 영향을 주었다. 한편 나폴레옹전쟁 이전 수준으로 금의 평균가격을 급속히 되돌린다는 리카도적 거시경제정책이 1815년 이후 경제를 급격히 수축시켰고, 그 결과 농촌 지역의 실업과 빈곤이 악화되었다. 맬서스의 주장은 이 정책이 실패한 책임을 '빈민'의 도덕적 타락에 전가함으로써 실패의 원인을 모호하게 만들었다. 그뿐 아니라 결과적으로 제1회 선거법 개정(1832년)에서 중산계급의 승리를 도와준 셈이 되었다. 그리고 구빈법을 모든 악의 근원으로 만들어버린 여론에 힘입어 1834년에 신구빈법 제정이라는 결실을 맺었다.

맬서스의 구빈법 비판으로부터 영향을 받은 사조들은 산업혁명기 고전경제학파의 거시정책이 범한 치명적인 실패는 검증조차 하지 않으면서 가난한 사람들을 "도덕적으로 타락시켜왔다고 비난받는 스피넘랜드 제도의 책임"을 규탄하는 일련의 흐름을 만들어냈다(Block and Somers 2014). 또한 맬서스의 주장과 그것을 인용한 왕립위원회 보고서에는 산업혁명의 진보 과정에서 주거가 파괴되고, 자존심을 잃고, 삶에 활력을 주는 문화마저 산산이 부서져 사회의 밑바닥으로 쫓겨난 사람들('빈민'은 그 상징이었다)의 곤경에 대한 사회적, 정치적, 윤리적 책임을 묻는 내용은 포함되지 않았다.

구빈법이 빈곤을 오히려 증가시킨다는 주장

스피넘랜드 시대에 빈민이 계속 증가한 이유에 대해서는 곡물 부족, 식량 가격 상승, 농촌의 극단적 저임금, 도시의 고임금, 도시의 고용 불규칙성, 구빈 행정의 실패 등 다양한 원인이 제기되었지만 일치된 의견은 없었다. 또한 구빈 행정이 그 의도와는 반대로 빈곤을 증가시킨다는 맬서스의 역전적 명제는 실증적으로 증명된 것이 아니었다. 그럼에도 맬서스의 명제는 지식인과 정치가 그리고 여론을 통해 널리 침투하여 구빈법 철폐운동을 활성화시키는 데 크게 공헌했다.

이 역전적 명제의 논리적 설득력은 대체 어디에서 오는 것일까? 맬서스는 구빈법이 빈곤과 빈민을 줄이는 것이 아니라 만들어내고 있다며 이렇게 주장했다.

> 잉글랜드의 구빈법은 [중략] 다음과 같이 빈민이 처한 상황을 악화시키는 경향이 있다. 그중 가장 확실한 것은 인구의 존속을 지탱하는 식량의 증산 없이 인구를 증가시킨다는 점이다. 빈민은 독립해서 가족을 부양할 가능성이 거의 없거나 불가능한 상태로 결혼할 수도 있다. 따라서 구빈법은 이 제도가 부양해야 하는 빈민을 만들어낸다고 할 수 있다. 인구가 증가함에 따라 이 나라의 식량은 더 적게 분배될 것이 틀림없다. 때문에 교구 부조의 도움을 받지 못하는 사람들은 자신의 노동량에 비해 구매할 수 있는 식량이 이전보다 더 적을 수밖에 없고, 따라서 틀림없이 그들 중 더 많은 사람들이 부조를 요구하게 될 것이다.(맬서스マルサ ス 1973[1798])

이 인용문에서 맬서스는 구빈법이 빈곤을 증가시키는 두 가지 이유를 제시한다. 첫 번째는 구빈법이 가족을 부양할 가능성이 없는 사람들의 결혼을 촉진시키고 '번식'을 유발함으로써 빈민을 인위적으로 만들어내며, 두 번째는 식량의 증산 없이 인구를 증가시키기 때문에 (빈민이 아니라 노동자인) 하층계급의 식량 구입도 감소한다는 점이다. 맬서스는 이 두 가지 이유 때문에 구빈법은 사람들을 구하기보다 오히려 구빈에 의존하는 사람들을 늘린다고 주장했다.

앞서 말했듯이 폴라니는 맬서스가 이와 같은 구빈법의 역전적 명제의 논거 가운데 하나로 타운센드가 제창한 '자연'의 균형법칙을 채용했다고 추론했다. 그러면서 맬서스의 구빈법에 대한 비판 논리가 자연의 냉혹한 균형법칙 위에 구축되어 있다는 점을 다음과 같이 지적했다.

맬서스는 타운센드와 마찬가지로 여분의 개체는 말살된다고 결론 내렸다. 그는 산양이 개 때문에 멸종되지만 개 역시도 식량이 부족해서 굶어 죽을 것이라고 말한다. 맬서스에 따르면 번식을 억제하는 것은 불필요한 개체를 파멸시키는 '자연'의 냉혹한 힘이다. 인간은 기아 말고도 전쟁이나 역병, 악행 같은 원인에 의해서도 파멸되기 때문에 그러한 원인들도 '자연'의 파괴력과 동일하게 여겨졌다. 〔중략〕 결국 경제적 사회는 '자연'의 무자비한 현실 위에 구축되었다.(Polanyi 2001)

폴라니가 위의 인용문에서 지적하듯이, 구빈 행정이 의도와 반대로 빈곤을 증가시키는 원인이 되었다는 역전적 명제는 기아 또는 비참함과 같은 '자연'의 냉혹한 힘에 의해 균형이 유지된다는 가설에 입각함으로써 설득력을 얻고 있다. 맬서스는 식욕이 산술급수적으로만 증가하는 식량 공급의 희소성에 의해서 필연적으로 제한되지만, 성본능은 '4,000년 전과 동일한 강도로 지금도 존재하며, 앞으로도 현재 상태 그대로 존재할 것으로 예상'되기 때문에 인구는 기하급수적으로 증가한다는 공준을 도출했다. 그는 자연법칙은 동식물의 경우와 마찬가지로 희소성을 인류의 영속적 생존 조건으로 삼고 있다고 설명했다. 맬서스에 따르면 가용 자원과 그것을 경쟁적으로 소비하는 인구 사이에 균형을 맞추는 것은 희소성뿐이다.

빈곤이나 비참함, 기아는 자연의 냉혹한 균형 법칙이다. 전쟁, 기근, 전염병, 유아 사망 등도 자연이 인구를 줄여서 인구 증가와 식량 공급 사이의 균형을 달성하기 위한 방법으로 이해할 수 있다. 따라서 희소성과 인구 증가에 대한 자연의 규칙적인 힘을 억제함으로써 빈곤을 경감하려는 시도는 실패할 수밖에 없다. 반대로 구빈법처럼 자연의 균형 법칙에 대한 인위적인 개입을 폐지하면 자연의 자체적 방법을 통해서 수급의 완전한 균형이 달성된다고 할 수 있다. 이렇게 자연법칙으로 빈곤 문제의 원인과 해결책을 해명하는 맬서스의 논법은 정치적 개입이나 인간의 이성으로 빈곤 문제를 해결하려는 시도를 패배로 이끌었다. 그의 주장은 당대의 지식인이나 정치가, 성직자들에게 빈곤을 설명하는 전혀 다른 인식으로 받아들여지면서 구빈법의 폐지와 시장사회의 약진에 절대적인 위력을 발휘했다.

프레드 블록Fred L. Block과 마가렛 소머스Margaret Somers는 폴라니에 대한 최근의 연구서 『시장원리주의의 힘The Power of Market Fundamentalism』(2014)

을 통해 자연의 냉혹한 균형 법칙 위에 구축된 맬서스의 구빈법 비판 논리가 어떻게 사고의 틀을 바꿀 정도의 영향력을 갖게 되었는지 심도 깊게 분석했다. 이 연구에 따르면 맬서스의 구빈법 비판은 세 가지 인식론적 특징을 가지고 있다.

첫째로, 맬서스는 사회를 인간이 만든 제도적 규칙보다도 생물학적인 자연법칙을 따르는 대상으로 묘사하고, 인간이 동물과 동일하게 음식과 성에 대한 변하지 않는 생물적 본능을 지니고 있다고 정의한다. 그는 자연과 마찬가지로 자기조정 시스템으로 정의된 사회는 정치적 개입이 없다면 희소성의 공준을 따라 균형과 질서로 향하는 경향이 있다고 가정한다. 블록과 소머스는 이러한 사회 인식을 "사회적 자연주의"라고 부른다.

둘째로, 맬서스는 구빈법으로 빈곤 문제를 해결하려는 시도의 가장 큰 실수가 원인과 결과의 착각에 있다고 주장한다. 그에 따르면 실제로는 구빈법이 빈곤을 낳으며, 빈곤은 결과일 뿐 원인이 아니다. 맬서스의 논리는 빈곤의 증가라는 눈에 보이는 결과에서 출발하여 그 원인인 숨겨진 인과적 법칙, 즉 구빈법이 영속적인 희소성이라는 자연법칙을 침해함으로써 빈곤이 증대된다는 메커니즘을 밝혀내는 방향으로 전개된다. 이 같은 논법은 낙하하는 사과의 관찰에서 중력 법칙을 추론한 뉴턴의 사고법을 연상시키며 설득력을 키웠다. 블록과 소머스는 이러한 논법을 "사회실존론"이라고 부른다.

셋째로, 맬서스는 구빈법이 자연법칙적인 자기조정을 침해했기 때문에 빈곤이 증가했다는 식으로 당대 위기의 원인을 간단히 축소해 버렸다. 그렇게 함으로써 구빈법을 폐지하여 다시 자연법칙이 작용하도록 할 것인지, 아니면 구빈법을 존속시켜 빈곤과 세금을 증가시킬 것인지라는 양자택일의 문제로 여론을 형성하여 구빈법 비판의 움직임을 불러일으켰다. 블록과 소머스는 이와 같은 논법을 "개종 기법 conversion narrative"이라고 불렀다.

맬서스는 빈곤 문제를 사회의 구조적 문제에서 자연법칙을 따르는 생물학적 문제로 전환시켰다. 또한 산업혁명으로 크게 늘어난 빈민의 존재를 사회 하층계급 특유의 계급적 지위에 관련된 문제에서, 희소성의 자연법칙을 따르지 않고 가족을 부양할 가능성이 없는데도 결혼해서 아이를 낳고 인구를 늘리는 빈민의 부도덕적 행위의 문제로 바꾸어버렸다. 그 결과 빈곤은 곤궁이라는 자연의 처벌에 맡겨두면 해결되는 문제가 되었다.

1834년의 신구빈법 이후부터는 노동력이 있는 빈민이 구제받기 위해서는 원내 구제와 열등 처우라는 불명예를 감내해야 했다. 경쟁적 노동시장과 이를 중요한 제도의 하나로 여기는 시장사회가 새로운 이념적, 제도적 틀 안에서 제도화되었기 때문이다. 맬서스와 리카도는 엘리자베스 시대 이후의 구빈법을 다른 법률로 대체하는 것이 아니라 구빈법을 철폐하고 경쟁적 노동시장을 확립하는 것으로 빈곤 문제를 대처하고자 했다.

이처럼 자기조정적 시장이라는 경제적 자유주의 이념은 스피넘랜드 시대에 빈곤과 기아의 문제를 희소성의 자연법칙으로 설명하는 생물학적 논리를 발판으로 탄생했다.

기독교인들과 지식인들도 시장사회를 긍정했다

맬서스와 리카도 등 고전파 경제학자는 인구법칙*, 임금철칙**, 수확체감 법칙***처럼 노동자의 임금을 상상할 수 없을 정도의 낮은 수준으로 끌어내리는 자연법칙이 존재한다고 생각했다. 그리고 빈곤은 '자연의 한계'에 의해서 초래되기 때문에, 시장의 법칙이나 빈부 격차 그 자체에는 잘못이 없다고 주장했다. 맬서스나 리카도는 빈곤 문제에 대한 적극적인 해결책으로 이러한 주장을 여론과 정책에 확실하게 반영시키면서 경쟁적 노동시장을 신중하게 확립할 것을 제안했다(와타라이渡會 1999). 폴라니는 이렇게 설명하며 시장사회로의 전환기 당시의 맬서스, 리카도 등 고전파 경제학자들의 정치경제학적 의의는 바로 시장 법칙의 발견을 통해 노동과 토지에 관한 허구적 상품화의 논리를 세상에 알린 일이라고 정의했다. 그들은 노동을 시장에서 가격을 매겨야 하는 하나의 상품으로 재평가하자고 제안했다. 그리고 자연의 법칙이자 신의 율법인 상업의 법칙을 운영하는 시장에 "빈곤한 자에 대한 보살핌을 맡겨라, 그렇게 하면 사태는 자연히 조정될 것이다"라고 설명했다(Polanyi 2001).

---

* 경제성장은 인구 증가보다 더디게 나타나고 따라서 전반적인 번영은 불가능하다는 맬서스의 이론.

** 임금의 상승은 노동공급의 과잉을, 임금의 하락은 그 반대 현상을 가져오기 때문에 임금은 평균치를 유지해야 하며 언제나 노동자 및 가족의 생존을 위한 최저선에서 결정되어야 한다는 라살레의 이론.

*** 자본과 노동 등 생산요소가 한 단위 추가될 때 이로 인해 늘어나는 한계생산량은 점차 줄어든다는 법칙.

스피넘랜드 시대에 '빈곤은 자연법칙이며, 자연법칙은 곧 신의 의지'라는 인식이 나타나, 시장사회관이 (신학적으로도 학문적으로도 긍정적인 형태로) 여론에 주입되었다.[5] 당시 기독교인들이나 지식인들은 산업화된 새로운 사회에서 기독교 정신을 부흥시키려는 시도를 하지 않았다. 그들은 전통적 사회가 유지해온 빈민의 생존권을 부정하는 방향으로 나아갔다고 할 수 있다. 폴라니가 주장의 근거로 삼고 있는 리처드 H. 토니의 표현을 빌리면 "무제한적인 부에 대한 욕망, 즉 재화 획득 욕구"에 노골적으로 매달리는 일은 이제 기독교 교리와 공존 가능했고, 종교가 경제생활에서 손을 떼야 한다고 주장하는 '종교와 경제적 이해利害의 분리'가 발생했다. 그 결과 '획득 사회', 즉 노동이 아니라 소유자의 재산권 보장에 기초를 두는 시장사회가 구축되었다.[6]

기독교인이 자신의 신앙을 개인의 내면생활로 한정하고 이웃의 빈곤, 고용, 생존의 문제에 대해 자신의 책임을 묻지 않게 된 상황이 경쟁적 노동시장체제를 도입하는 전제 조건이 되었다고 폴라니는 분석한다. 수급 자격을 제한한 1834년의 신구빈법은 구빈법의 역사에서 시장사회로의 전환을 결정짓는 사건이었다. 스피넘랜드 시대의 기독교인과 지식인들은 시장사회가 영국에 확립되는 시기에는 개정 이전의 구빈법이 인정한 사회구성원에 대한 '생존권'이 어떻게든 파기되어야 한다고 결론 내렸다.

맬서스가 『인구론』에서 정식화한 것처럼, 자립한 노동자로서의 규범을 가지고 있지 않은 나태한 빈민이 출현한 원인은 생존권 보장이 빈곤의 유혹을 증대시킨다는 고전파 경제학자의 명제가 옳기 때문이 아니라, 스피넘랜드 시대의 교구 제도가 이제는 사람들에게 공동체를 제공할 수 없기 때문이었다.[7] 그럼에도 당시의 지식인들은 단결하여 스피넘랜드가 보장하고 있던 생존권과 빈민 증가의 인과관계를 불가침의 신조로 삼음으로써, 시장사회를 기독교 공동체의 전통적인 규범을 대체할 수 있는 유일한 논리로 인정했다. 사회를 시장경제와 동일시하는 맬서스나 리카도와 같은 고전파 경제학자들의 시장사회관은 스피넘랜드 제도를 대체하는 새로운 사회관으로 각광 받은 것을 계기로 인간의 사고에 영향을 주는 한 시대의 사상으로서의 지위를 획득했다.

왜 굶주린 이웃을
도울 필요가 없는가

구빈법과 기독교적 공동체

당시는 영국 산업혁명의 격동기였다. 예로부터 내려온 사회생활과 단절된 사람들은 사회적 혼란 때문에 일자리와 주거지에서 쫓겨나 사회 속에서 자신의 지위와 역할을 잃어버리며 속속 빈민화 되었다. 이러한 상황 속에서 기독교 공동체의 '상호부조' 원칙에 기반을 둔 전통적인 구빈법이 파기된 것이다. 1601년에 체계화된 엘리자베스 구빈법은 구빈세를 재원으로 고아, 미망인, 병자, 노인 등 노동이 불가능한 사람들을 구제하고(생활에 필요한 현금과 현물의 급부, 구빈시설 수용), 노동 가능자에게는 각 교구가 취업 조치를 실시하도록 했지만, 1780년대 이후에는 급증하는 빈민을 한 명 한 명 세심히 대응하기 어려워졌다. 프랑스혁명이 영국에 영향을 끼치는 것을 막기 위해 1795년에 도입된 스피넘랜드 제도는 애초에 기후 문제로 밀 농사가 흉작이어도 가난한 노동자와 그 가족이 굶주리지 않도록 배려하는 것이 그 목적이었다. 그러던 것이 빵의 가격과 자녀의 수에 따라서 표준 생활비와 임금의 차액을 행정단위인 교구가 채워주는 임금보조제도가 시행되면서 보통 사람들로 구빈법의 적용 범위가 넓어졌다. 그 이후 구빈세가 증가하고 운용 효과에 대한 회의와 비난이 계속해서 높아지자 스피넘랜드 제도는 1834년에 철폐되었다. 동시에 구빈법이 수정되어 수급 자격자가 줄어들었고, 이때 임금이 낮은 노동자나 실업자에 대한 '자조自助의 원칙'이 정해졌다. 즉 시장사회에 적합한 구빈법으로 '개정'이 이루어진 셈이다. 폴라니는 스피넘랜드 제도가 1834년 신구빈법 도입까지 약 40년에 걸쳐서 시장사회로의 전환을 늦춘 최대의 장해물로서 기능한 것을 확인했다.[8]

폴라니는 17세기 초에 체계화된 엘리자베스 구빈법과 20세기 초까지 영국 구빈법사에서 비난을 받았던 악명 높은 법률인 스피넘랜드 제도에 특히 주목했다. 왜냐하면 이 법률의 철회를 요구하는 논거 속에 인간 사회를 시장메커니즘에 따라 조직하려는 시장유토피아의 의도가 확실히 드러나기 때문이다. 시장사회 이전의 질서, 즉 스피넘랜드 제도를 포함한 전통적인 구빈법이 작동할 당시에는 고아도 병자도 미망인도 노인도 기독교 공동체의 구성원이었으며, 교구의 사회 구성원은 빈자의 생존에 대한 책임을 받아들여야 한다는 도덕적이고 사회적인 규범이 기능하고 있었다. 한편으로 노동 능력이 있는 사람에게는 노동을 해서 공동사회에 공헌하는 의무를 요구하고, 일을 할 수 있음에도 떠돌아다니는 사람에게는 엄중한 벌을 내렸다. 폴라니는 이러한 '기독교 정신에 의거한 상호부조의 원칙'이 해체되면서 '자조의 원칙'에 기반을 둔 시장사회로의 전환이 가능해졌다고 분석했다(와카모리若森 2011).

기독교적 공동체에서 시장사회로 사회생활의 전환

기독교적 공동체의 규범과 윤리	시장사회의 규범과 윤리
• 종교 윤리의 사회적 영향력 • 종교 윤리의 경제생활에 대한 관여 • 자선과 상호부조에 의한 개인적 기아 해소 • 탐욕스러운 경제행위에 대한 규제 • 사회의 문화적·도덕적 일체성과 공동체에 포섭된 사람들의 안정된 지위와 역할	• 종교 윤리의 개인화 • 시장사회의 신학적 긍정 • 종교 윤리와 경제생활의 분리 • 새로운 경제인 • 노동에 대한 동기부여로서의 기아 위협 • 자조의 원칙 • 시장메커니즘 위에 인간사회를 조직하려는 시장유토피아

출처 : 『거대한 전환』 7~10장, 14장의 내용을 저자가 정리

기독교에 의한 시장체제의 긍정

폴라니는 『거대한 전환』의 10장 「정치경제학과 사회의 발견」과 14장 「시장과 인간」에서 한나 모어Hannah More, 해리엇 마티노Harriet Martineau, 타운센드, 맬서스, 리카도, 오언 등 당시의 여러 지식인과 기독교인이 주장했던 구빈법 비판의 논리와 빈민에 대한 이해를 분석했다. 그가 주목한 것은, 예를 들어 광산 지역 어린이들을 위해 자선 활동을 하고 있던 모어가 중심이 되어 간행한 팸플릿 「염가판 지식의 보고」에서 "만약 열심히 노력할 마음이 있다면 아무리 열악한 생활 조건이라도 그것이 자활을 향한 길의 방해가 되는 경우는 거의 없으며, 초라한 생활은 많은 선행을 쌓는 데 결코 방해가 되지 않는다"(Polanyi 2001)고 설명하는 '빈민을 향한 설교'이다.

폴라니에 따르면 이러한 '빈민을 향한 설교'는 (1) 가혹한 탄광 노

동에 아동을 이용하는 당시 경영자들의 '탐욕'을 간과하고 있으며, (2) 사회가 규제하고 보호해야 하는 아동에게 신앙과 노력으로 본인이 참으라고 강요하고 있다. 또한 모어의 설교는 당시 기독교인의 사고방식을 보여준다. 그 내용에서 산업혁명 이후 기계의 충격(생산에서의 기계 도입)에 동반되는 노동의 고통이나 거주환경 악화에 대해 그들의 관심이 얼마나 부족한지, 그리고 사회 밑바닥으로 추락하여 수난을 인내하고 있는 사람들이 누려야 할 본래의 권리를 위해 물질적으로 지원하는 사회적 정의에 대해 기독교인이 얼마나 관심이 결여되어 있었는지를 알 수 있다(같은 책).

또한 폴라니는 교구를 담당하는 목사의 입장에서 구빈법을 비판한 타운센드의 설교에서 『인구론』의 저자 맬서스의 주장과 동일한 내용, 즉 사회적 존재로서의 인간을 부정하는 '자연주의적 접근'을 발견한다. 타운센드는 가장 흉폭한 동물을 길들이는 데 사용되는 굶주림이라는 방법에 의해서 빈민이 순종적이 된다고 생각했다. 그는 "굶주림은 평화적이다. 말없이 끝없는 압력으로만 작용하는 것은 아니다. 그것은 근면함과 가혹한 노동을 위한 가장 자연스러운 동기로서 최대의 노력을 이끌어낸다"고 설명했다. 또한 빈민이 타인의 자선에 의존하지 않고 기아의 위협을 스스로 회피할 수 있다면 그것은 사회의 자유의지가 최대로 존중되는 상태라고 주장하며, 사회에서 빈곤이나 기아가 존재하는 것이 기독교 신학 및 인간의 자유와 전혀 모순되지 않는다고 인식했다.

시장사회에 대한 신학적인 긍정은 부유한 계급의 기독교인에게 늘어나는 구빈세의 부담에서 벗어나 빈민의 생존에 대한 책임을 그

럴듯하게 포기하는 길을 제시해주었다. 벤저민 디즈레일리Benjamin Disraeli가 묘사한 『시빌: 혹은 두 종류의 국민Sybil: or the two nations』(1845)의 세계가 바로 그런 것이었다. 폴라니는 당시의 기독교인이 "빈민이 열악한 상태를 묵묵히 감수하면 그만큼 신의 위로를 얻는 것이 더 용이해진다"고 생각하고, "빈민의 구제와 자신이 깊이 믿고 있는 시장사회의 원활한 작동의 근거를 오로지 신의 위로에서만 찾았다"(같은 책)고 비판했다.

시장사회가 탄생시킨
새로운 인간형

빈곤 문제의 본질은 사회적 환경에 있다

구빈법이 기아라는 자연법칙에 의한 균형을 방해하기 때문에 노동자의 빈곤이나 나태함이 발생한다는 고전파 경제학의 구빈법 폐지 주장은 당대의 지배적인 정책 이념이 되었다. 현실 세계에서 윤리적인 공동체를 만들기 위해 지속적으로 노력해온 기독교 또한 '개종'되어, 다수의 가난한 사람들에게 시장경제의 원활한 기능에 적응하여 '자조의 원칙'으로 경제적 고난을 인내하도록 설교하는 시장경제 용인론으로 전환되었다. 폴라니는 이런 상황하에서 오언만이 유일하게 구빈 수급으로 몰려드는 빈민들과 음주, 도박, 범죄에 손을 더럽히는 스피넘랜드 시대의 황폐한 사람들의 성격 속에서 산업화와 시장화가 급속히 진행되는 사회가 가지고 있는 수난과 해악을 찾아냈다고 보았다. 당시에는 시장경제제도와 공장제도가 도입되면서 "거칠고 천하며 둔감한 새로운 유형의 사람들"(Polanyi 2001)이 점점 늘어났는데, 자본가와 노동자를 가리지 않고 나타나는 이러한 현상에서 오언은 자존심과 규율의 결여, 기술과 경험의 상실, 도덕적 문화적 타락과 같은 '인간의 새로운 성격'을 발견했다. 그는 이득과 이윤 원리에 근거한 산업사회의 발전을 방임해서는 안 되며, 정부와 입법을 통한 개입으로 이 새로운 성격 형성이 사회 전체에 만연하는 현상을 억제하지 않는다면 개인과 사회 전체의 행복에 영속적인 해악이 생길 것이라고 모든 주 의회와 기독교 교회, 여론에 거듭 제언했다.

오언은 『사회에 관한 새로운 의견』(1813~1816)에서 다음과 같이 주장했다. (1) 빈곤과 범죄의 원인은 사회에 있다. (2) 부유함이나 행복의 원인 또한 사회에 있다. (3) 가난한 자나 범죄자를 개별적으로 추궁해서 개인의 자기책임 원칙과 국가의 엄중한 처벌을 철저히 신행해도 사회 대부분의 사람들은 빈곤이나 범죄에서 벗어날 수 없다. (4) 타인의 불행과 분리해서 자신의 사적인 행복을 자유롭게 추구할 수 있다는 개인주의적인 견해는 과거의 사회나 제도에서 비롯된 무지한 편견이다. (5) 종파나 파벌을 뛰어넘어 사람들 사이의 진정한 이웃 사랑(공동체의 창출)을 만들어가는 일은 빈곤과 범죄와 같은 사회문제의 해결로 이어진다. 오언은 나태함이나 비행과 같은 하층민 특유의 성격이 개인의 책임이라기보다 사회 환경이나 노동조건에 의해서 형성된 것이라 주장했고, 그 근거를 이러한 성격형성론적 입장에서 제시하고자 했다.

폴라니는 개인과 사회의 밀접한 관계를 강조하는 오언의 성격형성론에서 산업사회의 현실이 인간의 성격 형성에 미치는 절대적 영향력에 대한 깊은 통찰을 발견하고 그가 산업사회에서 기독교 교리의 본질적 요소를 계승하려고 노력했다는 것을 인지했다. 그는 이를 오언에 의한 "사회의 발견" 또는 "사회의 인식"이라 불렀다. 폴라니에 따르면 오언에 의한 '사회의 발견'은 빈곤 문제를 경제적 자유주의나 마르크스주의와는 전혀 다른 시각에서 이해하고 해결의 가능성을 제시한다. 경제적 자유주의는 빈곤이 증가하는 이유를 구빈법이 자연법칙을 침해한 탓으로 돌리고, 신구빈법 이후 시장경제가 원활하게 돌아가면 임금과 생활수준이 상승해서 빈곤 문제가 해결된다고 주장한다. 한편 마르크스주의자는 빈곤의 증가를 자본에 의한 노동자의 착취(하루의 노동시간은 지불된 임금에 상당하는 가치를 창출하는 필요노동시간과 자본가에게 착취당해서 이윤의 원천이 되는 잉여노동시간으로 구분된다)로 설명한다. 양쪽 모두 빈곤을 경제문제로만 이해하고 있다는 점에서는 동일하다.

　오언은 경제적 자유주의자나 마르크스주의자와는 대조적으로 황폐한 '노동자의 사회적 환경'이야말로 빈곤 문제의 본질이라고 강조했다. 그는 박애주의적으로 경영되는 뉴래너크New Lanark의 방적 공장 노동자를 주의 깊게 관찰하면서 노동자가 나태함, 자존심의 상실, 도덕적 타락과 같은 성격을 갖게 된 원인은 그들이 산업혁명 때문에 노동의 목적, 삶의 윤리나 규범, 자존심 등의 원천이었던 문화적·사회적 환경에서 내쫓겼기 때문이라고 생각했다. 다수의 사람들을 사회적 존재로서 받아들였던 사회적·문화적 제도의 파괴와 경제적 빈곤은 분리할 수 없다는 것이다. 이처럼 오언은 경제적인 문제로 보이는 것이 실은 문화적이고 사회적인 문제라고 지적했다.

　노동자가 사회적 환경에서 분리되었다는 사회적 관점으로 빈곤 문제를 인식한 오언은 뉴래너크에서 실제로 기업 차원의 개혁을 실행하고 성공을 거둔다. 그는 이 경험을 「뉴래너크 주에의 보고」 (1820~1821)에 기록하고 상업제도와 공장제도에 입각한 현행 사회 전체의 개혁을 실행에 옮겼다.[9] 미국 뉴하모니 마을에서의 공동체 건설은 실패하고, 노동증권을 사용한 화폐 개혁의 실천은 사회 전체적인 수준에서는 성공하지 못했다. 그러나 그의 사회 개혁은 산업혁명의 세찬 흐름으로부터 보통 사람들의 삶을 보호하기 위해서 시도된 중요한 개혁이었다. 오언에게 있어서 사회 개혁의 과제는 식량·주거·교육의 질, 임금 수준, 실업 방지, 병에 걸렸을 때의 부조와 같은 것들로, 인간의 성격이 형성되는 일상생활의 심층에 밀착된 사회적 환경의 개선이었다. 오언은 노동자의 삶에서 임금이란 자연환경, 가정환경, 상품의 질, 고용 안정성, 재산 보유의 안전 등 많은 요소들 중 하나에 불과하며 인간다운 생활을 영위하기 위해서는 노동자가 '새로운 지위'를 획득해야 한다고 주장했다. 그의 사회 개혁의 목표는 노동자를 다시 사회적 환경 속으로 돌려놓고, 그들의 자존심과 인간 존재의 원천이 되는 문화적 환경을 되찾는 것이었다. 폴라니는 오언이 실시한 뉴래너크 공장에서의 실험을 다음과 같이 평가했다.

노동자에게 제공되는 것들에는 임금 이외에 많은 것들이 포함되어 있다. 아동과 성인의 교육, 오락·춤·음악을 위한 시설, 노인과 젊은이 모두 높은 도덕적 규범과 인간적 규범을 익힌다는 일반적 규정, 이러한 것들에 의해서 산업노동자 전체가 새로운 지위를 획득한 듯한 분위기가 창출되었다. 〔중략〕 그러나 오언의 기업에서는 근교 도시의 통상적 임금보다도 상당히 낮은 임금밖에 지불되지 않았다. 뉴래너크의 이윤은

주로 단시간 노동에 의한 높은 생산성에서 창출되었다. 그것은 뛰어난 노동조직과 충분한 휴식을 취한 노동자에 의한 것으로, 이것들은 〔중략〕 실질임금의 상승보다도 중요한 이점이었다.(같은 책)

이와 같은 사회의 발견과 빈곤에 대한 인식은 자기조정적 시장을 사회 조직화의 원리로 삼는 경제적 자유주의에 대항하는 논리이며, 이것은 오언이 주장하는 사회 개혁과 사회주의론의 기초가 되었다.

오언적 사회주의와 사회 개혁

사회 전체를 이득과 이윤의 원리에 입각해서 조직화하는 현행 제도 하에서는 기계의 산업적 이용이 발전한다 해도, 다시 말해 공장제도가 진전되고 경제적 부가 늘어도 노동자의 비참함과 타락은 심해질 것이다. 오언은 이러한 인식을 바탕으로 노동자의 경제적 존재를 문화적이고 사회적인 환경 속에 위치시키는 입법 조치를 통해 시장을 "사회적 감독에 의해서 억제할 필요가 있다"고 주장했다(같은 책). 폴라니에 따르면 이와 같은 오언의 사회혁명적 주장에는 다음과 같은 경제적 자유주의의 한계를 초월하는 논리와 철학이 포함되어 있다.

첫째로, 맬서스나 리카도, 로버트 토렌스Robert Torrens와 같은 고전파 경제학자는 사회적 보호의 필요성이 부의 증진 가능성을 제약하는 환상이며 빈곤을 증대시킨다는 이유로 거절했다. 하지만 오언은 이성의 진보를 믿는 계몽주의 입장에서 사회의 개혁을 주장하고 맬서스가 비판한 고드윈과는 확실하게 선을 그으면서도 사회적 보호의 역할을 수행하는 국가 기능의 불가피성을 인정했다. 사회적 보호의 목적은 '직업상의 지위, 안전과 보장, 인간의 생활 방식과 생활의 범위, 생활환경의 안정'을 추구하는 것이다. 그러한 역할은 '공동사회의 전체적인 이해利害'를 위임받은 사람들이 수행하는데, 근대의 복잡한 산업사회에서는 정부가 그 역할을 맡게 된다. 사회적 보호는 어떠한 경우라도 특정 계급이나 단체의 이해를 지키는 것이 아니라 공동사회의 전체적인 이해, 특히 "실업으로부터의 보호, 지역 상황의 안정, 사업 파산의 방지, 그리고 무엇보다 숙련이나 경험이 필요하지 않은 일자리로 전환되면서 발생하는 사회적 상실이라는 고통스러운 시대의 회피와 관련이 있었다"(같은 책). 폴라니가 파악한 오언의 사회적 보호와 정치에 의한 그 역할의 수행이라는 사상은 19세기 말부터 20세기 초에 걸쳐서 제도화된 일련의 사회정책(노동재해보상, 의료보험, 실업보험, 연금보험)의 사상적 기원이 되었다(와카모리若森 2015).

둘째로, 오언은 이득 동기의 시장경제 제도에서 기계의 사용으로 인한 사회적 해악을 비판하고, 보통 사람들을 기계의 주인으로 만드는 '협력의 원리'를 제창했다. 폴라니의 해석에 따르면, 오언은 "기계가 출현해도 여전히 인간은 계속해서 자신의 주인으로 존재해야만 한다"는 신념에 따라서 "협력의 원리는〔중략〕개인의 자유와 사회적 연대, 또는 인간의 존엄성이나 동료에 대한 공감을 희생하지 않고 기계의 문제를 해결할 것이다"(Polanyi 2001)라고 믿고 있었다. 또 그에 따르면 오언은 시장경제에서의 공장제도가 기계를 산업적으로 이용하는 유일한 방식이 아니며 협력의 원리에 의해 기계를 창조적으로 이용함

으로써 사회적인 해악을 초래하는 공장제도를 대체할 수 있는 가능성을 증명했다.[10]

셋째로, 오언은 인류가 산업문명과 함께 존속하기 위해서는 빈곤이나 실업, 노동자의 나태함과 타락과 같은 사회의 해악을 더 이상 방치하지 않도록, **"정의의 이상에 따라서 사회를 전환시킬"** 필요가 있다고 분명하게 주장했다(같은 책, 강조는 저자의 표시). 폴라니는 오언이 사회 현실을 받아들여 그 해악을 제거함으로써 개인과 사회의 행복을 확대시키는 시도를 통해 "자유의 한계frontier of freedom"(같은 책)와 같은 문제를 제기했다고 생각한다. 이 점에 관하여 폴라니는 출처를 명기하지 않고 「뉴래너크 주에의 보고」를 여러 차례 인용했다. 다음은 그 일부다.

> 심지어 지금 막 손에 넣으려 하는 새로운 힘으로도 원인을 제거할 수 없는 악이 존재한다면, 인간은 그것이 필연적이고 불가피한 악이라는 것을 알게 될 것이며 어린아이나 하는 무익한 불평을 그만두게 될 것이다.(같은 책; 오언オウェン 1963[1821])

폴라니에 따르면 오언이 제기한 '자유의 한계'는 사회에서의 '필연적이고 불가피한 악'을 말한다. 그것이 무엇인지는 사회적 해악을 제거한 공동사회의 실현이라는 정의의 이상에 따라 사회 현실을 개혁하려는 노력을 함으로써 비로소 명확해진다. 필연적이고 불가피한 악은 심지어 오언이 말하는 '협력'이라는 '새로운 힘'[11]으로도 그 원인을 제거할 수 없는, 잔존하는 해악이다.[12] 달리 말하면 자유의 한계는 사회의 해악을 제거하기 위해서 필요한 제한(예를 들어 아동노동이나 여성의 야간 노동 금지)에 의해서 정해진다. 그러한 제한은 구체적으로는 사회적 보호를 위한 입법이나 정부의 강제력을 가리킨다.

반면 경제적 자유주의는 자유와 강제력이 대립된다고 생각하고, 개인의 소망이나 선택에 의해서 사회의 모든 강제력을 제거하는 것을 이상적인 상태로 여긴다. 그 때문에 사회적 보호를 위한 강제력을 인정하지 않는다. 경제적 자유주의는 무엇이 피할 수 있는 악이며, 무엇이 피할 수 없는 악인지에 대한 구별(그것은 산업사회를 살아가는 근대인에게 요구되는 지혜이다)을 포기한다. 폴라니에 따르면 경제적 자유주의는 피할 수 있는 악을 제거하기 위한 강제력이나 개입을 인정하지 않고, 모든 악에 대한 책임의 면제를 고집스럽게 요구한다. 그것은 오언이 말했던, '불가피한 악'에 대해서도 불평하는 '어린아이 같은 태도'이다. 오언의 사회주의는 산업사회에서의 인간의 자유를 위한 과제로서 강제력이나 개입과 같은, 개인의 이익과 사회의 이익이 최대한 일치하는 '새로운 사회'를 향한 지속적인 노력을 받아들였다.[13]

폴라니가 보기에 오언은 공장제도가 출현함으로써 의욕을 상실한 보통 사람들이 '인간이 기계의 주인이 되는 생활양식의 발견을 갈망하고 있었다'는 사실을 깊이 이해하고 있었다. 오언은 인간의 자유와 사회에 대한 책임감 있는 행동을 포기하지 않고, 산업사회의 복잡한 상호의존관계에 있어서 절대적 진리라고 할 수 있는 개인적 자유의 한계와 이기심에 근거한 시장경제의 한계를 동시에 인식했다. 그러한 점에서 폴라니는 오언을 사회주의의 원점에 위치하는 사상가로 정의했다.[14]

3장

경제적 자유주의 vs. 사회의 자기보호

자기조정적 시장이라는 생각은 그저 유토피아에 불과하다.
이것이 우리가 주장하는 명제이다.
이러한 제도는 사회의 인간적 실재와 자연적 실재를 괴멸시키지 않고는
한순간도 존재할 수 없을 것이다.
어쩔 수 없이 사회는 스스로를 보호하기 위한 수단을 취했다.

시장유토피아라는
불가능한 욕망

　시장사회란 과연 무엇인가? 『거대한 전환』에서 폴라니는 시장사회를
1차 세계대전까지 약 100년에 걸쳐 서구 문명사회의 질서 한가운데에
군림했던 하나의 문명으로 파악했다. 그리고 시장사회의 '제도'와 '정
신'으로 만들어진 국제적인 복합체를 '19세기 문명', 즉 열강들의 세력
균형체제, 화폐와 관련된 국제금본위제, 노동과 토지에 대한 자기조정
적 시장, 자유주의적 국가라고 불렀다. 시장사회의 중추적 제도는 '자
기조정적 시장메커니즘' 또는 '시장경제'이다. 그리고 시장사회의 정신
은 '경제적 자유주의'이다.

　폴라니에 따르면 시장경제라는 제도는 경제적 자유주의의 정신
을 구현하고 제도화한 것이며, 경제적 자유주의는 자기조정적 시장에
의해서 사회생활을 재편하려는 끝없는 욕망이다. 경제적 자유주의는
'시장과 사회가 완전히 같은 존재일 수는 없으며 같은 것으로 만들 수
도 없다'는, 사회과학이 전제로 삼아온 철칙을 뒤집는다. 경제적 자유
주의는 시장원리에 따라 사회가 조정되는 영역이 확대될수록 자유와
부富, 평화 등 인류가 바라는 것들을 더 많이 획득할 수 있다고 주장한

다. 다시 말해 사회는 시장과 비슷하게 변해야 하며, 무엇보다 경제 영역이지만 시장원리를 적용하기 어려운 노동의 영역, 토지와 농산물의 영역, 그리고 화폐와 재정에 관련된 영역에서는 반드시 시장이 기능할 수 있게 개혁이 이루어져야만 한다는 것이다.

폴라니는 경제적 자유주의의 '이중 잣대'에 주목한다. 경제적 자유주의는 시장을 '성역'으로 부르며 그 기능을 약화시키거나 혼란스럽게 만들 우려가 있는 정치적 간섭이나 개입을 거부한다. 그런데 정치가 시장이 기능할 수 있는 조건과 상황을 만들어주거나, 시장이 원활하게 기능하지 않는 경우에 공적인 수단을 통해 시장을 일정 수준 이상으로 활성화시키는 간섭이나 개입에 대해서는 부정은커녕 '시장이 환영한다'며 적극적으로 요구하기도 한다. 계속해서 살펴보겠지만 폴라니는 20세기 시장사회가 위기에 이르는 과정을 분석하면서 경제적 자유주의의 이러한 이중 잣대가 함의하는 공과 죄를 날카롭게 추궁한다.

그럼 먼저 경제적 자유주의가 이상으로 삼고 있는 시장의 모습, 즉 자기조정적 시장을 살펴보자. 분명히 해야 할 것은, 이 책에서 계속 지적하고 있듯이 자기조정적 시장은 현실적으로는 존재할 수 없는 '유토피아'라는 사실이다. 다시 말해 시장경제도 시장사회도 불완전하다. 다음부터 설명하는 내용에서는 이 점을 계속 염두에 두어야 한다.

시장경제는 시장사회에서만 기능한다

산업혁명의 출발점이 된 아크라이트의 방적기처럼 정교하고 사용 목적이 명확한 기계가 생산과정에 사용되면서 상업보다 공업이 상대적으로 더 중요해졌다. 그러한 과정에서 장기적 투자와 그에 동반되는 리스크를 안고 있는 공업이 생산의 지속성을 확보할 수 있도록 상업 사회에서 보증하는 체제가 탄생했다. 이것이 역사적인 맥락에서 시장경제가 시작된 배경이다. 공업 생산이 발전하고 복잡해질수록 공급을 확보해야 하는 생산요소가 많아졌는데, 그중에서 가장 중요한 생산의 본원적 요소는 노동, 토지, 화폐이다. 뒤에서 언급하겠지만 노동, 토지, 화폐는 원래 판매를 위해서 생산된 상품이 아니다. 폴라니에 따르면 시장경제는 노동, 토지, 화폐를 마치 상품인 것처럼 취급하는 '허구적 상품'이라는 장치가 작동하는 동안에만 기능한다.

시장사회에서 노동자, 자본가, 지주, 상인, 전문직 등과 같은 사회계급의 소득은 그들이 제공하는 생산요소의 가격에 따라 시장에 의해 결정된다. 그리고 그 소득에 의해서 그들의 지위나 신분이 정해진다(시장메커니즘이 사회계급을 결정한다). 또한 시장사회에서는 국가와 정부, 교육과 직업 선택, 종교와 예술, 주택 양식과 주거 지구의 형태와 같은 사회의 다른 제도들은 시장메커니즘의 작동을 방해하지 않는 범위 내에서 기능해야 한다는 암묵적인 전제가 존재한다. 시장메커니즘이 사회적인 요소에 대해 결정적인 영향력을 갖는다는 측면에서 보면, 시장사회에서의 경제결정론은 어느 정도 타당하다. 다만 폴라니에 따르면 경제결정론은 시장경제가 사회적인 요소에 결정적 영향을 끼치는 시장사회에서만 통용되는 법칙이다. 따라서 경제결정론이 모든 인간 사회에 통용되는 일반적인 법칙이라는 주장은 틀렸다. 폴라니는 이러한 오류를 '경제주의적 편견'이라고 부른다.

자기조정적 시장이 가능하려면 경제 영역이 정치나 문화와 같은 사회의 다른 영역에서 분리된 영역으로 존재해야 한다. 또한 시장을 경제 영역의 유일한 조직력으로 삼는 것에 다른 영역이 간섭하지 않아야 한다. 폴라니는 경제가 자립적 영역으로서 존재하는 것을 두고 "자기조정적 시장이 경제 영역과 정치 영역으로 사회가 분리되기를 요구하는 것"(Polanyi 2001)이라고 표현한다. 시장의 작용에 영향을 줄 수 있는 어떤 국가적 정책이나 조치도 용인될 수 없으며, 가격도 수요도 공급도 규제되거나 고정될 수 없다. 이러한 조건들이 사회 내부에 갖추어지지 않는다면 자기조정적 시장은 존재할 수 없다. 폴라니는 이를 두고 "시장경제는 시장사회 안에서만 기능한다"고 표현한다.

　　이제부터 살펴보겠지만 『거대한 전환』에는 경제적 관점에 의거하여 자유와 번영과 평화를 주장하는 경제적 자유주의에 대해서는 물론, 착취를 강조하면서 계급적 관점을 바탕으로 사회변혁을 주장하는 마르크스주의에 대한 비판적 관점도 다수 포함되어 있다. 폴라니는 경제 영역과 정치 영역의 분할을 상정하는 이들의 사고방식이 자본주의 경제 영역을 찬미하든 부정하든 결국 경제결정론적인 범주에서 벗어나지 못했다고 비판한다. 바로 이것이 폴라니가 "사회의 전체성과 인간의 비경제적 성격을 중심으로 파악한 마르크스의 기본적인 철학"(같은 책)을 지지하면서도, '허구적 상품'이나 시장경제의 확대와 사회의 자기보호를 이해하는 '이중적 운동double movement'과 같은 새로운 개념을 전개하면서 마르크스주의 용어를 조심스럽게 배제해야 했던 이유일 것이다.[1]

허구적 상품과 시장경제의 제도적 본질

시장경제가 자신의 법칙에 따라서 기능하기 위해서는, 사회를 시장경제가 필요로 하는 조건을 지닌 것으로 바꿔야만 한다. 그 조건이란 원래 판매를 위해 생산된 상품이 아닌 노동, 토지, 화폐를 노동시장, 농산물 시장, 부동산 시장, 금융시장, 자본시장 등에서 사고팔 수 있는 상품들로 취급하기 위한 다양한 제도적 정비가 이루어져야만 한다는 것이다. 그렇지 않으면 시장경제는 기능할 수 없다. 생산의 본원적 요소들을 시장메커니즘으로 포섭하여 시장의 수급법칙에 종속시킨 시장사회에서만 시장경제는 자기조정적으로 기능할 수 있다.

노동은 다른 인간 활동에서 분리된 '인간 활동의 다른 이름'으로, 토지는 '자연의 다른 이름'으로, 화폐는 '구매력의 상징'으로 그 존재를 은행이나 국가 재정의 메커니즘에 의존하고 있다. 생산요소들인 노동, 토지, 화폐는 판매를 위해 생산된 상품이 아니지만 마치 상품인 것처럼 취급되는 '허구적 상품'이라는 교묘한 장치에 의해서 시장메커니즘에 포섭되어 있다. 허구적 상품은 폴라니가 "시장경제의 제도적 본질"이라 부르는 조직 원리로, 생산의 본원적 요소들을 시장요소로 환원시켜 시장메커니즘의 명령을 따르게 만드는 시장경제의 '극단적일 정도로 인위적인 성질'을 보여준다.

2장에서도 설명한 것처럼 시장경제는 생산의 연속성을 확보해야 한다는 공장의 요구에서 탄생했다. 그 후 국가가 개입함으로써 노동시장과 토지 및 농산물 시장, 화폐시장과 같은 허구적 상품 시장이 확립되었다. 이는 상품 교환이 자연발생적이고 점진적으로 발전한 결과 얻어진 산물이 아니다. 허구적 상품은 사회의 실체를 시장에 포함하여 '생산적 생활'을 조직해야 한다는 공업 생산의 요구를 반영한 시장경제 특유의 제도화 논리이다(같은 책). 그러한 의미에서 시장사회는 시장을 조직 원리로 삼고 있는 산업사회이다. 또한 시장경제의 제도적 본질로서 허구적 상품의 역할은 시장에서 생산요소들을 상품으로 조직하여 생산의 지속성에 필수적인 이 요소들의 공급을 산업자본에 보장하는 데 있다. 따라서 노동, 토지, 화폐의 시장 형성을 방해할 수 있는 정책이나 조치는 항상 시장체제가 행하는 산업적 생활의 조정을 저해하고 궁지에 빠트릴 위험이 있다고 할 수 있다. 그러한 정책이나 조치의 한 예가 영국 산업혁명기의 '스피넘랜드'이다. 경제적 자유주의의 전통 속에서 스피넘랜드는 경쟁적 노동시장의 형성을 저해시켜 시장사회로의 전환을 늦춘 '악명 높은 제도'로 계속해서 지적받고 있다.[2]

경제적 자유주의의 '자기조정적 시장'이라는 사고방식은 시장경제나 시장사회를 성립시키는 '허구적 상품'이라는 결정적 제도를 우리가 알아채지 못하게 만들어버린다. 폴라니에 따르면 이는 시장경제의 제도적 본질을 이해하는 데 방해가 된다. 또한 그러한 사고방식은 사회가 경제 영역과 정치 영역으로 나뉘어 있다고 간주하고, 경제적 동기에만 입각한 독립된 경제 영역이 존재한다는 것을 전제로 한다. 인간을 이익 동기에 따라서 행동하는 존재로 이해하고, 보수를 목적으로 하는 노동 원리를 가정한다. 경제적 동기 이외의 다양한 동기들은 경제생활에 있어서 본질적으로 중요한 동기가 아니라는 것이다. 폴라니에 따르면 이러한 경제적 관점에서 인간 본성을 이해하는 것도 대단히 유해하지만, 그보다 더 심각한 것은 '자기조정'이라는 사고방식 그 자체이다.

이러한 사고방식에 따르면, 다른 영역이 초래하는 영향은 시장에 의한 '체제의 자기조정작용'의 조정 능력을 약화시키는 간섭이다. 그러한 맥락에서 경제 영역은 자율적일 때 비로소 조정 능력을 발휘할 수 있으므로 허구적 상품 시장에 대해서도 실업과 산업재해 같은 문제의 해결은 시장의 자기조정 작용에 맡겨야 한다. 시장메커니즘의 기능을 방해할 가능성이 있는 결정과 행동은 정당화될 수 없다. 경제적 자유주의자들은 이처럼 경제 영역에 대한 다른 영역의 간섭을 원칙적으로 승인하지 않는 '자기조정적 시장'의 사고방식을 고집하며, 허구적 상품으로 돌아가는 공장에는 특유의 불균형이 존재한다는 현실을 받아들이지 않는다. 또한 그러한 불균형이 실제로는 시장 이외의 방법에 의해서 해결되어왔다는 점도, 정치적인 강제 수단이나 개입이 시장경제를 창출, 유지, 발전시키는 데 필수조건이었다는 점도 전혀 인정하지 않는다.

앞에서도 이야기했지만 폴라니는 시장경제가 국가의 간섭에 의해서 의도적으로 만들어졌다는 사실을 강조한다. 경제적 자유주의가 주장하는 것처럼 시장경제는 인간의 본성에 기인하는 상품과 상품의 교환이 발전을 거듭해 자생적으로 생겨난 것이 아니다. "자유방임경제는 국가의 의도에 따른 산물이었지만, 그 이후 자유방임에 대한 제한은 자연발생적인 형태로 시작되었다"(같은 책)라고 폴라니가 남긴 말은 유명하다. 다시 말해 시장경제는 설계도가 존재하는 경제적 자유주의 프로젝트로 정책, 법률, 여론의 설득과 같은 개입을 통해 의도적으로 만들어진 것이다. 19세기 시장사회에서 국가는 개입을 자제한

'작은 정부'가 아니었다. 경제적 자유주의는 노동, 복지, 금융, 자연환경의 영역 등 사회의 구석구석까지 시장체제를 확산시키는 강력한 국가권력을 지지했으며, 경제적 자유주의는 실현 불가능한 욕망을 달성하기 위해서 국가를 이용했다고도 볼 수 있다.

경제적 자유주의의 실현 불가능한 욕망

경제적 자유주의의 욕망은 자기조정적 시장으로 사회 전체를 조직하려는 것이다. 그러기 위해서는 사회가 시장경제의 법칙에 따라서 기능할 수 있도록, 시장경제가 필요로 하는 조건을 갖추어야 할 필요가 있다. 사회가 시장처럼 바뀐다는 것은 사람들이 살아가는 데 필요한 물건과 환경을 획득하는 경로가 비시장적인 공동사회에서 시장메커니즘으로 전환되는 것을 의미한다. 인간, 자연, 화폐가 노동시장, 토지시장, 화폐시장으로 끊임없이 공급되어야 시장사회가 존속할 수 있다. 게다가 자기조정적 시장은 자신의 영역을 확장하려는 성질을 가지고 있어서 아직 시장화 또는 상품화되지 않은 사회적 영역이나 지역을 '개척지'로 간주하고 무한한 이윤의 원천을 찾아 촉수를 뻗는다. 시장경제는 각각의 전통과 지역에 뿌리를 내린 사고파는 '공간'으로서의 시장을 일변시켰고, 사회의 다른 영역으로부터 독립적으로 돌아가는 경제는 사회를 집어삼켰다. 시장경제는 사회의 구성원과 국가를 향해서 자신의 발전에 봉사하라고 명령을 내렸다.

자기조정적 시장의 완성에 의한 번영과 평화의 실현이라는 이상도 경제적 자유주의의 욕망이라 할 수 있다. 경제적 자유주의에 따르면 인간은 자신의 경제활동에서 이윤을 얻기 위해서 노력한다. 최소의 노력으로 최대의 보수를 기대하는 것은 '자연스러우며', 경제적 합리성에 반하는 행위가 나타나는 것은 '외적인 간섭'에 의해서 방해받고 있기 때문이다. 또한 인간에게 시장경제는 근본적인 제도이며, 인간이 자유롭게 선택할 수 있게 놔두면 시장경제는 자연발생적으로 생겨난다고 주장한다. 그러므로 국가의 역할은 시장메커니즘의 작용에 지장을 주는 외적인 간섭을 제거하여 자유무역을 발전시키는 일이 된다. 그리고 무엇보다도 일반 재화는 물론 노동시장, 토지시장, 화폐시장에서의 모든 상품들의 가격 조정이 원활하게 이루어길 수 있도록 국내외 회사의 체제를 바꾸는 것이 경제적 자유주의의 지향해야 할 과제가 되었다.

경제적 자유주의에 있어서 '시장에 의한 이해관계의 조화'는 인간이 바랄 수 있는 최대의 목표이며, 인류의 번영과 평화는 그 결과물이다. 그러한 관점이 지배하는 세계에서는 시장에 기반을 둔 인간 사회, 즉 시장사회의 완성이 바로 진보가 도달해야 할 지점이며 시장이 할 수 없는 일과 시장으로 해결할 수 없는 일에 대해서는 그 이상의 가능성을 기대해서는 안 된다고 여겨졌다. 경제적 자유주의는 경제체제가 사회에 명령하는 것, 경제체제가 사회보다 우위에 서는 것, 사회문제나 정치 문제의 더 많은 영역을 시장의 통치에 맡기는 것이 효율적임은 물론 도덕적으로도 이상적이라고 주장했다.

그러나 자기조정적 시장이라는 생각은 경제적 자유주의의 실현 불가능한 욕망이다. 판매를 위해서 생산된 상품과 마찬가지로 인간이나 자연을 시장의 수급메커니즘에 맡기는 일은 최종적으로는 사회의 인간적 실재와 자연적 실재를 파괴하고 사회를 괴멸시킬 것이다. 왜냐하면 시장체제가 '노동력'을 상품으로 대하는 것은 2장에서 살펴본 것처럼 이 독특한 상품의 소유자인 인간에게서 노동의 목적이나 자존심을 키우는 기반인 문화적 환경을 빼앗고, 인간을 기아와 도덕적 타락, 나태함, 범죄와 같은 사회적 혼란의 희생자로 만드는 일이기 때문이다. 토지를 시장체제에 맡기는 것도 자연환경을 오염시켜 파괴하는 것을 의미한다. 또한 시장이 구매력으로서의 화폐를 지배하면 화폐 부족과 과잉에 의해서 기업 조직은 주기적으로 피해를 입게 된다. 노동, 토지, 화폐에 관한 허구적 상품 시장은 시장경제에 반드시 필요하다. 그러나 시장체제라는 '악마의 맷돌'로부터 사회의 인간적 실재와 자연적 실재가 보호받지 못한다면 사회는 허구적 상품 체제의 파괴적 영향을 견딜 수 없다.

산업혁명 시기부터 현대에 이르기까지 자기조정적 시장이라는 실현 불가능한 욕망은 그것을 달성하려는 경제적 자유주의의 기획을 통해서 인간과 자연, 생산조직에 위협을 가하고 파괴적 영향을 끼쳐왔다. 경제적 자유주의의 이 실현 불가능한 욕망이 1834년의 신구빈법에 의해 노동의 영역에서 실행에 옮겨지자, 그와 동시에 그 파괴적 영향으로부터 사회를 보호하는 운동이 시작되었다. 그 뒤로 노동, 토지, 화폐에 관련된 허구적 상품 시장의 해악을 제한하는 보호 제도들이 계속해서 만들어졌다.

폴라니는 19세기의 사회사를 시장경제의 확대와 사회의 자기보호라는 이중적 운동의 전개로 이해했다. 이러한 이중적 운동의 존재는 사회생활의 모든 영역까지 시장메커니즘을 확대하려는 경제적 자유주의의 욕망이 실현 불가능하다는 사실을 단적으로 보여준다.

사회가 스스로를
보호하기 시작했다

허구적 상품과 이중적 운동

폴라니는 시장경제의 확대와 그에 대항하는 사회의 자기보호라는 이중적 운동이 출현하고 발전하는 이론적 근거로 가장 먼저, 시장경제가 자신의 법칙에 따라 기능하려면 노동, 토지, 화폐와 같은 생산의 본원적 요소들을 시장메커니즘에 포섭하여 시장의 법칙을 따르도록 만들어야 한다는 점을 지적한다. 앞서 살펴보았듯이 노동은 다른 생산 활동에서 분리된 '인간 활동의 다른 이름'이고 토지는 '자연의 다른 이름'이다. 이 둘을 시장경제 속에 포함시키는 것은 '사회 구조'를 시장의 법칙에 종속시키는 것을 의미한다. 또한 실제의 화폐는 구매력의 상징이며 그 존재는 은행이나 국가 재정의 메커니즘에 의존하고 있다. 상품을 시장에서 판매하기 위해 생산된 재화로 정의한다면, 판매를 위해 생산된 것이 아닌 노동, 토지, 화폐를 시장메커니즘으로 포섭하여 노동시장, 토지시장, 화폐시장을 조직하는 원리는 허구적이다. 그럼에도 이 세 가지가 판매를 위해서 생산되었다고 주장하는 가설은 사회의 조직 원리가 되었다.

이 허구적 상품은 폴라니가 시장경제의 제도적 본질이라 부르는 조직 원리이다. 이 원리에는 허구적 상품에 적합한 시장메커니즘이 실제로 기능하는 데 방해가 될 우려가 있는 어떤 방식이나 행위도 허용할 수 없다는 냉철한 강제와 배제의 논리가 깔려 있다. 그러나 노동은 사회를 구성하는 인간이라는 존재 그 자체이다. 때문에 허구적 상품이라는 장치를 통해 노동이 수요와 공급의 메커니즘을 따르는 상품으로 거래되는 것은 결국 인간 사회가 시장경제체제의 부속물이 되었음을 뜻한다. 앞서 지적한 것처럼 폴라니는 사회가 시장메커니즘에 종속되고 그 부속물이 되어서 시장메커니즘이 원활히게 기능하도록 만들어진 19세기적 시장사회를 '시장경제의 극단적인 인위성'으로 설명한다. 왜냐하면 시장경제는 경제가 사회적 관계들 속에 위치하는 비계약적인 사회를 인위적으로 파괴함으로써 창출되었기 때문이며, 호혜나 재분배의 경제가 인위적으로 해체되어야 비로소 경쟁적 노동시장이 기능하기 때문이다. 이처럼 폴라니가 말하는 시장경제는 사회적 관계들이 경제체제 속으로 들어가버린 상태를 지칭한다.[3]

자기조정적 시장은 인간, 자연, 생산조직(기업) 모두에게 위협이 된다. 경쟁적 노동시장은 노동력을 창출하는 인간의 생명과 노동 방식을 강타하고, 국제적 자유무역은 자연에 의존하는 최대 산업인 농업에 위협을 가하며, 금본위제는 가격의 상대적 움직임에 의존하는 생산조직에 위기를 초래했다. 인간과 자연의 운명을 시장에 맡기는 것은 이들을 파괴하고 말살하는 것과 다름없다.

그러한 조건에서 인간은 혈연, 이웃, 동업자 관계, 신앙 집단과 같은 사회적이고 문화적인 환경을 박탈당하고 단순한 노동의 제공자로 전락한 것을 견디지 못하여 기아나 타락에 의한 사회적 혼란의 희생자로 사멸할 우려가 있다. 자연에 있어서도 자연환경과 하천이 오염되거나 파괴되고, 식량이나 원료를 생산하는 토양의 생산능력도 치명적인 손상을 입는다. 생산조직의 경우 또한 화폐의 공급이 시장체제 하에서 조직되어 있기 때문에, 기업이 가격수준 저하(화폐 부족)의 영향을 받아서 손해를 입거나 어쩔 수 없이 파산할 위험이 있다. 그 때문에 노동력에 대한 허구적 상품의 파괴적 영향으로부터 공장에서 일하는 인간을 보호하기 위해 공장법이 제정되었고, 자연과 토양의 생산력과 농촌 문화를 허구적 상품의 영향에서 지키기 위한 토지입법이 탄생했다. 또한 화폐에 적용된 허구적 상품의 해악으로부터 공업이나 농업 분야의 생산조직을 지키기 위해 중앙은행제도와 통화관리가 필요해졌다.[4]

허구적 상품의 조직 원리에 의거한 시장경제의 확대는 그 사회에 대한 위험과 위협에 대항하는 보호운동과 마주하게 된다. 폴라니는 이 보호운동을 의인화하여 "사회의 자기보호"라고 부른다. 사회의 자기보호운동은 각각의 허구적 상품 시장에 대한 자기조정적 시장의 작용을 억제하는 간섭적 운동으로 발전한다. 뒤에서 다시 언급하겠지만 이들 대항운동은 대개 계급적인 이해利害나 압력단체의 이해를 초월한 사회의 전체적 이해를 옹호하는 성격이 있다. 예를 들어 이 운동은 시장경제의 발전으로 인한 사회적, 문화적 파국과 그로 인해 보통 사람들이 사회적 지위를 잃고 생활이 황폐화되는 것을 막는 방향으로 전개된다.

노동시장에서는 1834년 신구빈법의 제정과 동시에 인간의 노동을 시장 법칙의 작용으로부터 보호하려는 대항운동이 시작되었다. 이 운동은 생산자협동조합을 통해 노동자 빈곤과 생활 황폐화 문제를 해결하려 한 오어니즘Owenism이나 노동자계급으로 선거권 확대를 요구한 차티스트 운동Chartism과 같은 형태로 발전했다. 또한 노동의 인간적 성격을 허구적 상품에서 옹호하기 위한 제도들, 가령 19세기 전반에 출현한 공장입법이나 1870년대 이후에 제도화된 사회입법, 실업보험, 노동조합도 만들어졌다. 토지 시장에서는 1846년 반곡물법에 따라 자유무역이 시작된 이후, 자연 자원이나 농촌 문화를 토지의 허구적 상품으로부터 보호하는 대항운동이 일어나면서 토지입법과 농업 관세가 제도화되었다. 또한 화폐시장에서는 1844년 필은행조례Peel's Bank Act에 따라 창설된 중앙은행제도가 1차 세계대전으로 금본위제가 붕괴될 때까지, 화폐의 과부족에 의한 급격한 가격 변동의 파괴적 영향으로부터 각 산업 분야의 생산조직을 보호하려는 목적으로 통화관리(통화 발행량을 금의 잔고에 따라 조절함으로써 통화의 안정을 꾀하는 금본위제)를 담당해왔다. 폴라니는 이처럼 신구빈법부터 1914년 1차 세계대전까지 80년 사이의 중요한 국면을 좌우했던 서구 사회의 제도적 발전을 이중적 운동으로 설명한다(Polanyi 2001).

폴라니의 이중적 운동론은 19세기 사회의 역사를 자기조정적 시장의 확립을 목표로 내걸고 시장경제의 확장을 지향하는 경제적 자유주의 원리와, 시장경제의 확장이 사회에 초래하는 파괴적 영향에 대항하는 자기보호 원리의 충돌로 묘사하고 있다. 경제적 자유주의가 경쟁적 노동시장, 금본위제, 자유무역을 제도적 목표로 설정한 것에 대해서, 사회보호 측은 노동입법과 농업관세 등의 보호입법과 경쟁을 제한하는 제도를 요구했다. 조직 원리 사이의 이 같은 충돌은 시장경제의 확장을 위한 제도와 사회보호를 위한 제도 사이의 긴장과 딜레마를 심화시켰다.

사회의 자기보호는 경제적 계급의 이해를 초월한다

19세기 시장사회의 역동성은 이중적 운동으로 설명할 수 있다. 이중적 운동의 명제는 앞서 설명한 것처럼 '시장경제의 확대는 그로 인한 위험에 대항하는 사회의 자기보호를 유발한다'는 것이다. 시장경제의 제도화와 확장의 조건인 허구적 상품 시장의 창출과 확대가 사회의 자기보호운동을 일으키는 이유는 무엇일까? 사회정책이나 복지국가의 기원과 관련 있는 이 질문에 당시의 경제적 자유주의도, 전통적 마르크스주의도 만족스러운 해답을 내놓지 못했다. 그들은 공통적으로 19세기 사회의 자기보호운동을 떠맡은 보호주의운동을 계급 대립의 관점에서 각각의 계급 구성원이 경제적 이해利害를 추구한 계급적 행동의 결과로 이해했다. 양쪽 모두 보호주의운동이 당파적인 이해에서 초래되었다고 생각하며, 예를 들자면 농업관세를 반동적 지주의 정치적 영향력으로 설명하는 공통점이 있다.

그러나 폴라니에 따르면, 이러한 각 계급의 경제적 이해라는 관점으로는 왜 한 계급이 주도한 보호주의운동이 다른 계급의 지지를 얻고 입법을 통한 보호주의적 제도의 확립으로 이어진 원인을 설명할 수 없다. 규명해야 할 문제는 공장주, 노동자 또는 농업 관계자가 보호주의적인 행동에 의해서 자신의 소득을 얼마나 높이려고 했는지가 아니라, 그들이 그런 행동에 성공한 이유이다. 또한 곡물을 재배하는 지주나 농민이 수확물을 얼마나 비싸게 팔려고 했는지가 아니라, 그들이 농업관세에 따른 가격 인상에 협력하도록 곡물 구매자를 설득하는 데 성공한 이유를 밝혀야 한다.

이러한 문제에 답하기 위해서는 '인간 집단의 이해利害가 금전적 소득에 한정된다'는 경제주의적 편견에서 해방된 관점으로 보호주의 운동이 지키고자 한 이해의 성격을 살펴볼 필요가 있다. 보호주의적 운동은 그 다양성, 범위, 포괄성에 따라서 특징이 있다. 금전적 이해는 오로지 관련 조직이나 단체에 의해서 대표되기 때문에 범위가 좁지만, 그 이외의 다양한 비화폐적 이해는 광범위한 사람들과 관계가 있다. 폴라니는 금전적이지 않은 이해의 범위에 대해서 다음과 같이 지적했다. "그것은 이웃, 전문가, 소비자, 보행자, 통근자, 스포츠 애호가, 여행자, 원예 애호가, 환자, 어머니 또는 연인으로서의 개인에게 다양한 경로를 통해서 영향을 미친다"(같은 책). 이렇게 다양한 사람들과 관련된 이해는 계급적 이해가 아니라 직업상의 지위, 안전과 보장, 생활 환경의 안정 등에 관한 '사회적 이해'(같은 책)이다.[5] 시장경제의 확대가 위협한 것은 상이하고 다양한 주민 계층의 경제적 이해가 아니라 사회적 이해였다. 그렇기 때문에, 다양한 경제적 계층에 속하는 사람들이 자연스럽게 무의식적으로 이 위협에 대응하는 보호주의운동에 가담했던 것이었다.

사회의 자기보호운동이 사회적 이해를 대표하고 있다는 것은 헌법학자 앨버트 V. 다이시Albert V. Dicey가 "집산주의/단체주의collectivism 의 시대"라고 부른 1870년 이후에 연이어 실현된 보호주의적 조치 또는 사회적 규제를 점검해보면 명확히 알 수 있다. 다이시는 보호주의를 공장주, 농업 관계자, 노동조합 등 특정 세력이 자기이익을 지키기 위한 운동으로 정의하고, 이 '집산주의자의 음모'가 시장의 자동조절기구를 파괴하는 결과를 불러왔다고 비판했다. 그러나 폴라니에 따르면 그러한 보호주의적 조치 중에서 특정 계급의 이해를 반영한 것은 거의 없었다(같은 책). 예를 들어 방치된 풍치지구風致地區의 접수 권한을 도시 행정에 부여한 법률, 반년에 한 번은 제빵소를 열탕과 세제로 청소하도록 정한 법률, 선박 설비의 검사를 의무화 한 조례와 같은 당시의 규제 조치가 경제적 이해와는 아무 관계도 없음은 분명하다. 보건위생, 공공시설, 도서관, 공장의 상태, 사회보험에 관한 모든 법률은 물론 교육, 운송, 공익사업 등 정부에 의한 개입도 대부분 마찬가지이다. 이들 역시 경제적 이해와 관계가 있다 하더라도 기껏해야 간접적인 것에 지나지 않았다. 이것은 정부가 시장은 해결할 수 없는 공동사회의 전체적 이해를 보호하는 역할을 맡았다는 것을 의미한다.[6]

이런 점들을 보면 경제적 자유주의와 마르크스주의가 보호주의적 제도의 성립 논리를 파악하지 못하는 이유를 추측할 수 있다. 사회의 자기보호운동을 계급적 이해의 관점으로 설명하려고 했기 때문이다. 이들에게는 계급적 이해와 경제적 이해에 대한 개념은 있지만 사회적 이해라는 개념은 존재하지 않았다. 사회적 이해가 존재한다는 인식에 의거한 '사회적 보호'의 개념이 결여되어 있었기 때문에 20세기의 위기를 초래한 시장사회와 시장사회에서의 보호주의의 기능을 전체적으로 이해하지 못했다. 이와 관련해 폴라니는 다음과 같이 말했다.

> 자유주의자와 마르크스주의자는 보호주의운동이 당파적인 이해의 힘에 의해서 발생했다고 생각했다. 그래서 농업관세를 반동적 지주의 정치적 영향력으로 설명하고, 기업의 독점적 형태가 증가하는 이유를 산업계 거물에 의한 이윤 추구 때문이라 주장하고, 전쟁을 기업 횡포의 결과로 설명한다는 점에서 실질적으로 의견이 일치했다.(같은 책)

자유주의자와 마르크스주의자가 보호주의 제도의 형성을 설명하지 못하는 것은 제도의 형성이나 제도 전환의 역사를 설명하는 데 있어서 특정 계급의 경제적 이해를 과도하게 중시해서는 안 된다는 반증이라고 할 수 있다.

그렇다면 사회의 자기보호가 사회적 이해의 보호를 추구할 때, 사회적 이해와 계급 행동은 어떤 관계에 놓여 있을까? 폴라니의 설명에 따르면 계급들은 단지 자기 계급에 속하는 사람들의 경제적 이해를 추구해서는 다른 계급의 지지를 모을 수 없다. 그러나 사회적 이해를 보호하는 역할을 맡음으로써 다른 계급의 동의를 얻고 사회의 자기보호 제도화에 공헌할 수 있다. 그리고 시장사회 형성과 전개의 역사에서 제조업자, 기업가, 자본가가 시장이 팽창하는 데 지도적인 역할을 했다면, 그 위협으로부터 사회적 이해를 보호하는 역할은 종래의 지주계급과 이제 막 탄생한 노동자계급이 담당하게 되었다.[7] 실제로 사회사의 전개에서 어떤 계급이 지도적 역할을 담당할 수 있는지 여부는 그 계급이 자기 계급의 이해를 초월해 얼마나 넓고 다양한 사회 전체의 이해를 대표할 수 있는지에 달려 있다. 편협한 계급적 이해를 고집하는 정책은 그 계급의 이익조차 지킬 수 없다.[8] 폴라니는 이것을 "예외를 허용하지 않는 역사의 법칙"이라고 강조했다.

사회적·문화적 파국과 사회보호운동

폴라니는 자기조정적 시장의 팽창에 맞서는 대항적 보호운동이 각각의 계급적 이해를 초월한 사회적 이해를 지향하는 것이라고 주장했다. 그리고 그 근거로 노동, 토지, 화폐에 대한 허구적 상품 시장의 확대가 사회에 미치는 각종 위협과 위험은 분리될 수 없으며 사회의 존속에 관련된 '문화적 파국'과 연결되어 있다는 점을 제시했다. 사회의 자기보호로서의 대항운동이 노동시장, 토지시장, 화폐시장과 같은 각각의 영역에서 독립적으로 이루어진 것이 아니라 일체성을 가지고 전개된 사실에 주의할 필요가 있다. 이 점에 대해서 폴라니는 다음과 같이 설명했다.

> 노동, 토지, 화폐의 각 시장을 구별하기는 쉽다. 그러나 인간 존재, 인간의 자연환경, 그리고 생산조직에 의해서 그 핵심이 형성된 세 문화를 식별하는 일은 쉽지 않다. 인간과 자연은 문화적 영역에서는 실질적으로 일체를 이루고 있다. 생산기업의 화폐적 측면은 사회적으로 사활이 걸린 영역, 즉 국민의 통일과 결속에 관련되어 있다. 이렇게 노동, 토지,

화폐와 같은 허구적 상품의 시장은 명료하게 구별할 수 있지만, 이들 시장이 사회에 끼친 위협은 반드시 엄밀하게 분리할 수 있는 것은 아니었다.(같은 책)

이제부터 살펴보겠지만 시장화와 산업화의 전개로 인해서 위험에 처한 사회적 이해를 사회적·문화적 파국이라는 위기와 관련지어 파악하는 것은 사회적 보호가 지향하는 목표를 올바로 인식하는 데 있어서 무엇보다 중요하다.

1870년대 이후 보통선거제도 도입을 배경으로 사회의 자기보호 운동은 빈곤과 실업 대책, 고용의 보장과 안정, 산업재해 보상, 질병에 걸렸을 때의 수당과 사회보장, 충실한 교육, 주택 환경의 개선 등에 대한 사회적 보호제도를 차례차례 실현하는 데 크게 기여했다. 그러나 이처럼 사회적 보호제도를 확충하는 움직임은 경제적 자유주의 측으로부터 격렬한 비난을 받았다. 그들은 시장경제를 위한 필요악으로서 열등 처우의 원칙은 인정하지만 사회적 이해의 존재는 인정하지 않았기 때문이다. 영국의 헌법학자 다이시, 오스트리아 출신의 경제학자 미제스, 미국의 저널리스트 겸 정치평론가인 월터 리프먼Walter Lippmann 등 경제적 자유주의자들은 주장하는 방식만 달랐을 뿐 모두 사회적 보호제도를 거부했다.

다이시는 『법률과 여론Lectures on the Relation between Law and Pubic Opinion in England』 2판의 서론에서 1870년 이후의 경향, 즉 영국인의 오랜 신념이었던 국가 간섭에 대한 경계심이 거의 다 사라지고 동시에 '계약의 자유'(자유방임 원칙) 및 개인주의적 자유주의에서 무한의 이익

을 얻을 수 있다는 신념도 거의 쇠퇴한 당시를 "집산주의/단체주의 시대"라고 이름 붙였다(다이시ダイシー 1972[1914]). 그리고 집산주의의 진전을 보여주는 법률로 1906년의 교육(급식)법과 노동쟁의법, 1908년의 양로연금법, 1909년의 직업위원회법, 1912년의 탄광(최저임금)법 등 최저임금률을 설정하는 법률들과 1910년의 재정법, 1913년의 노동조합법과 정신장애자보호법 등을 예로 들어 집산주의자의 사회적 목적을 달성하기 위한 법률이 늘어나는 경향에 강한 위기감을 표명했다. 이에 관련하여 다이시는 "납세자의 비용으로 배고픈 어린아이에게 주어지는 식대는 법적인 의무가 되었지만 처음에 어린아이를 굶주리게 만든 장본인인 아버지는 그 세금도 내지 못한다. 그럼에도 그가 여전히 의회 선거권을 가지고 있는 것은 도덕적으로 더욱 옳지 않다고 생각된다. 아버지로서의 의무를 게을리 하고 게다가 국가를 속여서 이득을 취한 인간이 어째서 완전한 정치적 권리를 가지고 있는 것인가?"라는 질문을 던졌다(같은 책). 그는 영국 노동조합이 통상의 국법을 면제받은 특권 단체가 되었다고 지적하고 "국민보험법은 사회주의 교리를 따르고 있다"고 주장했다(같은 책).

미제스, 리프먼 등 경제적 자유주의자는 다이시가 주장한 집산주의 비판의 노선을 이어받아서 노동조합의 임금 인상 요구나 실업보험에 의한 실업 중 소득 보장이 노동시장의 수급 조정을 방해하여 실업이나 빈곤을 만들어낸다는 주장을 전개했다. 또한 그들은 1790년 전후에 영국 노동자를 덮쳤던 파국적 격변을 부정했다. 그리고 무엇보다 사회의 자기보호에는 객관적 근거가 없기 때문에 애초에 존재하지 않는 사회적 이해를 지키기 위한 사회보호제도 또한 제도화의 정당한 근거가 결여되어 있다는 논법을 전개했다. 이러한 주장은 경제적 복지의 지표가 되는 실질임금과 인구동태를 살펴보면 산업혁명기의 자본주의는 오히려 민중에게 경제적인 은혜를 가져다주었다고 주장하는 클래펌 등의 새로운 산업혁명사 연구에 근거한 것이다.

초기의 자유주의적 자본주의는 무력한 보통 사람들을 극빈 상태로 몰아넣고, 결국 토지와 집을 빼앗긴 농촌 사람들을 신구빈법을 통해서 노동시장으로 이동시켰다. 이러한 산업혁명의 비참한 진행 과정은 이미 사상가와 작가 등에 의해서 폭넓게 인정되어온 사실이었다. 그러나 생활수준의 갑작스러운 저하가 일반 사람들을 덮쳤다는 주장이 결코 사실이 아니라는 클래펌의 생산혁명사 재해석은 사회의 자기 보호운동에는 객관적 근거가 없다는 경제적 자유주의의 주장을 뒷받침하게 되었다. 그러나 폴라니가 보기에 마르크스주의는 이러한 경제적 자유주의의 논법에 대항할 수 없었다. 경제적 착취와 계급 대립의 관점에서 자본주의의 역사나 제도의 변화를 설명하는 마르크스주의는 문화적 파괴나 사회적 파국의 비참함을 이해하고 분석하는 도구와 사상이 결여되어 있다는 치명적인 약점을 가지고 있기 때문이었다.

폴라니는 경제적 자유주의자의 주장에 반박하면서, 사회적 고난 또는 사회적 파국은 소득수준이나 인구통계로 측정할 수 있는 경제현상이 아니며 무엇보다 문화적인 현상이라고 강조한다. 영국 농촌 지역에 살고 있는 다수의 안정된 정주자들을 겨우 반세기만에 부랑하는 나태한 노동자로 바꿔버린 산업혁명처럼, 극히 드물게 발생하는 경제적 지각변동은 소득수준이나 경제적 착취로 측정할 수 있는 경제 현상과는 차원이 다른 사건이다. 그는 이와 같은 인식을 바탕으로 이해利害라는 개념을 좁게 해석하면 사회사의 모습을 왜곡해서 인식하게 되며, 이해를 순수하게 금전적으로 정의하면 인간 집단에게 가장 중요한 '사회적 보호의 필요'는 존재할 여지가 사라져버린다고 주장한다.

폴라니는 여기서 인류학자 투른발트의 비교 연구를 인용했다. 그는 19세기 후반에 아프리카와 인도의 식민지 주민을 덮친 '문화적 파국'과 같은 현상이 19세기 초 영국의 노동자계급을 덮쳤다고 설명한다. '문화적 파국'은 서로 다른 사회나 인종이 문화적으로 접촉했을 때 상대적으로 약하거나 패자가 되는 쪽에 발생하는 파멸적인 도덕적 퇴폐를 설명하는 인류학 용어이다. 폴라니는 문화적 파국의 진정한 원인은 경제적 이유가 아니라 패자가 '사회적 존재로서 그 속에 자리 잡고 있는 제도들'의 붕괴 때문이며, 그 결과 패자는 노력하고 희생할 가치가 있는 목표를 부여해주는 사회적 환경을 빼앗기고 자존심과 규범을 잃어버렸다고 강조한다(Polanyi 2001). 문화적 접촉 때문에 사람들을 사회적 존재로서 품고 있던 제도들이 붕괴되어 발생하는 도덕적 퇴폐는, 접촉하는 두 집단의 단위가 민족이든, 인종이든, 계급이든 차이가 없다.[9]

19세기 후반에 아프리카와 아시아의 농업과 자원을 국제적 자유무역으로 끌어들이는 경제적 진행 과정에서 문화적 접촉이 일어났고, 이 지역의 사람들에게 문화적 파국에 따른 도덕적 퇴폐가 발생했다. 폴라니는 이와 동일한 상황이 산업혁명기 영국의 보통 사람들의 생활에도 발생한 것을 상기시키며, 사회적 이해의 위기가 사회의 자기보호의 객관적 근거라는 사실을 규명하고자 했다.[10] 폴라니는 시장사회가 형성되고 발전함에 따라 보통 사람들의 사회적 존재가 자리 잡고 있던

(아직 잔존하고 있는) 공동체적 제도들이나 비계약적 사회관계가 붕괴되고 그와 함께 문화적 파국이 일어나는 현상에 모든 관심을 쏟았다.[11]

또한 그는 산업혁명기의 문화적 파국으로 인해 노동자의 삶이 황폐화되고 그들이 나태한 성격으로 변하는 것을 목격하고, 시장경제체제의 기계 이용이 초래한 위협을 비판한 오언의 사상과 사회 개혁에 주목했다. 2장에서 살펴본 것처럼, 오언은 19세기 초기의 영국 노동자계급에서 아프리카나 아시아 식민지에서 관찰되는 생활의 황폐화와 동일한 문화적 파국을 발견했다. 그는 빈곤 문제의 본질이 바로 이웃과 공동사회에서의 위치과 기술과 숙련과 같은 노동자의 '사회적 환경'(노동자의 경제적 존재가 빠져 그 내부에 자리 잡고 있던 자연과의 관계를)의 황폐화에 있다고 주장했다. 오언은 노동자가 경제적으로 착취당하고 낮은 소득을 강요받고 있는 것은 분명하지만, 노동자의 비참함과 타락은 화폐소득을 올리는 것만으로는 해결할 수 없다는 것을 알고 있었다. 그는 다음과 같은 근거를 들었다(같은 책).

첫째로, 인간을 상품처럼 취급하는 시장은 노동자의 문화적이고 사회적인 환경을 산산조각 냄으로써 노동자의 경제적 존재가 자리 잡고 있는 자연 및 인간과의 관계를 파괴한다. 둘째로, 노동자의 비참함과 타락은 노동자가 문화적인 경계 밖으로 내던져졌기 때문이다. 노동의 목적 또는 살아가는 논리나 규범, 즉 자존심의 원천을 상실한 것(문화적 파국)과 경제적 빈곤은 하나의 문제이다. 이처럼 오언은 경제적인 문제로 보이는 것들이 실은 문화적이고 사회적인 문제이기도 하다고 지적했다. 그래서 노동자의 경제적 존재가 문화적이고 사회적인 환경 속에 자리 잡도록 입법적인 조치들을 취해야 하며, 이를 통해 시장을 '사회적 감독에 의해 억제'할 필요가 있다고 주장했다. 또한 그는 사회적 보호의 역할을 수행하기 위해서는 국가의 규제, 개입, 계획과 같은 기능을 피할 수 없다고 생각했다.[12]

폴라니는 사회적 파국과 사회적 보호의 근거를 둘러싼 경제적 자유주의와의 대립 속에서 사회적 보호의 사상적 기원을 찾아 오언까지 거슬러 올라간다. 그리고 사회적 보호의 목적은 "직업상의 지위, 안전과 보장, 인간 생활의 형태·범위·환경의 안정'을 지향하는 것"이라고 정의한다. 사회적 보호는 "궁극적으로는 실업으로부터의 보호, 지역 상황의 안정, 사업 파산의 방지, 그리고 아마 무엇보다도 그때까지 보다 숙련이나 경험을 덜 필요로 하는 직업으로의 전환에 필연적으로 동반되는 사회적 지위의 상실과 그로 인한 고통스러운 상황을 회피하는 것과 관련되어 있다"(같은 책). 폴라니의 주장에 따르면, 사회적 보호는 단순히 소득 보장이 목표가 아니라 공동사회에서의 노동자 지위 회복과 관련이 있으며 자존심과 노동의 목적을 고양시키는 사회적 환경에 그들의 경제적 존재를 위치시키는 것을 목표로 한다.

이처럼 사회적·문화적 파국, 공동사회의 전체적인 이해, 사회적 보호라는 사고방식에 입각한 폴라니의 경제사상은 경제주의적 편견에 사로잡힌 경제적 자유주의와 마르크스주의의 한계를 초월한다. 그의 사상은 시장사회에 대한 새로운 지식이며 시장사회에서의 대항적 자기보호운동과 사회적 보호를 온전하게 이해하도록 해준다(와카모리 若森 2015).

칼 폴라니와
경제적 자유주의자의 대결

이중적 운동의 해석을 둘러싼 대립

시장경제와 사회의 자기보호 사이의 대립은 19세기를 거치며 경제적
자유주의와 사회의 자기보호 조직 원리를 둘러싼 대립으로 전개되었
다. 폴라니와 경제적 자유주의자의 대립은 경제적 자유주의가 사회
의 조직 원리로서 용인되는지 여부를 둘러싼 것으로 19세기 사회사를
어떻게 이해해야 하는지에 대한 논점이 내포되어 있다. 그러나 대단
히 흥미로운 사실은, 폴라니는 물론 그와 동시대의 사상적 경쟁자였던
리프먼과 미제스 등 경제적 자유주의자들도 이 '이중적 운동', 즉 시장
경제의 발전과 대항적 자기보호 또는 시장경제에 대한 입법적 개입을
인정하고 논쟁을 펼쳤다는 점이다. 폴라니와 경제적 자유주의자 모두
노동, 토지, 화폐 시장에서 이중적 운동의 긴장이 표면화되고 있다는
사실을 공통적으로 인식했다. 이 점에 대해서 폴라니는 다음과 같이
지적했다.

스펜서나 윌리엄 섬너William Sumner 또는 미제스나 리프먼과 같은 자유주의 사상가는 이중적 운동에 대해서 실질적으로 우리와 동일한 설명을 하고 있다. 그러나 그들은 그에 대해 전혀 다른 해석을 한다. 우리의 견해에 따르면 자기조정적 시장이라는 개념은 유토피아에 불과하고 그 진행은 실제적인 사회의 자기보호에 의해서 방해를 받는다. 이에 비해서 그들은 모든 보호주의가 비관용과 탐욕, 근시안적 사고에 기반을 둔 착오이며 그런 착오만 없다면 시장은 스스로 어려움을 해결했을 것이라고 주장한다. 이 두 가지 견해 중에서 어느 쪽이 옳은지에 대한 질문은 근대사회사에서 가장 중요한 문제이며 경제적 자유주의가 바로 사회의 기본적 조직 원리라는 주장이 옳은지에 대한 결론도 포함하고 있다.(폴라니ポラン=- 2001)

『거대한 전환』에 경제적 자유주의자로 등장하는 경제학자 미제스와 저널리스트이자 정치평론가인 리프먼은 1860년을 경계로 19세기의 역사가 '자유주의에서 집산주의'로 전환되었다고 주장하는 헌법학자 다이시의 견해를 이어받았다. 그들은 '집산주의의 음모'나 '반자유주의의 음모'가 시장체제에 중요한 개입을 불러온 결과, 시장경제가 마비되고 사회는 붕괴의 위기에 내몰렸다고 주장했다. 그리고 파시즘으로 상징되는 '나쁜 사회'를 초래한 '범인'으로 노동조합과 사회주의를 지목했다. 무엇보다 리프먼의 저서 『좋은 사회The Good Society』(1937)는 러시아 공산주의의 계획경제와 독일, 이탈리아, 일본의 파시즘을 '집산주의적 세계'로 한데 묶고, 2차 세계대전에 영미 자유주의와 사악한 파시즘의 신성한 전투라는 의미를 부여했다. 이 책은 경쟁적이면서도 평화로운 분업 체제의 위업을 무의미하게 만든 '점진적 집산주의'를 비난하며 전통적 '자유주의'의 좋은 전통으로 돌아갈 것을 호소했다.

경제적 자유주의에 따르면 임금이나 농산품, 부동산 가격이나 통화가 일반적인 재화 시장에서 매매되는 일반적인 상품과 동일하게 취급되지 않는 것, 그리고 그것이 제도 및 정부의 개입 때문이라는 것이야말로 극복해야 할 과제이다. 그들에 따르면 앞서 말한 임금이나 농산품 등이 일반적인 상품처럼 수급메커니즘을 따르지 않는 것은 시장사회의 메커니즘을 기능 장애로 몰고 갈 뿐 아니라 윤리적으로도 용서받을 수 없는 일이다. 그것이 곧 번영과 지유에서 멀어지는 길이라고 생각하기 때문이다.

사회의 자기보호를 비난하는 경제적 자유주의자의 음모론을 봉쇄하는 것은 폴라니의 이중적 운동론의 목표이기도 하다.[13] 그는 사회의 자기보호운동이 다양하며, 정당이나 압력단체의 강요가 자발적 성격과 다양성에 의해서 탄생했음을 강조한다. 사회의 광범위한 계층이 다양한 입장에서 교회, 시읍면, 연합, 클럽, 노동조합 등의 이해 단체를 통해 보호주의운동에 관여해온 것이다(같은 책). 이처럼 경제적 자유주의자의 주장과 달리 사회의 자기보호는 자발적으로 발생했다. 오히려 1834년 신구빈법에 의해서 경쟁적 노동시장이 확립된 것처럼 자기조정적 시장이야말로 국가의 개입으로 실현되었다. 따라서 사회의 자기보호를 공격하는 경제적 자유주의자의 음모론에는 근거가 없다.

폴라니는 이중적 운동에 대한 이러한 해석에 따라, 20세기 전반의 위기를 19세기적 시장사회의 파국적 전개로 설명한다. 노동, 토지,

화폐는 허구적 상품이며 시장경제가 이 허구적 상품이라는 제도적 허구 위에 구축되어 있다는 사실을 인정하지 못하는 경제적 자유주의의 이론적 오류(시장경제와 사회의 동일시), 그리고 자기조정적 시장의 원리에 기초하여 사회생활 전체를 조직하려는 불가능한 프로젝트 때문에 위기가 발생했다는 것이다. 폴라니는 20세기에 나타난 위기의 본질을 이해하고 이를 극복하기 위해서는 시장경제의 제도적 본질에서 비롯된 부정적 측면을 올바르게 인식해야 한다고 생각했다. 즉, 시장경제의 제도적 메커니즘이 국민의 생활에 압박을 가하고 파괴적인 영향을 끼쳤다는 사실과, 민주주의가 해체되고 파시즘이 대두하고 세계전쟁이 발발하는 데 결정적인 영향을 끼쳤다는 사실을 명확히 알 필요가 있다는 것이다.

산업혁명기에 형성된 시장사회가 20세기 전반에 이르러 위기에 빠졌다는 점에 대해서는 폴라니와 경제적 자유주의자 모두 일치된 견해를 보인다. 그러나 그에 대한 전체적 조망과 반성, 즉 위기의 원인에 대한 분석에서는 대립을 보인다. 『거대한 전환』의 표현을 빌리자면 '이중적 운동의 해석'에 있어서의 대립이라고 할 수 있다. 이 해석의 옳고 그름을 둘러싼 싸움은 시장사회의 평가와 전망에 대한 20세기의 쟁점이기도 하다.

경제적 자유주의의 자기모순

이중적 운동의 해석을 둘러싼 폴라니와 경제적 자유주의의 대립은 19

세기부터 20세기 초에 걸친 시장사회의 흥망에 대한 역사 해석상의 논쟁임과 동시에 경제적 자유주의의 시장유토피아를 인간 사회의 조직 원리로서 받아들일 것인지 부정할 것인지와 관련된 문제이기도 했다. 폴라니는 이러한 인식을 밝힌 뒤에 경제적 자유주의의 명제에 포함된 모순을 보여주는 네 가지 사실을 지적했다.

첫 번째는 집산주의적 대항운동에서는 놀라울 정도의 다양성과 복잡성을 볼 수 있다는 사실이다. 스펜서가 '간섭 리스트'에 명시한 조례는 천연두 예방접종 의무의 확대 실시나 구빈위원의 천연두 예방접종 실행권 부여, 지방세로 충당되는 음식물 분석관의 설치, 가스 공장의 검사 등을 정한 조례, 식량의 위생 상태를 조사하는 검사관을 임명하는 조례, 굴뚝 청소부 조례, 전염병 조례 등이 있다. 리프먼은 이들 조례를 누군가 계획하여 의도적으로 미리 입을 맞춘 반자유주의 음모의 증거로 설명하고 있지만 그것은 사실이 아니다. 각각의 조례는 근대의 산업적 조건에서 비롯된 것으로, 시장적 방법으로는 대처할 수 없는 문제들에 대응하고 공공이익을 보호하기 위해 제정되었다(같은 책).

두 번째는 개인주의적 원리가 계속 지지를 받았어도, 산업상의 문제가 발생하여 해결이 필요한 상황에서는 자유주의적 해결에서 집산주의적 해결로 한순간에 이행될 수 있다는 사실이다. 다이시가 "철저한 집산주의적 입법"이라며 비판한 노동자재해보상법의 제정은 그 전형적인 예라고 할 수 있다(같은 책).

세 번째는 일정한 산업적 발전 단계에 도달한 국가들에서 자유방임에서 집산주의로 변하는 대단히 유사한 이행이 발견된다는 사실이다. 공중위생, 공장의 노동조건, 자치단체 사업, 사회보험, 해운 조성금, 공익사업, 기업가 단체 등에 대한 '반자유주의적 입법의 시대'는 자유무역과 자유방임의 시대를 거친 모든 국가들의 공통적인 경험이 되었다. 반자유주의적 입법의 지지 세력은 빈처럼 반동적이고 반사회주의적인 경우도 있고 버밍엄처럼 급진적이고 제국주의적인 경우도 있다. 다양한 슬로건을 내걸고 전혀 다른 세력에 의해서 진행되면서도 거의 정확히 동일한 내용의 입법 조치가 각국에서 실시되었다. 이러한 경향은 자유주의자의 명제와 모순되는 사실을 보여준다.

네 번째는 경제적 자유주의자들이 스스로 계약의 자유와 자유방임을 제한해야 한다고 주장했다는 사실이다. 경제적 자유주의자는 노동조합법이나 반트러스트법을 용인하는 등, 계약의 자유나 결사의 자유가 자기조정적 시장의 요구와 충돌하는 경우에는 그러한 자유를 통제 또는 제한하는 해결책을 선택했다. 자기조정적 시장의 요구를 자유 원리보다도 우선시한 것이다(같은 책). 더욱이 자유무역이나 경쟁에서조차 시장이 작동하기 위한 간섭을 필요로 했다.

이러한 네 가지 분석은 경제적 자유주의자들이 이중적 운동의 사실은 인정하면서도 이를 해석하는 데에는 큰 모순이 존재한다는 것을 드러낸다. 그와 동시에 경제생활이 산업화되면서 발생하는 문제들을 시장적 방법에 의해서 해결할 수 없다는 것을 보여준다. 경제적 자유주의의 급진적인 지지자조차도 발달된 산업 조건 아래에서는 자유방임주의를 적용할 수 없다는 현실을 인정하고 있다. 경제적 자유주의는 자기조정적 시장이라는 제도에 입각한 산업을 만들기 위해 사회개혁을 주장해왔다. 그러나 자기조정적 시장은 산업사회가 직면하는 문제들에 대응할 능력이 없다(같은 책). 19세기 초에 오언이 제창한 것처럼 폴라니는 이와 같은 경제적 자유주의의 자기모순이 산업사회가 자기조정적 시장과는 다른 제도를 기반으로 삼아야 할 필요성을 보여준다고 생각했다.

이처럼 경제적 자유주의의 자기모순을 지적한 폴라니는 시장사회가 한계에 부딪힌 원인과 그 모든 문제의 책임을 시장경제에 대한 방해와 간섭에 떠넘김으로써 경쟁적 시장체제와 자기조정적 시장을 변호하는, "경제적 자유주의에 현재 남아 있는 최후의 논법"(같은 책)을 논파하려고 했다. 그는 사회의 자기보호에 대한 경제적 자유주의자의 해석이 정치적 민주주의에 대한 공격 논리로 전환되는 위험[14]에 대해서 경고했다. 경제적 자유주의의 논법은 지극히 단순하고 알기 쉽기 때문에 여론으로 침투할 가능성이 있다. 경제적 자유주의의 생명력은 강인하며, 시장경제가 존속하는 동안에는 다양한 역사 해석과 새로운 논리 등을 흡수하여 몇 번이고 다시 살아나 시대에 부합할 것을 폴라니는 직감했던 것 같다.

> 자유주의를 변호하는 자는 수단을 바꾸고 대상을 바꾸며 다음과 같은 주장을 반복한다. 자유주의의 비판자가 주장하는 정책만 실행되지 않았다면 자유주의는 순조롭게 진행되었을 것이라고. 또는 우리 시대의 불행을 초래하는 것은 경쟁체제나 자기조정적 시장이 아니라 그러한 체제에 대한 방해나 간섭이라고 말이다.(같은 책)

경제적 자유주의가 리카도와 맬서스 시대의 영국에서 탄생했을 때는 임금부조가 오히려 빈곤과 복지에 대한 의존을 심화시킨다는 논법으로 스피넘랜드 제도를 비판하는 것(역전적 명제)이 그 원동력이었다. 그리고 20세기 초 시장경제의 위기 때는 다양한 개입주의를 비판하면서 자신의 정당성을 주장했다. 공통점은 경제적 자유주의자가 시장경제의 원활한 진행을 방해하는 세력이나 제도에 실업, 인플레이션, 재정 악화 등 경제적 실패의 책임을 떠넘기는 수법으로 여론을 움직여왔다는 점이다. 4장에서 살펴볼 내용처럼, 1차 세계대전 이후의 경제적 자유주의자들은 시장경제가 처한 문제의 책임을 정치적 민주주의 탓으로 돌리는 논법으로 여론을 설득하려 했다.

4장

무력해진 민주주의와
신자유주의의 탄생

파시즘은 산업자본주의에 처음부터 존재하던 반민주주의 바이러스가
최근에 강한 감염력을 가지고 폭발적으로 확산된 것에 불과하다.
왜냐하면 파시즘은 모든 형태의 민중정부에 대한
최신 형태의 자본주의 공격에 불과하기 때문이다.

시장사회 위기가 부른
파시즘과 세계대전

금본위제의 파괴적 영향에서 출현한 보호주의

1870년대가 되자 시장경제의 확대와 그 파괴적 영향으로부터 노동, 토지, 화폐를 보호하려는 '이중적 운동'은 복잡한 양상으로 새롭게 전개된다. 시장경제에 국제금본위제가 형성되고 각국 정치 영역에 보통선거제가 도입되었기 때문이다.

영국에서는 1816년부터 1931년까지(1차 세계대전 때 중단된 기간을 제외하고), 원칙적으로 금본위제가 채용되었다. 그 사이 1867년 2차 선거법 개정을 통해서 도시 노동자의 대다수에게까지 선거권이 확대되었다(남자보통선거제는 1918년이다). 세계시장에서 영국의 경쟁자로 성장한 공업국 독일에서도 1871년에 금본위제가 채용되고 남자보통선거제도가 도입되었다. 이처럼 시장사회는 금본위제와 보통선거제도라는 두 가지 제도 아래에서 전개되었는데, 폴라니에 따르면 그로 인해서 시장사회 내부에 시장의 자기조정으로는 해소할 수 없는 긴장과 불균형이 누적되었다.

폴라니의 허구적 상품 이론에 따르면 노동시장과 토지시장, 화폐 시장의 자유로운 작용을 억제하고 관리하여 인간과 자연, 생산조직을 보호하는 조치는 시장경제의 자기조정기능을 악화시켰다. 그로 인해 가격과 비용의 구조가 조정되지 않아서 발생하는 불황의 장기화, 생산설비 조정의 순응성 저하에 따른 채산이 맞지 않는 투자 청산의 지연, 소득이나 가격수준의 신축성 상실 등의 문제가 발생했다. 1873년부터 1896년 사이의 대불황과 1870년대의 농업 불황은 시장경제의 자기조정기능이 악화되는 조짐인 동시에 생산·고용·소득 저하 등 국내경제의 긴장 및 수출 감소, 교역조건의 악화, 수입 원재료의 부족 등 국제수지를 둘러싼 긴장을 확대시키는 계기가 되었다. 때문에 시장의 자기조정기능에 내재된 불완전성을 보완하기 위해서 국가의 개입 정책과 정치적 수단이 사용되었다. 국내적으로는 보통선거제도의 확립으로 민중이 국가를 지배하게 되자, 불황이 장기화되고 고용 안정과 지속적인 생산이 위협을 받는 경우에는 이것들을 보호하기 위한 국가의 개입 정책을 요구하는 압력이 커졌다.

1870년대부터 1930년대까지 긴장과 불균형이 누적되어 증가한 가장 중요하고 직접적인 원인은 시장메커니즘이 충분히 기능하지 않은 데 있다. 이와 관련해 폴라니는 다음과 같은 점에 주목했다. 금본위제라는 각국의 국제관계를 속박하는 대원칙하에서 각국민의 사정을 반영한 경제정책과 사회정책을 요구하는 보통선거제도가 주요국에 도입된 것이 결과적으로 시장사회의 세계적인 위기라는 시대 상황에서 국내적, 국제적 긴장을 한층 더 높이는 아이러니한 상황을 초래했다는 점이다. 이 같은 상황 전개에서 중요한 열쇠를 쥐고 있는 요소로 각국의 '국민적 통화'를 꼽을 수 있다.

폴라니에 따르면 19세기 말부터 20세기 전반, 주요국의 정치가와 국민들은 국제금본위제와 민주주의 제도가 격렬하게 충돌하는 국면을 마주했다. 그리고 다수의 중요한 판단에서 전자를 후자보다 우선시한 결과, 자유와 민주주의가 후퇴하고 무력화되었다. 게다가 자유와 민주주의의 후퇴라는 희생을 치르면서까지 국제금본위제를 유지하려 했던 노력은 결국 보상받지 못했다. 1차 세계대전의 발발과 전쟁 이후 금본위제 재건 시도의 좌절, 유럽에서 이어지는 통화위기, 미국에서 시작된 1929년의 대공황, 열강의 금본위제 이탈, 그리고 파시즘의 대두와 베르사유체제의 와해까지, 시장사회가 전면적인 붕괴로 나아가는 이러한 과정을 폴라니는 이중적 운동의 새로운 전개로 분석했다.[1]

국민적 통화, 경제적 제국주의, 1차 세계대전

1870년대 이후로 독일, 프랑스, 이탈리아, 네덜란드, 벨기에, 스위스, 노르웨이와 같은 유럽 주요 국가에 연이어 금본위제가 도입되며 국제금본위제가 자리를 잡았다. 각 국가는 자국 본위화폐(1파운드 금화, 1마르크 금화, 1엔 금화 등)의 단위 가격이 일정량의 금에 의해서 제시되는 금평가金平價를 안정적으로 유지하기로 합의했다. 이를 바탕으로 국제무역이 가속화되었고, 토지는 전면적으로 유동화(지구 상 모든 지역 간에 이루어지는 곡물, 농작물, 원재료의 수송이 저비용화)되었다. 그러나 시장의 전반적인 작용을 억제하기 위한 보호주의적 제도(사회입법이나 관세)가 거의 동시에 도입되었다. 폴라니의 표현을 빌리면, 시장경제를 확장시킨 금본위제는 국제무역의 확대와 보호주의의 강화라는 이중적 운동을 발생시켰다.

국제금본위제에는 유토피아적 시장화라는 구상이 포함되어 있었다. 각국의 시장을 국가의 권한에서 독립시키고 국경 없는 세계무역에 의해 전 인류의 생활을 자기조정적 시장 기반으로 조직한다는 구상이었다. 그러나 이 같은 경제적 자유주의 기반의 유토피아가 현실화되면 국민들의 생활과 복지가 시장의 여러 힘에 직접 노출된다.[2] 따라서 국제금본위제가 각국의 국민들에게 받아들여지고 지지를 얻기 위해서는 이 제도가 초래할 수 있는 경제적 고난, 이를 테면 금평가의 유지를 위해 요구되는 물가수준의 큰 변동과 그에 따른 실업, 도산, 농촌 사람들의 불안한 생활과 같은 충격에서 국민을 보호할 필요가 있다.

각국의 국민적 통화는 국제금본위제의 파괴적 영향에서 국민의 생활을 보호하기 위한 안전장치가 될 것으로 기대되었고, 폴라니도 그러한 점에 주목했다. 전형적인 예로, 중앙은행은 때때로 국제수지가 유동성 부족을 겪고 있는 경우에도 대외 준비금이나 외국에서의 차입에 의한 안정된 평가(환율)를 유지함으로써 국내 물가수준의 갑작스러운 하락과 그에 따른 생산과 고용의 파멸적인 타격을 막을 수 있다. 국제경제와 국내 경제 사이에서 완충 역할을 하는 중앙은행제도가 존재하지 않았다면 어떤 선진국도 금본위제를 유지할 수 없었을 것이다. 중앙은행에 의한 통화관리는 금본위제가 기능하기 위한 게임의 규칙 가운데 하나였다.

폴라니에 따르면 중앙은행제도와 국민적 통화는 국제금본위제의 자동조절 작용으로부터 국민의 생활을 보호하는 역할 때문에 민족주의의 새로운 체현이 되었다. 그리고 1870년대 이후 결정적인 경제적·정치적 단위였던 '국민nation'과 국민적 통화는 끊으려야 끊을 수 없는 관계가 되었다. 국민적 통화는 다양한 보호주의라는 단단한 겉껍질의 보호를 받는 "신종 갑각류인 국민"(Polanyi 2001)의 정체성을 보여주는 대표적인 상징이 되었다.[3]

폴라니는 다음과 같이 설명한다. 보호주의운동의 세 가지 방향성 가운데 노동과 관련된 사회입법(실업수당과 노동자재해보상법 등)과 토지와 관련된 농업관세는 범위가 넓기는 해도 특정 사회계급에 관련되어 있다. 이에 비해서 화폐에 관한 보호주의, 즉 금융정책은 국민을 통일시킬 수도, 분열시킬 수도 있었는데 때때로 다양한 사회적 계급과 계층의 이해利害를 하나로 통일하고 국민적 일체성을 만들어냈다. 역사가 E. H. 카E. H. Carr가 『민족주의의 장래』(카ㅡ 2006[1945])에서 지적하고 있는 것처럼, 20세기 초까지는 19세기의 특징이었던 '두 종류의 국민'(부자와 빈민) 사이의 골이 얕아지고, 노동자도 보통선거제도나 사회입법을 통해서 하나의 국민으로 통합되었다. 폴라니가 주목한 것처럼, 통화는 이때 국민 통합에서 결정적인 역할을 했다. 다른 보호주의 정책에 비해 경제 변화에 빠르게 대응할 수 있는 금융정책은 기업가, 조직노동자, 가정주부, 농장 경영자, 아이들의 장래를 걱정하는 부모, 결혼을 학수고대하는 연인들과 같은 사회 구성원 한 사람 한 사람의 이해利害에 영향을 미쳤고, 그 영향력은 그들의 선택과 행동에 중요한 지침을 제시할 정도였다. 중앙은행이 일종의 국민적 일체성을 부여한

것이다(폴라니$_{ポランニー}$ 2001).

국제금본위제를 토대로 전개되는 세계무역과, 국제자본이동이 국내에 미치는 파괴적 영향으로부터 국민을 지키려는 보호주의 사이에 발생한 긴장은 국제 관계를 점차 악화시켰다. 1870년대부터 1914년 1차 세계대전이 발발할 때까지, 다른 국가의 국민이나 다른 지역을 희생함으로써 파괴적 영향으로 인한 고난과 재앙을 해결하려는 열강 사이의 보호주의적 또는 제국주의적 대립(무엇보다 영국과 독일의 식민지 분할 싸움)이 지속되었다. 금본위제 때문에 자국민에 대한 경제적 압력이 강해질수록 열강 사이의 제국주의적 적대 관계는 격화되었다. 독일이 보호주의화, 제국주의화된 경우를 살펴보면, 대불황$_{Long}$ $_{Depression}$ 초기인 1871년에 금본위제를 도입했는데, 대불황 말기에는 보호관세를 정비하고, 카르텔 체제를 만들고, 포괄적인 사회보험제도를 설치하고, 고압적인 식민지정책을 실시하기에 이르렀다(같은 책).

열강의 다양한 보호주의는 세계시장체제를 약화시키는 결과로 이어졌다. 한 나라의 수입관세는 다른 나라의 수출을 방해하기 때문에 이제 국가들은 어쩔 수 없이 정치적·경제적으로 힘이 약한 지역의 시장을 찾기 시작했다. 폴라니에 따르면 "경제적 제국주의"(같은 책)는 아프리카나 아시아 지역처럼 정치적인 보호를 받지 못하는 시장으로 자국의 무역을 확장하려는 열강 사이의 투쟁이었다. 또한 원료 공급 지역을 둘러싼 열강의 쟁탈전이 수출 압력을 강화하여, 정치적인 보호를 받지 못하는 지역으로 시장을 확대할 필요성은 더욱 커졌다. 때문에 각국의 정부는 저개발 지역이나 식민지에서 매매와 개발 사업에 종사하는 자국민을 보호하고 원조하게 되었다. 그 과정에서 대외 채무의 변제를 거절하는 국가나 유럽 제품과 공업 제품 원재료의 교환을 원하지 않는 식민지에는 군함을 파견하거나 군사력으로 대응하는 등 정치적 수단이 사용되었다. 시장의 자기조정기능을 손상시키는 위험에 대응한다는 명분은 쉽게 정당화되었기 때문이다.

1880년부터 1914년까지 30여 년에 걸쳐 에티오피아와 라이베리아를 제외한 아프리카 전 지역이 유럽 열강(영국, 프랑스, 벨기에, 독일, 스페인, 이탈리아, 포르투갈)의 식민지에 편입되었다(기바타木畑 2014). 이러한 열강의 행동에는 제국주의로 기울어가는 한편으로 국제금본위제의 유지를 지상명령으로 내세운다는 모순이 존재했다.[4] 이 같은 국제경제의 모순을 기반으로 전개된 열강 사이의 제국주의적 대립, 특히 식민지 분할을 둘러싼 영국과 독일의 싸움은 세력권 확대 공방전의 무대였던 발칸반도에서 발생한 오스트리아 황제의 조카 암살 사건(1914년 6월 28일)을 계기로 1차 세계대전을 일으키게 되었다. 그리고 1914년 8월 12일, 서아프리카의 독일령 토골란드에서 벌어진 영국군과 독일군의 교전으로 세계대전의 막이 올랐다. 폴라니는 1차 세계대전을 제국주의 시대 식민지 분할 경쟁의 연장전으로 이해하는 통설을 따랐다. 그러나 이 통설을 금본위제와 보호주의의 이중적 운동이라는 시점에서 재평가하는 그의 관점은 독자적이다.[5]

식민지 재분할 전쟁이었던 1차 세계대전은 영국, 프랑스, 러시아로 이루어진 연합국과 독일, 오스트리아헝가리제국이 뭉친 동맹국의 전투로 시작되었다. 이후 연합국 측에 이탈리아, 일본, 미국이 가담하고, 동맹국 측에 오스만제국이 참전함으로써 세계전쟁의 성격을 띠게 되었다. 세계대전은 연합국 측의 승리로 끝났고, 전후 처리를 위해 개최된 파리강화회의(1919년)에서 베르사유체제의 골격이 형성되었다. 당시 논의된 안건은 전쟁 이전의 금본위제 재건, 독일이 지불해야 할 거액의 전쟁배상금 관련 논의, 오스만제국의 해체, 오스트리아와 헝가리의 분리, 러시아혁명을 막기 위한 대對소련 간섭전쟁*, 식민지 지배의 수정안인 위임통치 등이었다. 베르사유체제는 시장의 자기조정을 원리로 삼는 국제금본위제의 재건을 통해서 1차 세계대전 이후의 세계경제의 안정과 각국의 번영을 되찾는 계획이었다. 그리고 그 과정에서 대소련 간섭전쟁은 중요한 위치를 차지했다.

폴라니는 이 계획을 '경제적 자유주의의 유토피아적 시도'로 파악했다. 그리고 이 시도가 1920년대부터 1930년대까지 실패했기 때문에 세계경제의 붕괴와 민주주의의 후퇴, 파시즘의 출현 그리고 2차 세계대전의 발발이라는 결과가 나타났다는 가설을 제기했다. 스피넘랜드 시대의 영국에 이어서 1차 세계대전 이후에 다시 한 번 시장유토피아의 부활을 주도한 것은 미국의 월스트리트나 런던의 금융가 시티와 같은 국제금융업계, 제네바의 국제연맹 그리고 빈의 경제적 자유주의자들이었다. 당시 금본위제에 대한 믿음은 '시대의 신념'이었다. 각국 통화를 금과 연결시키는 통화제도의 필요성은 정치적 신조를 초월한 공통 인식이 되었다. 1920년대 말 시장경제의 위기가 시작될 무렵에는 경제적 자유주의자나 우익 정치가는 물론 러시아의 레닌부터 독일이나 오스트리아의 사회민주주의자에 이르는 좌파 정치 지도자까지

---

* 러시아혁명으로 수립된 소비에트 정부를 타도하기 위해 미국, 영국, 프랑스, 일본 등 열강이 반혁명 세력을 지원하는 군대를 파견한 전쟁. 1917~1922년에 일어났다.

금본위제가 없는 세계경제는 상상조차 하지 못했다. 누구도 금본위제에서 이탈하여 통화를 관리하고 고용을 안정시킨다는 생각은 하지 못했다.

시장유토피아적 시도의 실패

1차 세계대전 이후의 베르사유체제는 19세기적 시장사회를 되찾아야 할 이상적인 사회로 설정하고 국제금본위제의 재건에 착수했다. 각국의 지도자들은 전쟁으로 인한 혼란을 수습할 유일한 해결책이 '19세기체제'로의 복귀라고 판단했다. 그들은 국제금본위제와 자유무역의 재개를 복귀의 지표로 삼고 정책적으로 중시했다.

특히 금본위제로의 복귀는 '세계 연대의 상징'으로 간주되었다. 브뤼셀, 스파(벨기에 동부의 소도시), 제네바, 런던, 로카르노, 로잔 등에서 통화안정의 정치적 조건들을 실현하기 위해서 셀 수 없을 정도로 많은 회의가 열렸다. 안정된 통화제도를 유지하기 위해 국민 생활 및 무역의 긴축정책을 실시하면서 국제금본위제를 유지하는 일은 국가의 중압으로 작용했다. 이는 오스트리아, 헝가리, 불가리아, 핀란드, 루마니아, 그리스처럼 자국 통화가 붕괴되기 직전인 국가들은 물론, 영국과 프랑스 등의 서유럽 전승국 그리고 지도적인 금본위국가인 미국 역시 마찬가지였다.

월스트리트는 미국으로부터의 차입을 통해서 독일의 전쟁배상 채무를 상업적 채무로 전환시킴으로써 배상에 유동성을 부여했다. 폴라니에 따르면 통화 문제는 월스트리트가 전개한 운동의 핵심 무대였다. 다시 말해 "제네바는 독일 재건 과정에서 후견인처럼 행동했다. 그러나 그 배후에는 금본위제의 기능을 회복시키려는 런던의 시티와 빈의 신고전파적인 순수화폐이론가의 압력이 작용하고 있었다."(Polanyi 2001).

1차 세계대전이 끝나고 1920년대에 금본위제를 재건하려는 계획이 추진되었다. 이 과정에서 시장의 자기조정원리에 의거하는 국제금본위제의 요구와 국민들을 시장의 파괴적 영향에서 지키려는 보호주의적 조치는 양립하기 어렵다는 사실이 드러난다. 1차 세계대전 이후 선거권을 획득한 각국의 노동자는 더 높은 임금과 실업수당, 질병과 노후에 대한 사회보장을 요구했다. 여기에는 러시아혁명(1917년)의 영향도 작용했다. 그러나 금본위제의 조속한 재건을 최우선 과제로 삼은 정부와 기업 경영자는 노동자계급의 요구를 받아들일 수 없었다. 당시 유럽의 주요 국가들은(패전국은 물론 전승국도) 전쟁에 따른 엄청난 규모의 지출 탓에 높은 인플레이션에 직면해 있었다. 때문에 금본위제의 요구에 따라 자국의 국민적 통화의 금평가를 안정시키기 위해서 예산 감축과 디플레이션 정책을 취할 수밖에 없었다.

국제연맹은 1920년대의 가장 중요한 과제는 통화의 회복이라는 요구에 최대한 국내 제도를 맞추는 것이라고 공표했다. 금본위제 재건을 위한 절대적 조건으로써 국민적 통화의 금평가를 유지하도록 각국에 요구했다. 국가들은 긴축재정을 할 수밖에 없었다.

폴라니에 따르면 1차 세계대전 이후의 혼란 속에서 많은 유럽 국가(오스트리아, 불가리아, 발트 3국, 핀란드, 독일, 헝가리, 유고슬라비아, 폴란드, 루마니아)에서 민주주의적 체제 또는 사회주의적 체제가 출현했다. 통화안정보다 소득과 고용의 안정을 중시한 이 체제는 국제연맹으로부터 '인플레이션주의 정부'로 비난받으며 여러 번 권고를 받았다. 그리고 몇 년 뒤, 고용 및 소득 안정과 통화안정 사이에서 딜레마에 빠진 다수의 민주주의적 체제는 정권에서 밀려났고, 그 자리는 국제연맹의 경제자유주의적 권고를 따르기로 약속한 '디플레이션주의 정부'로 대체되었다.

새롭게 정권에 취임한 디플레이션주의 정부는 '강력한 정부'라는 구호 아래 통화를 안정시키기 위한 간섭주의를 추진했다. 사회입법을 위한 간섭주의는 여론이 반대를 물리치면서까지 배격했다. 그 결과 시장경제의 파괴적 영향으로부터 국민을 보호하는 정책은 중단되었고, 노동자의 요구를 묵살하여 통화안정과 금본위제로 복귀할 수 있었다. 이로써 경제적 자유주의자들은 건전한 통화를 유지하기 위한 정책을 강경하게 추진하는 간섭주의, 다시 말해 민주주의의 완전한 부정은 아니지만 결과적으로 일종의 '비자유주의적' 자본주의 형태로의 이행을 용인하는 전례를 만들었다.

폴라니의 고찰을 정리하면, 각 국가의 내부에서는 통화안정을 위한 간섭주의와 사회입법을 위한 간섭주의라는 두 가지 간섭주의가 대립하고 있었고, 후자의 간섭주의는 배제되는 쪽으로 전개되었다. 특히 유럽의 1차 세계대전의 패전국에서 이러한 흐름이 두드러졌다. 그러나 1926년 탄광 노동자 총파업의 실패에서 볼 수 있듯이 영국도 상황은 마찬가지였다. 1920년대는 자본주의 역사상 노동자 파업이 가장 많았던 시기였다. 바로 그런 시기에 미국, 독일, 영국, 이탈리아, 프랑스와 같은 주요 국가가 통화안정을 달성하고 금본위제로 돌아간 것이다(미국:1919년, 독일:1924년, 영국:1925년, 이탈리아:1927년, 프랑스:1928년).

그러나 주요 국가들이 금본위제로 복귀했음에도 시장사회의 위기는 해결되지 않았다. 1차 세계대전 이전에는 국가 내부적으로 사회적 계급들이 관세나 사회입법에 의해 하나의 국민으로서 통합되는 상황이 존재했다. 하지만 1920년대 통화안정을 최우선으로 하는 금본위제가 재건된 후에는 그렇지 않았다. 산업계와 정부는 노동자에게 양보할 이유가 없어졌고 계급간의 전면적 대립의 시대가 시작되었다. 금본위제에 바탕을 둔 시장경제의 재건 요구와 시장경제의 파괴적 영향으로부터 사회적 보호를 원하는 민주주의적 요구 사이의 대립은 악화되었다.

재건된 금본위제 하에서 통화안정을 우선시하고 보호주의를 억제하는 정책은 노동자나 농민의 생활을 시장경제의 파괴적 영향에 직접 노출시키고 그들에게 시장경제 변동의 가혹함을 참고 견디도록 요구했다. 특히 패전국 독일의 경우는 영국과 프랑스 등 전승국에 거액의 전쟁배상금을 지불하면서 통화의 대외가치 유지에 착수했기 때문에 독일의 노동자는 전례 없는 수난을 강요받았다. 배상금을 경제(임금 및 이윤)와 국가(조세 및 사회보장급부)가 어떻게 분담할지는 국내 정치의 핵심적인 문제가 되었다. 또한 베르사유체제하의 독일의 입장에서 통화안정은 배상금 지불의 공동 책임과 함께 절대적인 의무였다. 때문에, 독일의 노동자는 고용과 소득의 불안정은 물론 임금 인하와 실업수당 삭감마저 강요당했다. 독일의 노동자는 선거권과 노동조합을 가지고 있었지만, 경제 영역에서 임금 보조를 박탈당한 신구빈법

(1834년) 이후의 영국 노동자와 비슷한 상태에 놓여 있었다. 폴라니는 당시 독일 노동자가 처한 상황을 다음과 같이 설명했다.

> 통화에 대한 공동의 책임은 바꿀 수 없는 틀을 만들었고, 기업과 정당, 산업과 국가는 그 틀 안에서 긴장하며 순응했다. 그러나 1차 세계대전 이전의 모든 국가의 사람들은 독일이 패전국으로서 인내해야만 했던 것들을 자신의 의지로, 즉 환율의 안정적 유지라는 압력에 의한 국가의 인위적 통합이라는 형태로 참고 견디어왔다. 십자가를 짊어진 이 긍지 높은 무언의 순종을 설명할 수 있는 것은 피할 수 없는 시민의 법칙들에 대하 체념뿐일 것이다.(같은 책)

시장경제의 안정과 번영을 되찾으려는 목적으로 1920년대에 재건된 금본위제는 독일 국민뿐 아니라 모든 국가의 사람들에게 '피할 수 없는 시장의 법칙들에 대한 체념'을 요구했다. 그러나 전쟁에서 돌아온 노동자의 정치적 영향력에 대항하여 사회보장비를 삭감하거나 고용을 조정하고 임금을 인하하는 경쟁적 노동시장을 실현하려고 하면 격렬한 저항에 맞닥뜨리게 된다. 안정된 통화제도를 유지하기 위해 생활과 무역의 긴축을 실시한 여러 정책들은 시장사회 내부의 긴장을 국제적으로도 국내적으로도 키워버렸다.

주요 국가들은 통화의 대외가치를 유지하기 위해 정부 지출을 억제하고 실업수당 등 사회보장비를 삭감했다. 그러나 실업률이 높은 전후 부흥기에 이러한 긴축재정 및 디플레이션 정책은 국내 수요를 줄이기만 했고, 경제성장을 방해하여 오히려 고용이나 소득을 불안정하게 만드는 결과를 초래했다. 객관적으로 보면 이러한 정책들은 경제위기를 심화시켰다.[6] 한편 노동자는 보통선거제도를 통해서 통화안정보다 고용과 소득의 안정을 중시하는 민중 정부를 만들어낼 수 있었다. 그렇게 '통화안정을 중시하는 시장경제 대 사회보장을 중시하는 민중정부' 또는 '경제자유주의적 간섭주의(디플레이션주의 정부) 대 사회주의적 간섭주의(인플레이션주의 정부)'의 대립이라는 1920년대의 정치구도가 형성되었다.

경제자유주의적 간섭주의는 노동시장, 토지 및 농산물 시장, 화폐시장과 같은 허구적 상품 시장들에 대해서는 간섭주의 정책을 가능한 배제함으로써 시장체제의 자기조정성을 회복하는 데 최대의 노력을 기울였다. 그에 비해서 사회주의적 간섭주의는 주로 식량이나 고용의 확보를 목적으로 입안된 관세와 사회입법 등을 통해 임금의 유연성이나 노동의 유동성을 감소시키려 했다. 그리고 소득에는 안정성을, 생산에는 지속성을 부여하고 국민의 자원에 공적 통제를 도입하여 가격수준의 불안정한 변동을 피하기 위한 통화관리를 지향했다(같은 책).

경제적 자유주의자들이 비난한 인플레이션주의 정부가 통화보다도 소득과 고용을 우선한 것에 비해서, 경제적 자유주의의 지원을 받은 디플레이션주의 정부는 소득과 고용의 안정보다 통화의 안정을 우선했고 이를 실현시키기 위해서 상당한 간섭을 시행했다. 경제적 자유주의가 최고조에 달했던 1920년대에는 대외 채무의 변제와 안정된 통화로의 복귀가 '정치의 합리성'을 나타내는 표식으로 여겨졌다. 통화의 안정성을 위해서라면 개인적인 고통이나 주권의 제한도 용인될 수 있다고 인식되었다.

디플레이션 때문에 직업을 잃은 사람들의 궁핍, 대가도 없이 해고된 공무원의 빈곤, 나아가서는 국민 권리의 포기 및 헌법에 규정된 자유의 상실마저도 건전한 예산과 건전한 통화, 즉 경제적 자유주의의 선험적 기본 전제의 실현을 위해서 지불되어야 할 정당한 대가로 여겨졌다.(같은 책)

통화의 대외가치를 유지하기 위한 디플레이션 정책과 긴축재정은 정부의 간섭을 통해 시장경제의 확대에 따른 경제적·사회적 고통과 동일한 결과, 즉 실업으로 인한 빈곤이나 직업상의 지위 상실을 불러왔다. 나아가 이러한 정책은 시민적 자유와 국민으로서의 권리를 포기하도록 요구하기까지 했다. 경제적 자유주의는 시장경제가 장애 없이 기능할 때는 자유주의적 국가를 주창한다. 그러나 비상사태에는 '강력한 정부'가 나서서 경제적 조정을 해줄 것을 요구한다. 민주주의의 일시적 중단도 불사하는 것이다. 1920년대의 경제적 자유주의자들이 이상으로 삼았던 '강력한 정부 체제하에서의 자유경제' 구축에 대해 폴라니는 다음과 같이 설명했다.

여기에서 '강력한 정부'는 문자 그대로 비상사태에 대처하는 권력과 시민적 자유의 중단을 의미한다. 그에 비해서 '자유경제'는 실제로는 사전적 의미와는 정반대의 의미, 즉 물가와 임금이 정부에 의해서 조정된다는 것을 의미했다(무엇보다 이 조정은 자유로운 환율과 자유로운 국내시장의 회복이라는 명확한 목적을 위해서 이루어졌다).(같은 책)

폴라니는 1920년대의 대립의 구도를 산업계와 노동자 측의 대립으로 표현했다. 산업계는 정치적 민주주의의 경제에 대한 간섭을 비판하고, 노동자 측은 민주주의를 수용하지 않는 시장경제를 비판한다. 경제 영역의 지배권을 갖고 있는 산업계와 경제적 자유주의자는 정치 영역을 지배하고 임금과 복지 지출의 삭감에 응하지 않음으로써 노동시장의 신축성을 저해하는 민중 정부에 경제 부진, 고용 불안, 인플레이션의 책임을 떠넘긴다. 한편 노동자 측은 민주적 선거에 의한 국민 대다수의 의지를 무시하는 산업계에 대해서, 지금까지 정치보다 경제를 우선하며 지나치게 가혹한 긴축정책을 시행했음에도 여전히 대규모 실업과 기업 도산이 발생하는 실태의 책임을 묻는다. 노동자 측은 민중 정부에 기대하고 산업계는 민중 정부를 혐오한다.

그러나 이러한 대립 구도는 1920년대를 지나면서 변화했다. 보통선거로 정권을 잡은, 다시 말해 노동자계급의 이해利害를 대표하는 정부는 통화안정과 고용 및 소득 안정 사이의 딜레마에 직면했다. 결국 노동자의 기대와 경제 회복에 대한 기대에 모두 부응하지 못한 정부는 정치적 지지를 잃었다. 산업계가 심각해지는 경제위기의 책임을 노동자계급의 정치적 영향력 증대로 돌리는 데 성공하자 정치적 민주주의는 대다수의 유럽 국가에서 신뢰를 잃고 패배했다. 특히 약한 통화와 거액의 채무를 안고 있던 유럽의 패전국들은 디플레이션 때문에 쇠약해졌을 뿐 아니라 1920년대 전반에는 사회주의 세력이 크게 후퇴해서 의회 민주주의를 유지하는 일도 불가능해졌다. 다시 말해 민중이 시장경제의 운명을 인내할 자유에서 도망치는 동시에 민주주의에 대한 신뢰도 잃어버린 '비상사태'가 발생한 것이다. 이러한 비상사태를 겪으며 민주주의가 약해진 국가들에서는 파시즘이 급속하게 부상

했다.[7]

　뒤에서 한 번 더 다루겠지만, 시장사회를 구성하는 두 영역인 경제와 정치가 교착 상태에 빠지자 시장경제도 정치적 민주주의도 제대로 기능하지 못했다. 시장사회의 기능은 벽에 부딪히고 최종적인 붕괴 국면에 돌입했다. 시장사회가 전면적인 기능 이상에 처한 이러한 사태는 국제연맹이나 경제적 자유주의자가 주도한 시장사회 재건 정책이 의도하지 않은 파괴적 귀결이었다.

세계경제의 붕괴와 파시즘, 뉴딜정책, 사회주의

1920년대에 금본위제는 절대적인 신뢰를 받는 '시대의 신념'이었다. 이 신념을 무너뜨린 것은 1929년 10월 24일(암흑의 목요일) 뉴욕 월스트리트를 강타한 주식 대폭락으로 시작된 대공황이었다. 1차 세계대전 이후 세계 최대의 채권국이었던 미국에서 시작된 주식 폭락은 미국에서 받은 차입으로 배상금 지불과 통화의 대외가치를 유지하고 있던 독일 경제에 파괴적인 영향을 주었고, 나아가 독일로부터 받은 배상금으로 경제 부흥을 진행하고 있던 영국과 프랑스를 경제 파탄으로 몰아넣었다. 미국의 경제공황은 세계경제공황으로 발전했다. 미국에서는 은행이 폐쇄되고 기업이 도산하면서 공업 생산이 반감했다. 물가는 약 3분의 1까지 떨어지고 1,200만 명(총인구의 약 25퍼센트)에 달하는 노동자가 일자리를 잃었다. 독일에서도 대형 은행과 다수의 유력 기업이 도산했으며 실업률은 40퍼센트가 넘었다. 프랑스나 영국에서도 공업 생산이 기존 생산량의 약 4분의 1까지 감소하고 실업률이 상승했다. 전 세계의 실업자는 약 5,000만 명에 달했다.

그때까지 영국과 미국은 금본위제가 철저히 지켜지도록 국제연맹을 통해 각국에 영향력을 행사하고 있었다. 그랬던 영국과 미국마저 세계경제의 혼란으로부터 자국 경제를 보호하기 위해 금본위제를 이탈하여 자국 통화의 관리를 시작하자 다른 국가들도 통화안정을 최우선으로 하는 경제적 자유주의의 교리에서 전환하게 되었다(같은 책). 여기서 중요한 점은 주요 국가의 금본위제 이탈이 금본위제에 의거한 시장의 자기조정을 기준으로 삼았던 종래의 세계경제의 붕괴를 의미한다는 것이다. 시장사회 최후의 버팀목이었던 국제금본위제가 무너지자 시장문명과 그 제도들(자기조정적 시장, 자유주의적 국가, 세력균형, 금본위제)도 소멸했다. 이러한 변화를 폴라니는 다음과 같이 정리했다.

긴장은 시장이라는 경제 영역에서 발생하여 정치 영역으로 퍼지고 사회 전체로 확산되었다. 세계경제가 기능하고 있는 한, 국가 내부의 긴장은 잠재적인 것에 불과했다. 그러나 마지막까지 남아 있던 세계경제제도인 금본위제가 소멸했을 때, 드디어 국가 내부의 긴장이 해방되었다. 새로운 상황에 대한 각국의 대응은 다양했지만 그것은 기본적으로 종래의 세계경제가 소멸해버린 것에 대한 대응이었다. 그리고 세계경제가 소멸했을 때, 시장문명 그 자체도 붕괴의 파도에 휩쓸려버렸다.(같은 책)

그 뒤로 각 나라는 어쩔 수 없이 세계경제의 붕괴라는 새로운 사태에 나름의 방법으로 대응하게 되었다. 폴라니는 세 가지의 다른 대응에 주목했다.

첫째로, 유럽의 많은 국가들은 통화안정을 우선시하는 1920년대의 경제자유주의적인 시장사회 개혁을 거치며 정치적 민주주의가 약화되어 대공황 때는 '파시즘 바이러스'에 저항할 만한 충분한 힘이 남아 있지 않았다. 민중도 이미 민주주의에 대한 신뢰를 잃어버린 상태였다. 파시즘은 이러한 민주주의의 위기를 거름 삼아 세력을 확대하고 유럽 대륙 대부분의 국가들(독일, 오스트리아, 이탈리아, 에스토니아, 리투아니아, 라트비아, 루마니아, 스페인, 포르투갈)에서 권력을 잡았다. 세계 경제공황의 영향이 가장 컸던 독일(약 40퍼센트의 실업률, 620만 명의 실업자)에서는 사회불안과 민주주의에 대한 불신을 배경으로 히틀러가 이끄는 나치스(정식 명칭은 국가사회주의독일노동자당)가 1933년에 정권을 잡았다. 같은 해 독일은 국제연맹에서 탈퇴하고 금본위제에서도 이탈했으며, 1935년의 재군비 선언이 보여주듯이 베르사유체제에 도전했다. 한편 국내적으로는 민주주의를 부정했고 일당독재제 아래에서 대규모 공공사업을 실시해 실업률을 급격히 감소시켰다. 폴라니가 보기에 파시즘의 근본 원인은 시장사회가 해결할 수 없는 시장경제와 민주주의의 해결하기 어려운 양립 불가능성을 본질적인 약점으로 가지고 있다는 점이었다. 파시즘은 경제위기라는 비상사태에서 표면화된 시장경제와 민주주의의 싸움에 끼어들어 시장경제의 편을 들었다. 폴라니는 파시즘을 '정치적 민주주의를 거부함으로써 시장사회의 위기에서 자본주의를 구출하는' 협동조합적 자본주의로 정의했다.[8]

둘째로, 미국이나 영국처럼 정치 영역에서 민주주의의 기능이 살아남은 국가에서는 금본위제의 중단을 기반으로 자본주의의 자유주의적 개혁이 시도되었다. 대공황에 뒤이은 세계경제위기 속에서 미국의 루스벨트 대통령은 급증한 실업자의 구제와 산업 부흥을 목표로 하는 뉴딜정책(1933~1938년)을 실시했다. 뉴딜정책은 은행과 통화의 규제(금본위제 중단), 1933년의 전국산업부흥법(공공사업과 고용 창출), 테네시 강 유역의 개발 공사와 농업조정법(과잉 생산되는 농산물의 생산량 조정), 1935년의 사회보장법(실업, 빈곤, 노후에 대해 공적 자금으로 보호)과 와그너법(노동자의 단결권, 단체교섭권 보장)과 같은 발본적이며 광범위한 사회경제 개혁이었다. 뉴딜정책은 자유방임을 철회하고 정부의 적극적인 개입을 통해서 세계경제공황을 탈출하려는 노력이었다. 폴라니는 이러한 뉴딜정책을 유럽이 오랜 세월에 걸쳐 만들어온 시장경제의 파괴적 영향으로부터 사회를 보호하기 위한 제도와 조치를 단기간에 집약적으로 도입하려는 시도이자, 경제가 정치적 민주주의에 복종하는 체제를 만드는 자본주의 개혁으로 정의했다. 폴라니는 뉴딜정책이라는 개혁을 실행할 수 있게 된 결정적인 조건으로 미국의 금본위제 이탈을 들고, 그로 인해 당시 금융시장의 지도자였던 월스트리트는 정치력을 잃었고 정부는 통화와 국내 경제의 신용에서 은행가의 의견을 전면적으로 수용할 필요가 없어졌다는 점을 강조했다. 따라서 '1930년대 월스트리트의 권위 실추'는 결과적으로 '미국을 유럽형 사회적 파국에서 구한' 셈이었다(같은 책).

한편 1925년에 금본위제로 복귀한 영국은 양자택일 문제에 직면했다. 선택지는 사회복지의 삭감과 건전통화sound currency, 복지 증대와 통화의 평가 절하(환율의 상승) 정책이었다. 1931년에 사회복지 지출을 삭감(조건 없는 실업 급여의 폐지와 수입 조사의 도입)했지만 파운드 가치는 유지되지 못했고 결국 금본위제 이탈을 결정하게 되었다. 이에 대해 폴라니는 "영국은 금본위제를 중단함으로써 복지와 자유를 비극적인 형태로 잃어버리지 않고 전환을 향해 결정적인 한걸음을 내딛었다"(같은 책)고 평가했다. 또한 프랑스판 뉴딜정책이라 불리는 1936년의 블룸 개혁에 대해서는, 금본위제 유지를 전제로 하고 정부가 통화 안정이라는 절대적인 조건에 얽매여 있었기 때문에 성공의 여지가 없었다고 분석했다(같은 책).

셋째로, 1차 세계대전 이후 시장경제체제에 대한 신뢰가 흔들리고 러시아에서 사회주의가 수립된 사건은 사람들을 사회주의로 이끄는 요인이 되었고, 이는 유럽이 사회주의적 노동자계급 정당의 역할과 지위를 높여주었다. 폴라니에 따르면 "사회주의는 자기조정적 시장을 의식적으로 민주주의 사회에 종속시킴으로써 자기조정적 시장을 극복하려는, 산업문명에 내재된 성향"(같은 책)이다. 하지만 폴라니의 정의대로라면 발달한 공업, 높은 교육과 문화적 수준, 민주주의 전통이라는 사회주의의 세 가지 전제 조건이 결여된 러시아의 사회주의 정책을 유럽 국가들에 적용하기는 힘들다. 그러나 경제적 민주주의자나 사기업 체제를 옹호하는 사람들은 자본주의의 개혁을 지향하는 유럽의 노동자계급 정당이 세계경제의 붕괴라는 긴급사태에 직면하여 사유재산제를 무시하는 등의 사회주의적 수단을 주장할 가능성이 있다는 점을 두려워했다. 폴라니는 러시아의 혁명을 프랑스혁명처럼 절대주의와 봉건적 소유를 해체한 첫 번째 혁명(1917~1924년)과 농업 집단화에 의해서 일국사회주의 수립으로 진행된 1930년 전후의 두 번째 혁명으로 구별했다. 그리고 후자를 세계경제체제의 붕괴와 세계시장이 러시아의 농산물을 흡수하지 못하는 사태에 대응한 "자급자족형 경제의 선택"이라고 평가했다(같은 책).

지금까지 설명한 것처럼, 폴라니에 따르면 1930년대 위기의 핵심은 국민들에 의해서 실시된 다양한 사회적 보호와 시장의 자기조정 원리에 기반을 둔 국제금본위제가 화해하기 어려운 상태에 놓여 있었다는 점이다. 시장의 파괴적 영향으로부터 국민을 보호하는 보호주의와 세계경제에서 발생하는 국제금본위제의 자기조정원리는 양립할 수 없었다. 이러한 갈등은 미국에서 시작된 경제공황을 계기로 세계경제를 붕괴로 이끌었다. 주요 국가들은 세계경제의 붕괴로부터 자국의 통화와 산업을 보호하기 위해서 높은 관세의 배타적인 경제블록을 만들어 대항했다. 그러나 그것은 평화가 아니라 이윤을 추구한 베르사유체제하에서 간신히 유지되고 있던 국제 협조와 군축 노선의 중단과 맞물려 더 큰 비극을 불러일으켰다. 바로 2차 세계대전이었다(Block and Somers 2014). 폴라니에 따르면, 1차 세계대전 이후에 미국 금융시장의 주도로 다시 한 번 시행된 국제금본위제는 "자기조정적 시장체제를 수립하려는 경제적 자유주의의 유토피아적인 시도"(Polanyi 2001)였다. 폴라니는 이 시도의 실패가 세계경제의 붕괴, 19세기 문명의 소멸, 파시즘의 대두, 2차 세계대전 발발의 원인이라고 분석했다.

자유도, 민주주의도, 평화도 경제체제에 종속되었다

독일 파시즘에 대한 폴라니의 정의는 『거대한 전환』을 이해하는 하나의 열쇠가 된다. 그는 독일 파시즘을 1차 세계대전 이후의 국제체제 관계 속에서 파악했다.[9] 폴라니에 따르면 금본위제라는 국제통화체제가 정치적 기능을 겸했던 시장사회에서 주권국가는 그저 허울에 불과했다. 각국 정부는 런던 시티와 뉴욕 월스트리트의 의향이나 조언을 따라서 국민의 생활을 희생해야 했다. 그것이 얼마나 견디기 힘든 요구였는지 패전국 독일만큼 절실하게 체험한 나라는 없었다.

경제적 자유주의의 교리가 미국에 의해서 보급되었다면, 파시즘 교리의 보급은 독일이 앞장섰다. 독일 파시즘의 역할은 '19세기 질서의 숨겨진 약점'을 재빨리 발견하고 기선을 제압하여 자국의 이익에 도움이 되도록 질서의 해체를 가속화히는 것이었다.

폴라니는 격변하는 시대에 국가들이 맞이할 운명을 '제도적 전환에서 국가의 역할'과 연관지어 이해하려고 했다. 독일 파시즘이 파악한 19세기 질서의 숨겨진 약점은 바로 국제적인 정치체제가 결여되었다는 점이었다. 다시 말해 시장사회에서는 조직화된 평화유지기구인 국제연맹보다 국제적 거대금융자본haute finance이 국제체제의 조정자로서 보이지 않는 권력을 휘두르고 있으며, 평화가 이익을 낳지 않는 한 강화조약의 이행에 관한 6조 조항도, 조약의 평화적 수정에 관한 19조 조항도 실행되지 않는다는 것을 독일 파시즘은 알고 있었다 (Polanyi 1937; Polanyi 2001).

폴라니는 1차 세계대전 종료부터 2차 세계대전 발발까지의 기간 동안 베르사유체제의 근간이 '자기조정적 시장'이었다는 점을 강조한다. 그것은 19세기 후반부터 여러 번 위기에 빠졌던 시장사회를 구출하려는 빈의 자유주의적 경제학자의 구상에 기반을 두고 있다. 대공황 이후의 후버 모라토리엄(1931년 6월, 미국의 후버 대통령이 경제위기에 빠진 독일을 구제하기 위해 실시한 배상 및 채무 지불의 1년 유예 조치)부터 로 잔회의(1차 세계대전의 패전국 독일이 베르사유조약의 결정으로 부담하게 된 고액의 배상금을 줄이기 위해 1932년 6월 16일부터 7월 9일까지 스위스의 로잔 에서 개최한 국제회의)의 조치는 국제 평화에 있어서는 너무나 "때 늦은 것이었다"(Polanyi 1937).

폴라니에 따르면 1차 세계대전 이후의 국제체제는 평화를 목표 로 삼지 않았다. 금융가의 의견이나 채권국 미국의 의도에 따라서 배 상 문제와 전후의 복구 절차 그리고 국제연맹 운영 방침 등의 방향이 결정되었다. 그 국제체제는 빈의 신고전파 경제학자가 브레인이 되어 재건한 일종의 '시장체제'였는데, 그것이 '정치적 기능'까지 담당하면서 중요한 결과를 초래했다. 다시 말해 금융이 중소 주권국가의 협의와 정책에 대한 강력한 조정자 역할을 했으며, '금융 및 융자의 갱신을 담 당하는 채권국이나 국제은행'이 채무국 정권의 통화와 예산에 관한 변 동의 허용 범위를 감시했다. 시장체제는 '자국의 환율을 주의 깊게 지 켜보고, 예산의 건전성을 손상시킬 수 있는 정책은 피해야 한다'고 조 언함으로써 각국의 '통화와 예산에 관한 변동의 허용 범위'를 최소한 도로 억제했다.

폴라니가 생각하기에 대부분의 국가들에게 시장체제는 결코 관 용적이고 자유로운 체제가 아니었다. 평화를 목표로 독일이 활로를 발견할 수 있는 상황을 만들어주지도 않았다. 1차 세계대전 이후 최대 의 채권국이 된 미국과 영국과 프랑스에 대부금을 변제하도록 끊임없 이 독촉했다. 이것은 결국 시장체제의 규칙을 따르고는 있지만 배상 지불의 연기를 요구하는 독일에 대한 프랑스 국민의 감정을 악화시켰고 결국에는 프랑스의 루르 지방 점령과 독일 경제의 파탄을 불러일으켰다. 미국은 유럽의 금융시장이 파탄에 이를 때까지 전쟁 복구를 위한 새로운 융자를 쏟아부어 막대한 부를 얻을 계획이었는데, 그것이 세계경제 붕괴의 주요 원인이 되어버렸다(Polanyi 1979[1933]).

또한 국제연맹은 독일이나 패전국의 배상 문제를 금융가의 요구대로 처리하는 매개체에 불과했다. 대공황은 변제 능력을 훨씬 초과한 융자를 쏟아부은 미국에 타격을 주었는데, 그러자 미국은 가장 먼저 금본위제에서 이탈했다. 한편 독일은 국제연맹의 무력화와 채무불이행에 착수했다. 이러한 세계경제체제의 세력균형의 파단은 소비에트를 일국 자급자족과 농업 집단화로 이끌었고, 그 과정에서 소비에트의 민주주의적 가능성은 자취를 감추었다. 폴라니에 따르면 세계경제의 붕괴가 세계전쟁의 국면으로 전개된 것은 결코 우연이 아니었다. 시장사회에서는 국제 평화도 경제체제에 종속되어 있었다. 따라서 "세력균형체제는 일단 그것을 뒷받침하는 세계경제가 기능하지 않게 되자 더 이상 평화를 확보할 수 없게 된" 것이다(Polanyi 2001).

시장체제의 목적은 이익을 창출하여 국제 평화에 봉사하려는 것이 아니다. 폴라니는 시장체제가 위기에 처하고 채권국과 채무국의 관계가 단절되자 평화가 자취를 감춘 것은 당연한 결과였다고 말한다. 1930년대 오스트리아에서는 헌법 개정 이후에 곧바로 의회가 봉쇄되었다. 이탈리아에서는 무솔리니가, 독일에서는 히틀러가 정권을 장악하는 사태가 발생했다. 러시아에서는 농업이 강제적으로 집단화되어 민주주의가 존재하지 않는 일국사회주의 노선으로 전환되었다.

영국에서는 정부의 주도로 복지국가를 향한 준비가 진행되었고, 미국 역시 정부의 주도로 뉴딜정책이 시도되었다. 폴라니는 1차 세계대전 이후 미국의 외교적 태도에 가차 없는 평가를 내리고 있지만, 뉴딜정책에 대해서는 시장경제를 민주정치에 종속시키는 획기적인 시도라며 높게 평가했다.

1930년대는 국가가 처한 각각의 제약 상황을 반영한 결과로 협동조합주의corporatism의 다양한 형태가 출현했다.[10] 이러한 움직임의 공통점으로 노동, 토지, 화폐의 '탈시장화' 그리고 1920년대 베르사유체제로부터의 전환을 들 수 있었다. 1차 세계대전 이후에 통화를 우선하는 유럽의 경제재건정책이 시행되는 과정에서 국민의 고용과 통화를 지키지 못했던 국가들로부터 파시즘의 바이러스가 퍼져나갔다. 폴라니의 분석에 따르면 민주주의와 의회주의가 급속하게 약화된 독일과 오스트리아 같은 국가들은 경제적으로도 정치적으로도 궁지에 몰려 있었기 때문에, 중심 국가인 영국이나 미국과는 달리 파시즘의 참극을 피할 수 없었다.

폴라니는 『거대한 전환』에서 평화를 위해 국제연맹이 권한을 행사할 기회를 부여하지 않은 베르사유체제의 부작위不作爲(파시즘에 힘을 부여했다[11])를 고발하고, 베르사유체제의 원형이 된 시장사회와 그것을 뒷받침하는 경제적 자유주의 사상을 비판적으로 검토했다. 자유도, 민주주의도, 평화도 경제체제에 종속되어 있었다는 사실이 시장사회의 붕괴와 함께 분명해졌다.

시장사회의 위기 속에서 민주주의와 자유는 어떻게 무너졌는가

폴라니가 『거대한 전환』을 준비하면서 쓴 원고 가운데 하나인 「파시즘의 바이러스」(Polanyi 2012)에서 지적한 것처럼, 시장경제의 자기조정적 법칙을 믿는 사람들이 보기에 시장사회에서 일반 노동자의 선거권을 인정하는 것은 지극히 위험한 일이었다. 그 불안은 현실이 되었다. 시장사회는 1834년 신구빈법 이후 약 반세기가 지난 1870년대에 보통선거제도를 마지못해 도입하면서 전환점을 맞이했다. 앞에서 이미 설명한 것처럼 보통선거제도를 도입한 이후, 시장사회의 긴장은 계속 증대되어 시장체제는 여러 차례 위기를 겪었다. 폴라니에 따르면 '시장경제와 민주주의의 딜레마'는 탄생부터 붕괴에 이르기까지 시장사회를 따라다닌 근원적인 문제이며, 시장체제에 대한 민주주의의 개입은 시장사회의 아킬레스건이었다.

시장경제와 민주주의의 딜레마는 1929년의 대공황 이후, 자본가가 실권을 장악한 경제 영역과, 노동자의 이해利害를 대표하는 정당이 영향력을 갖는 정치 영역의 파국적인 대립으로 전개되었다. 폴라니는 1930년대의 세계적인 경제위기를 향한 불만이 정치적 민주주의로 쏠린 것에 착안해 「오스트리아 경제」에 실린 1931년의 논고 「경제와 민주주의」에 다음과 같이 적었다.

경제와 정치 사이에는 큰 골이 있다. 이것이 시대의 진단이다. 사회생활의 두 가지 형태인 경제와 정치가 자립하여 끊임없이 서로 싸우고 있다. 경제와 정치는 경제적 계급과 정당이 그들의 이해利害 대립을 표현하는

상투적 문구가 되었다. 〔중략〕 경제와 정치 사이의 기능 이상은 파국적인 대립으로까지 전개된다. 경제에 영향을 미치는 힘이 정치적 민주주의의 영역에서 나타나 경제를 혼란시키고 방해한다. 경제는 무책임하고 비현실적인 반경제주의를 형상화한다고 간주되는 민주주의에 전면적 공격을 가하며 반격한다. 〔중략〕 경제는 입법의 무능력, 정부나 국제연맹의 제한 없는 위기, 정당체제의 변질은 물론이고 가격과 생산과 소비의 불가피한 하락, 또는 기업의 도산과 대중의 비극인 실업의 불가피한 증대에 대한 책임까지 전부 민주주의에 떠넘겼다.(폴라니ポラン =- 2012[1932])

인플레이션주의, 보조금주의, 보호주의, 노동조합주의, 통화정책의 실패와 같은 다양한 비난이 민주주의 측에 쏟아졌다. 폴라니는 민주정치가 시장경제의 원활한 체제 유지에 방해가 된다는 견해가 여론에서 영향력을 획득한 것이 파시즘의 기반을 다졌다고 파악했다.

파시즘은 민주주의에 의해서 만들어진 경제정책이 노동자의 기대에서 벗어난 것을 에너지로 삼아 한순간에 성장한다. 정치나 정당이나 의회는 의심을 받게 된다. 민주주의의 신뢰는 땅에 떨어졌다. 대중은 좌익과 우익 모두 민주주의와 대립하게 된다.(같은 책)

이쯤에서 왜 많은 사람들이 민주주의를 신뢰하기는커녕 싫어하게 되었는지 폴라니의 이중적 운동론을 바탕으로 다시 한 번 생각해보자. 시장경제의 확대와 그로 인한 파괴적 영향, 예를 들어 이웃 간의 비계약적이고 호혜적인 사회관계의 해체, 고용의 불안정, 기능 자격과 직업 등의 사회적 지위 저하, 자연환경의 파괴 등에 의해 경제적 고통과 참화를 가장 많이 겪는 것은 광범위한 민중이다. 민주주의가 이러한 시장경제의 파괴적 영향에서 민중을 보호하기 위해 노력하고, 순조롭게 그 목표를 달성한다면 민중의 지지를 얻어 민주적 제도를 유지할 수 있다. 남성 노동자가 선거권을 획득한 1870년대부터 1920년대까지, 민주주의는 금본위제하에서 세계경제의 파괴적 영향으로부터 민중을 수호하는 역할을 해왔다. 그러나 1920년대의 금본위제 재건이라는 시장유토피아적인 시도 속에서, 금본위제의 재건을 위한 통화안 정지상주의와 민중의 생활 재건을 요구하는 정치적 민주주의가 내립하게 되었다. 그리고 1930년대 세계경제위기 때에는 경제와 정치 사이에 타협의 여지가 사라져버렸다. 때문에 민주주의는 버려지고 결과적으로 파시즘의 대두가 용인되었다.

시장사회에서 민주주의는 시장경제로부터 민중을 보호할 때 비로소 존재 의의를 가질 수 있다. 또한 민주주의가 시장사회의 위기에 효과적으로 대응하기 위해서는 경제에 대한 새로운 지식이 필요하다. 19세기 시장사회와 그것을 뒷받침하는 제도는 왜 위기 상황에 직면했는가? 위기를 타파하기 위한 경제의 이상적인 형태는 무엇인가? 폴라니는 이러한 문제에 대한 새로운 경제 지식을 갖추는 일이 민주주의에 반드시 필요하다고 생각했다. 그는 「경제와 민주주의」에서 민주주의를 구원할 수 있는 것은 오직 "경제적 교양과 정치적 교양을 갖춘 새로운 민중 문화"뿐이라고 지적하고, 경제적 교양에 대해서 다음과 같이 설명했다.

설득력 있고 알기 쉬운 방법으로 광범위한 사람들의 하급 지도자들을 〔중략〕 경제적 교양이 몸에 배도록 교육할 수 있다면, 〔중략〕 민주주의가 취하고 있는 대책의 대부분은 자연히 사라지게 될 것이다. 근대적 민주주의를 방해하고 있는 것은 근대적 경제생활의 조건과 기본 법칙에 대한 지식의 결여이다. 이제 낡은 지식만으로는 부족하다. 맞닥뜨리고 있는 문제가 새롭기 때문이다. 전후 세대에게 주어진 통화제도는 새롭다. 지속되는 대량 실업도 새롭다. 전쟁에서 발생한 계획경제의 시작도 새롭다. 우리 세대에게는 기술과 경영의 산업혁명 경험도 새롭다. 〔중략〕 이론경제학은 대부분 통화제도, 경기, 공황, 합리화 등의 적용에 있어서 완전히 새로운 학문이다(가장 중요한 저서는 전후에 나타났다). 그리고 새로운 지식은 아직 새로운 교양이 되지 않았다! 일, 생활, 일상적인 날들의 의미를 민중에게 규명하는 데 도움이 되고 나서 비로소 지식은 교양이 된다.(같은 책)

경제 위기에서의 긴축재정이 경제와 고용에 파괴적 영향을 준다는 경제적 교양은 아직 보통 사람들에게 공유되지 않고 있었다.

위기의 원인을
반자유주의에 전가하다

경제적 자유주의는 노동, 복지, 금융, 환경 영역 등 사회의 구석구석까지 시장체제를 확산시켜서 효율적으로 사회를 지배하고 관리하는 상력한 국가권력을 지지하는 철학이다. 경제적 자유주의는 노동, 금융, 복지, 형무소, 교육, 의료, 환경, 안전보장, 에너지, 방위 등의 사회 영역에서, 시장체제가 순조롭게 기능하도록 국가가 시장의 도입과 유지 및 관리를 수행하여 무한한 경제성장의 원천을 확보함으로써 국민들의 부와 고용, 자유와 평화를 최대로 얻을 수 있다고 주장한다.

경제적 자유주의는 자기조정적 시장경제라는 유토피아적 이념부터 여론 조작처럼 지극히 실질적인 기법까지 폭넓은 성격을 지닌 복합체이며 시대에 따라 다양하게 변주되기도 한다. 그러나 경제적 자유주의에는 변하지 않는 점도 있다. 인간의 자유를 시장경제의 변화에 대한 능동적 대응으로 간주하고 그러한 자유를 방해하는 권력과 강제력을 인간의 소망과 의지로 제거할 수 있다고 믿는다는 점, 그리고 사회의 자기보호 및 민주주의를 시장경제의 비용으로 생각한다는 점이다. 폴라니는 인간의 자유에 대한 그러한 사고방식, 즉 시장경제

의 기준으로 민주주의나 사회의 가능성을 평가하는 견해에 근본적인
의문을 제기했다.

리프먼의 『좋은 사회』와 신자유주의의 탄생

2장에서 살펴본 것처럼 폴라니에 따르면, 산업혁명기의 스피넘랜드
시대라고 불리는 1795년부터 1834년까지 약 40년 동안, 급격한 시장화
와 기계화가 진행되면서 방대한 규모의 빈곤자, 실업자, 유랑자가 양
산되었다. 과거 그들을 굶주림으로부터 보호해준 것은 공동체의 책임
과 윤리적 규범이었다. 이것들을 대체하는 윤리로 타운센드나 멜서스
의 경제적 자유주의 교리가 탄생하고 여론으로 침투했다. 이 교리는
거대한 경제적 변화에 동반되는 고난과 비참함을 극복하기 위해서는
정부의 복지정책에 의존하지 말고 자력으로 대응해야 한다고 주장한
다. 산업혁명기 영국 자본주의는 세계 최초로 자기조정적 시장 원리
를 바탕으로 사회를 조직하는 유토피아적 프로그램을 만들어냈다는
점에서 혁신적이었다. 또한 가격체제에 의한 조정과 복지 의존에서의
탈출을 주장하는 경제적 자유주의를 성공적으로 여론화함으로써 선
진국들이 강력히 추진해야 할 보다 완전한 시장사회라는 목표를 제시
했다는 점도 주목할 가치가 있다.
　1차 세계대전 이후 1920년대와 1930년대에는 시장경제가 다시
한 번 위기에 처하자 대중들은 자유주의에서 반자유주의(집산주의)로
선회했다. 경제적 자유주의는 가격체제의 원활한 조정과 복지 의존에

서 벗어나는 것의 중요성을 다시 한 번 여론화할 필요가 있었다. 미제스, 리프먼, 하이에크 등 경제적 자유주의자는 인플레이션과 실업 및 재정규율의 악화와 같은 경제적 실패의 책임을 노동시장에 대한 국가의 개입주의(실업수당의 제도화, 노동조합의 요구에 따른 임금 인상)로 떠넘기는 수법으로 여론과 정책 결정에 대한 영향력을 획득했다. 미제스는 1938년에 리프먼 심포지엄에서 "대규모의 지속적인 현상으로서의 실업은 임금을 노동시장에서 발생하는 수준보다 임금을 높이려는 정책의 결과이다. 이 정책을 포기하면 실업자 수가 빠르게 감소한다"(Audier 2012)고 말했다. 이것이 바로 경제적 자유주의자들이 노동시장에 대한 개입을 비판하는 근거였다.

경제적 자유주의자들은 금본위제가 초래한 세계경제의 파괴적인 영향으로 인한 고용불안에서 노동자를 보호하는 실업수당도 비판했다. 비판의 근거는 "실업보험제도가 존재할 경우, 실업 리스크가 가장 큰 산업에도 다른 산업과 같은 금액의 실업수당이 지급되기 때문에 노동 이동이 일어나지 않는다. 그렇게 되면 이 산업 부문에 대한 노동 공급이 과도하게 증가하고 대량의 실업자가 발생한다"(같은 책)는 것이었다. 폴라니는 "실업수당이 지급되는 한, 실업은 없어지지 않는다"고 주장하는 미제스의 의견을 소개했다(Polanyi 2001). 미제스는 국가의 경제적 개입은 노동자의 상태를 개선한다는 본래의 목적과는 반대로 노동자의 상태를 악화시키는 결과를 초래할 뿐이라는 경제적 자유주의의 논법(스피넘랜드 비판과 동일한 형태의 역전적 명제)을 전개했다. 1920년대와 1930년대에 경제적 자유주의는 '실업은 노동시장의 불균형 상태이며, 경제 균형은 가격(임금)의 변동에 의해서 유지된다'는 시장원리주의로 돌아갔다. 시장경제가 기능 이상에 빠진 책임을 사회의 자기보호 측에 전가하면서, 경제위기의 타개책을 가격체제의 철저한 기능 회복에서 찾았다.

　　1920년대는 각국 정부와 국민들이 도달해야 할 최고의 목표가 금본위제의 부활과 통화의 안정이었고, 경제적 자유주의의 권위와 신망이 최고조에 달했다. 그러나 1929년에 세계경제공황이 시작되고 미국과 영국이 금본위제에서 이탈하면서 시장경제도 결국 시장사회를 다시 일으켜 세우지 못했음이 분명해졌다. 폴라니가 반복해서 지적하고 있는 것은 경제적 자유주의자들은 금본위제의 재건에 의한 시장사회의 재생이라는 유토피아적 기획의 실패를 절대로 인정하지 않는다는 점이다. 오히려 그들은 세계경제의 붕괴에 대해서, '반자유주의의 음모'(스펜서)로 시장체제에 대한 중대한 간섭이 발생했기 때문에 시장이 마비되고 사회가 붕괴 위기에 몰렸다고 주장했다. 경제적 자유주의자들은 폴라니가 제시하는 사회보호 원리의 정당성을 인정하지 않은 채, 대항운동에서 출현한 19세기 후반의 다양한 집산주의적 해결법(공장법, 사회보장, 자치단체사업, 보험서비스, 관세, 장려금, 보조금, 카르텔, 트러스트, 이주·자본 이동·수입의 금지 조치 등)이 시장의 자기조정기능을 방해하는 악의 근원이라고 단정지었다. 그리고 민주주의에 의거한 이러한 집산주의적 개혁을 계획하는 지식인, 단체, 정당을 파시즘이나 러시아 사회주의와 같은 계열로 분류하고 맹렬하게 비난했다.

　　그중에서도 미국의 저명한 저널리스트 리프먼은 당시의 세계적인 베스트셀러『좋은 사회』(1937)에서 20세기의 새로운 보호주의에 대한 경제적 자유주의의 반응을 대표하는 의견을 개진했다. 그는 1860

년대 말 이후로 영국 여론이 자유주의적 경향에서 반자유주의(집산주의)적 경향으로 바뀐 역사적 사실에 주목했고, 집산주의에 의한 지배의 위험성을 경고하는 헌법학자 다이시의 『법률과 여론』을 근거로 자유주의의 입장에서 집산주의적 경향을 비판했다. 다이시는 영국의 노령연금법(1908년)을 비판하면서, 굶주림이라는 노동 동기를 약화시킨다는 점에서 "이것은 기본적으로 빈곤자에 대한 새로운 형태의 원외 구제에 불과하다"(다이시ﾀﾞｲｼｰ 1972[1914])고 말했다. 리프먼도 『좋은 사회』에서 다양한 집산주의적 경향을 예로 들면서, 사회정책인 실업보험이나 노동조합에 단체교섭권을 부여하고 임금 인상을 제도화하는 것은 특정 압력단체의 이해를 실현한 것에 불과하며 결과적으로 실업의 증가처럼 노동자의 상태를 전체적으로 악화시킬 것이라고 비판했다.

리프먼은 19세기의 자유주의적 국가와 자유방임정책이 시장경제와 기술의 변화에 대응하는 법적 체제나 사회적 질서의 변화를 만들어 내지 못했다고 자유방임주의의 실패를 인정했다. 나아가 그는 영국의 자유주의적 개혁과 미국의 뉴딜정책을 포함한 20세기의 보호주의적 조치를 '점진적인 집산주의'로 분류했다. 그리고 민주적이고 점진적인 집산주의적 개혁도 결국 복잡한 상호의존적 관계인 분업 관계를 조정할 수 있는 유일한 원리인 시장경제(가격체제)의 부정으로 귀결되며 권력주의적이고 전체주의적인 국가에 의한 경제 조정을 지향한다는 점에서 러시아 공산주의의 계획경제나 독일, 이탈리아, 일본의 파시즘과 다르지 않다고 단정했다. 리프먼은 이처럼 세계적인 규모로 확산되는 집산주의가 세계전쟁을 일으킬 것이라고 주장했다(Lippmann 2004[1937]).

폴라니는 『거대한 전환』을 집필할 당시에 리프먼의 『좋은 사회』

를 읽고 책 속에 스펜서의 '간섭주의 리스트'나 다이시의 '집산주의적 입법'이 등장하는 것을 알게 되었다. 폴라니는 반자유주의의 음모론이라는 논법이 경제 파탄과 파시즘, 전쟁을 포함한 시장사회의 위기 등 20세기 전반의 모든 해악에 대한 책임을 자유주의에 대항하여 출현한 집산주의에 성공적으로 떠넘기고 영국과 미국, 프랑스에서 여론의 지지를 얻는 모습을 목격했다. 이 논법은 2차 세계대전을 자유를 위한 전쟁으로 정의하고, 시장사회를 변호하는 자유주의 측의 근거가 되었다. 그러나 자기조정적 시장에 의거해 사회를 구축하려는 유토피아적인 시도는 사회에 파괴적 영향을 초래할 뿐이다. 『거대한 전환』은 그러한 파괴적 영향으로부터 사회를 보호할 필요성을 부정하는 경제적 자유주의자의 논법을 봉쇄하기 위한 지적 격투의 결정체이다.

리프먼의 『좋은 사회』 프랑스어판 간행을 기념하는 리프먼 심포지엄이 1938년 8월 26일부터 닷새에 걸쳐 프랑스 파리에서 열렸다. 미국의 리프먼, 오스트리아학파의 미제스와 하이에크, 프랑스의 자크 뤼에프Jacques Rueff와 루이 루지에Louis Rougier, 독일의 빌헬름 뢰프케Wilhelm Röpke와 알렉산더 뤼스토우Alexander Ruestow, 그리고 폴라니의 동생이자 영국에 거주하는 철학자인 마이클 폴라니 등 스물여섯 명의 학자가 참가하여 자유주의가 쇠퇴한 이유와 자유주의 재생을 주제로 토론을 펼쳤다.

이 심포지엄에서는 가격체제를 기반으로 하는 시장경제가 실행 가능한 유일한 경제체제라는 공통의 인식을 바탕으로, 가격메커니즘과 양립할 수 있는 국가 개입의 형태는 무엇인지, 자유주의적 국가가 충족해야 할 조건은 무엇인지, 전쟁으로 향하는 세계를 평화를 향한 세계로 전환시키는 방법은 무엇인지 등 자유주의 재생을 위한 연구 과제들을 다루었다. 그러나 실업 등의 사회문제에 대해서는 참가자들의 의견이 엇갈렸다. 예를 들어 미제스와 하이에크는 실업의 원인을 노동시장에 대한 국가 개입에서 찾았고, 뤼에프와 리프먼은 가격시스템을 침해하지 않는 개입 형태(예를 들어 교육)를 고려했으며, 리프케와 뤼스토우는 대중의 불만이 임금 인상으로는 해결되지 않는다고 강조하고 '삶'의 전체성을 회복하는 정책이 필요함을 역설했다. 또한 자유주의의 재생을 기획하는 새로운 사상 집단을 둘러싼 논의도 이루어졌지만 합의점을 찾지는 못했다. 다음 해인 1939년 리프먼 심포지엄으로 시작된 자유주의 재생을 위한 국제적 사상 조류의 참가자는 자신들의 입장을 "신자유주의"라 칭했다. 그러나 그 안에는 다양한 사상적 갈래가 포함되어 있었다(곤조權上 2006).

폴라니는 리프먼 심포지엄이나 그곳에서 논의된 내용에 대해서 언급한 적이 없다. 그러나 동생 마이클이 참가한 이 심포지엄에 대해서 잘 알고 있었을 것이다. 그렇기 때문에 폴라니는 『거대한 전환』에서 미제스와 함께 리프먼을 20세기 경제적 자유주의자의 전형으로 묘사하며 비판의 대상으로 삼았을 것이다. 리프먼 심포지엄에서 제기된 자유주의 재생이라는 과제는 하이에크가 주최한 몽펠랑회의로 계승되었다.

'붉은 빈'을 둘러싼 해석의 대립

1차 세계대전이 끝나자 신생 오스트리아는 금본위제의 재건이라는 국제적 합의에 따라 통화안정 정책을 강요당했고, 인플레이션과 실업 증가와 재정 적자라는 세 가지 난제를 안고 곤경에 처해 있었다. 그러나 수도 빈만은 "붉은 빈"으로 불리는 자치체사회민주당 시정하에서 복지, 고용, 재정, 교육, 문화 영역의 주목할 만한 개혁과 성과를 이루어냈다(다구치 2008). 예를 들어 사회정책에 있어서는 1919년 당시 총선거에서 제1당이 된 사회민주당이 중앙정부의 주도권을 장악했다. 노동부 장관에 취임한 하누슈가 8시간 노동제, 최저 1주일의 유급휴가 도입, 공적인 노동소개소, 노령연금 확대, 실업보험과 질병보험 제도화, 노사단체협약 도입 등 최첨단의 정책을 실행에 옮겼다.

사회민주당이 주도한 빈의 시정에서 특히 주목할 부분은 독자적인 재정 개혁이다. 빈은 1차 세계대전 이전의 차관, 전쟁 수행 비용, 전쟁배상, 실업이나 열악한 주거 환경과 같은 종전 이후의 과제에 들어가는 비용 때문에 파산 상태에 놓여 있었다. 재정 개혁의 책임자가 된 브라이트너는 시의 재정을 재건하기 위해서 빈이 시市에서 주州로 승격하면서 얻은 과세권을 이용했다. 시의 자주재원이 될 세 가지의 새로운 세금, 즉 사치세, 소득세, 주택건설세를 신설하고 부유층에는 더 많은 세금을 징수하는 누진과세방식을 효과적으로 도입한 것이다. 사치세로 사치품(경마, 무도회, 술집, 애완동물 등)에 누진세를 적용하는 한편, 생활필수품에 대한 과세를 폐지하고 일반 임금 생활자에게 4퍼센트, 금융기관 근무자에게 6퍼센트의 소득세를 적용했다. 또한 시영주택과세는 목적세로 부유층(가사도우미를 두 명 이상 고용한 가정)에서 세액 전체의 45퍼센트를 징수했다. 브라이트너의 재정 개혁 덕분에 시의 재정은 건전해졌고, 자치체사회주의적인 사회 개혁을 위한 재원도 확보되었다.

　그중에서도 가장 중심적인 복지 개혁은 '자기 책임과 자선에서 사회복지로의 이행'이라는 원칙에 따라 이루어졌다. 예를 들면 수입을 잃은 가정에 대한 소득 보장, 시립 병원의 확충, 열악한 주거 환경의 개선 등에 의한 결핵 대책, 각종 건강진단, 스포츠 시설과 노동자를 위한 보육원과 아동복지시설 등의 설립, 초등학교에서의 양치질 교육 등이 있다. 그리고 교육개혁은 민주주의와 사회주의를 책임지는 '새로운 인간'의 육성이라는 목표 아래, 초등교육 중시, 30인 학급제, 교원 재교육 기관, 시민 대학, 비영리단체인 민중교육협회 설립 등에 착수했다. 또한 주택 개혁에서는 큰 격차의 누진세를 징수하는 주택건실세의 노입으로 재원을 확보하고, 1923년부터 내전으로 사회민주당 시정이 붕괴하는 1934년까지 6만 1,175가구의 집합 주택을 건설했다. 주택에는 가사의 합리화, 위생, 공동생활, 문화 중시라는 관점에서 수도, 가스, 전기가 부설되었고(1차 세계대전 이전에는 수도 시설이 없는 가구가 95퍼센트, 화장실이 없는 가구는 92퍼센트였다), 공동 세탁장, 공동 목욕탕, 공동 정원, 보육원, 도서관, 수영장, 체육실, 영화관, 생협 매장, 어머니 상담소 등도 설치되었다. 사회민주당 시정에 의해서 건설된 거대한 집합 주택(건물의 벽면에 '계몽', '자유', '복지', '신체문화'라는 빈 사회민주당의 이상을 상징하는 네 개의 조각상이 설치된 '카를 마르크스 호프'가 가장 유명하다)은 붉은 빈이 이루어낸 사회혁명의 성과를 단적으로 보여준다.

　경제적 자유주의자 미제스는 이러한 빈의 주택정책이나 노동자 보호정책을 악명 높은 영국 스피넘랜드의 재래라며 비판했다. 스피넘랜드에 빗대어 사회민주당 시정에 의한 사회 개혁을 비난하는 논법은

1차 세계대전 이후에 여론에 시장체제 재건을 호소하는 데 대단히 효과적이었다. 스피넘랜드 시대의 구빈법 논쟁을 20세기의 여론에 상기시키는 경제적 자유주의자들의 이와 같은 전략은 사회정책의 영역부터 클래펌과 그 학파의 산업혁명사 연구[12]를 비롯한 경제사의 영역까지 폭넓은 분야에서 활발하게 전개되었다. 폴라니는 경제적 자유주의자들이 통화의 안정은 국제 평화에 공헌한다고 확신했던 점, 나아가 스피넘랜드 시대의 보호주의는 노동시장의 신축성을 저해하는 나쁜 간섭주의이며 스피넘랜드 체제는 시장경제의 발전에 있어서 '악몽'이었다는 영국인의 집단적 기억을 20세기의 여론 형성에 전략적으로 이용한 점에 주목했다.

　개인적 기아가 없는 사회를 제도화하는 복지국가와 사회주의에 대한 요구를 꺾을 수 있도록 자신의 논리를 정당화하기 위해서, 경제적 자유주의자들은 경쟁적인 시장체제가 유일하고 타당한 해결책이라는 점을 반복해서 논증할 필요가 있었다. 그들은 정부와 노동조합의 정책이 노동생산성과는 균형이 맞지 않는 임금수준의 유지를 요구하고 있다고 거듭 주장했다. 대표적인 논객인 미제스는 자기조정적 시장의 작용에서 시장의 유연성이 얼마나 중요한지에 대해 꾸준히 설명했다. 만약 노동자가 노동조합으로 행동하지 않고, 자신들의 주장을 철회하고, 노동시장의 요구에 따라 거주지와 직종을 바꾸면 언젠가 일자리를 찾을 수 있다는 것이다. 그에 따르면 인간은 변화에 적응해서 새로운 직업을 발견하거나(노동의 이동) 임금의 신축성을 따르지 않는다면 기아를 선택해야만 한다. 미제스와 같은 경제적 자유주의자들은 경쟁적 노동시장의 조정은 이런 상황에서 원활하게 이루어진다고 주장했다. 이들에게 '파업에 의해 임금을 결정하는 방법'은 용인할 수 없는 것이다. 또한 그들은 노동운동의 정당한 교섭 수단이어야 할 파업은 사회적으로 유용한 일에 대한 불합리한 방해이며, 궁극적으로는 임금의 원천인 사회적 배당을 감소시킨다고 주장했다(Polanyi 2001).

앞에서도 이야기했지만, 경제적 자유주의가 가진 힘의 원천은 경제적 노동시장의 유연성을 약화시키는 대상에게 다양한 경제적 부조화의 책임을 논리적으로 떠넘길 수 있다는 데에 있다. 경제적 자유주의자는 사회의 자기보호에 대해서도, 민주주의적인 시장 개입에 대해서도 정당한 근거가 있다고 인정하지 않는다. 시장의 자기조정 작용이 인간의 지혜를 초월한 유일한 해결책이리고 가정하는 한, 그 움직임을 둔화시키고 약화시킬 수 있는 모든 행위는 위협이며 해악일 수밖에 없기 때문이다. 그들은 붉은 빈의 민주주의적인 사회 개혁을 시장경제에 대한 가장 심각한 수준의 '악'이라고 비난했다. 유연성에 대한 미제스의 주장은 대공황 이후 1930년대에 여론의 지지를 잃었다. 그러나 폴라니는 스피넘랜드 시대의 구빈법 비판을 현대적으로 되살려 한 번이라도 여론으로 침투시킬 수 있다면, 미제스와 같은 주장은 다양하게 모습을 바꿔서 언제 어디에서든 되살아날 수 있다고 확신했다. 경제적 자유주의의 힘을 봉인하기 위해서는 미제스가 상기시킨 '스피넘랜드의 악몽'을 경제적 교양으로 삼아서는 안 된다. 이런 인식이 바로 폴라니가 『거대한 전환』에서 리카도 시대 영국의 구빈법 논쟁을 상세히 다룬 이유일 것이다.

폴라니는 『거대한 전환』의 마지막에 덧붙인 「문헌에 관한 주해」에서 스피넘랜드와 붉은 빈을 이렇게 비교했다. "스피넘랜드 제도가 시장경제의 도래를 저지하는 시도였다면, 붉은 빈은 시장경제를 초월하는 시도였다". 또한 그는 스피넘랜드와 붉은 빈을 동일시하는 경제적 자유주의의 논법을 비판하고, 1918년에 시작된 빈의 자치체사회주의를 다음과 같이 높이 평가했다. "빈체제의 보호를 받은 공업노동자 계급은 심각한 경제적 혼란의 비속한 영향에 맞서 어떤 산업사회의 인민대중도 지금껏 이르지 못한 높은 수준에 도달했다". 폴라니에게 있어서 붉은 빈은 시장사회(자유주의적 자본주의)를 초월하는 시도이자, 경제를 민주적 정치에 복속시키는 체제에 대한 단서였다(같은 책). 그러나 지금까지 사상가나 정치적 지도자가 붉은 빈이 시도한 획기적인 사회혁명과 그 역사적인 의미에 대해서 언급하는 일은 거의 없었다. 폴라니 연구자나 사회민주주의자에 의해서 단편적으로 전해졌을 뿐이었다. 붉은 빈은 사회운동의 역사에서도, 경제학의 역사에서도, 또한 민중의 경제적·정치적 교양에서도 오랜 시간 잊혀져 있었다.

시장유토피아의 치명적인 실패가 위기를 초래했다

빈 시절에 폴라니가 「오스트리아 경제」의 부편집장으로 가지고 있던 견해이며 『거대한 전환』의 기조이기도 한 주장에 따르면, 세계경제공황과 뒤이은 1930년대의 경제적·정치적 위기의 파시즘적 해석 그리고 프랑스, 네덜란드, 스칸디나비아 국가들을 제외한 대부분의 유럽 대륙 국가들에서 일어난 민주주의 붕괴의 궁극적인 원인은 19세기적 시장경제체제를 1차 세계대전 이후에 재건하려고 한 경제적 자유주의의 유토피아적 시도였다(Polanyi-Levitt 2013). 폴라니는 『거대한 전환』에서 유럽 대륙의 정치적·경제적 대변동과 정치적 긴장의 누적이 이러한 시장유토피아적인 시도 때문에 발생했다고 여러 차례 지적했다. 1930년대의 대변동과 2차 세계대전으로 끝나는 비극적인 전개는 경제적 자유주의자(시장경제 지지자)들이 시장유토피아를 시도한 결과 발생했다. 그러나 그들은 그에 대한 책임을 회피했고, 파시즘으로 인한 자유주의적 자본주의의 위기 해결에도 방관적인 태도를 보였다. 이러한 자유주의자의 행태에 대한 비판은 『거대한 전환』의 주제 가운데 하나이다(Maucourant 2005).

폴라니가 사회주의나 파시즘을 낳은 '우리 시대의 기원'(바로 『거대한 전환』의 부제이다)을 찾음으로써 규명하고자 했던 것은 무엇일까? 시장경제와 인간 자유의 대립을 논했던 1920년대, 그리고 자본주의와 민주주의가 서로를 받아들이지 못하게 된 시장사회의 위기에서 파시즘의 근원을 발견한 폴라니의 1930년대 연구 주제를 비교했을 때 『거대한 전환』의 참신함은 무엇일까? 그것은 아마도 자기조정적 시장체제라는 제도의 구축과 파탄에 초점을 맞춤으로써 경제적 자유주의의 유토피아적 시도가 초래한 결과, 즉 인간과 자연에 대한 그리고 인간의 자유와 평화에 대한 의도하지는 않았지만 파괴적인 귀결을 명철하게 논하고 있다는 점일 것이다.

폴라니는 분명히 시장경제를 비판하고 있다. 그러나 우리는 그가 인간을 단순히 (시장사회에서의) 피해자로 생각하지 않는다는 점에 주목할 필요가 있다. 그 이유는 생산혁명의 과정에서 시장체제를 만든 주체가 인간 자신이기 때문이다. 그리고 인간은 시장체제에 맞춰 행동하지만, 한편으로 그 유해한 작용에 대해서는 격렬히 대항한다. 『거대한 전환』은 시장체제의 압력으로부터 자기 자신을 지키고 유해한 작용에 대항하려는 인간의 행동이나, 통화의 안정 및 시장의 원활한 기능을 위해 희생될 수밖에 없는 인간 권리의 회복을 추구한 운동에서 시장유토피아를 초월하여 인간의 자유를 되찾기 위한 노력의 증거를 확인한다. 폴라니는 민주주의와 인간의 자유는 경제위기에도 결코 희생해서는 안 된다고 생각했다. 그런 그에게 (1) 시장사회의 위기에 편승하여 인간의 자유와 민주주의라는 근대적 가치를 공격하는 파시즘, (2) '비상사태'에서는 민주주의적인 수단을 희생해서라도 시장 조정기능의 회복에 의한 경제 재건을 실시해야 한다는 경제자유주의 측의 주장은 모두 논파해야 할 강력한 적이었다.

리프먼 심포지엄은 1차 세계대전, 러시아혁명, 바이마르공화국, 붉은 빈처럼 중부 유럽에서 다양한 사회주의가 동시에 붕괴한 사건과 세계경제의 파탄, 국제금본위제의 중단, 미국의 뉴딜정책, 러시아의 농업 집단화, 파시즘의 출현, 2차 세계대전과 같은 격동적이고 '거대한 전환의 시대'가 도래한 이유를 집산주의의 폭주로 설명하려고 했다. 폴라니에게는 이러한 '자유주의적 의제'도 논박의 대상이었다. 그는 세계경제와 국제정치를 파괴하고 자유와 평화를 무의미하게 만드는 문제의 원인을 전부 '반자유주의'(공동체주의, 보호주의, 사회주의, 공산주의 등으로 분류된다)와 연결짓는 견해를 부정하면서, 파시즘적인 상황을 낳은 메커니즘과 체제를 고찰했다.

신자유주의적 혁명이 초래한
현대의 위기

시장경제의 위기와 신자유주의의 탄생

지금부터 약 70년 전, 스위스 몽펠랑의 파크 호텔에서 '자유주의의 재기'를 주제로 국제회의가 열렸다. 『노예의 길』(1944)의 저자 하이에크가 발안하고 주재한 '몽펠랑회의'이다. 1947년 4월에 열린 이 회의에서는 대공황, 파시즘, 세계전쟁과 같은 20세기 전반의 참극을 막지 못한 것에 대한 역사적 성찰이 이루어졌다. 케인스─베버리지적인 복지국가나 사회주의 진영에 대해서도 철저한 토론이 벌어졌다. 이 회의의 목적은 2차 세계대전 이후의 국제사회에 자유주의의 정당성을 제시할 수 있도록 자유주의를 쇄신하는 것이었다. 그곳에서는 '자유주의의 몰락과 위기'에 직면한 자유주의자들이 자유주의의 재기를 위해 결집해 있었다. 젊은 시절의 프리드먼이나 스티글러처럼 이후 신자유주의적 경제와 재정 개혁의 역군이자 정신적·이론적 지주가 된 경제학자들이 참가했다(곤조權上 2006).

하이에크는 초대한 58명의 학자들에게 보내는 편지에서 전체주의의 흐름에 맞서 '자유로운 문명을 계속 유지하는' 것에 관심이 있는 유럽과 미국의 경제학자, 역사가, 철학자 및 정치평론가들의 효과적인 연계와 국제적인 협력 관계의 필요성을 호소했다(Hartwell 1995).

몽펠랑회의에서는 2차 세계대전 이후에 자유주의자가 착수해야 할 다음과 같은 여섯 가지 과제가 제시되었다. (1) 현대 위기의 근원적, 도덕적, 경제적인 기원을 올바르게 이해하기 위해 위기의 본질을 분석하고 설명한다. (2) 전체주의와 자유 질서를 명확하게 구별하기 위해 국가 기능을 재정의한다. (3) 개인과 집단이 타인의 자유를 침해하지 않고, 사적 소유권이 약탈적인 권력의 기초가 되는 것을 용납하지 않는 방식으로 법의 지배와 발전을 확립하는 방법을 모색한다. (4) 시장의 주도와 기능에 적대적이지 않은 방법으로 최소한의 기준을 확립할 수 있는 가능성을 찾는다. (5) 자유에 적대적인 신조에 의한 역사 해석의 오류와 싸우는 방법을 논의한다. (6) 평화와 자유를 유지하고 보장하여 조화로운 국제경제 관계를 이끌어갈 수 있는 국제 질서를 창출한다(같은 책).

이 회의에서는 (1) 대공황, 파시즘, 세계대전과 같은 20세기의 위기에 대한 자유주의 측의 해석 제시, (2) 자유주의에 적대적인 신조를 강화하는 논의들을 저지하기 위한 새로운 방법 및 전략, (3) 고전적인 경제적 자유주의 아래에서 자유방임적 국가를 대신할 새로운 국가의 역할과 재정의가 무엇보다 중요하다는 합의점을 찾았다. 그곳에 모인 신자유주의자들은 자본주의 체제의 나쁜 폐단, 즉 통화의 불안정화, 소득분배의 불평등, 거듭되는 실업, 불안정한 생계 지원 사업의 철폐를 요구하는 민주정치의 영향력이 증가하는 현실을 마주하며 다음과 같은 질문을 던졌다. 어떻게 하면 사적 소유와 경쟁적 시장 질서의 보다 확실한 정립과 진화가 '문명의 중심 가치'인 '인간의 존엄성과 자유의 본질적 요소'를 창출하는 유일한 방법이라고 다시 믿게 만들 수 있을까? 민주주의가 시장경제보다 우월하지 않도록 유지하면서 시장사회 안으로 민주정치를 통합할 수 있는지 여부도 논의의 대상이었다. 회의의 주재자인 하이에크는 이러한 의제에 대응하는 논리나 수법을 획득하기 위해서는 사회철학자와 경제학자, 저널리스트, 역사가, 정치학자, 과학자 등 각 분야의 지식인들이 결집해야 한다고 생각했다. 이 회의는 나중에 몽펠랑협회로 조직화되었다.

다양성을 잃은 신자유주의, 시장원리주의로 수렴되다

몽펠랑협회의 회원이 된 지식인들은 처음에는 각자 다양한 방식으로 신자유주의를 이해하고 있었다. 예를 들어 프랑스의 뤼에프는 시장경제의 과학적 연구는 물론, 사회적 목적을 조정하거나 구체화하는 의회 민주주의의 다양한 정책들을 연구하는 일도 신자유주의의 과제라고 생각했다. 또한 국가의 적극적인 역할을 인정하는 독일의 뢰프케나 뤼스토우(질서자유주의 학자)는 신자유주의를 19세기적 자유방임경제와 집산주의(사회주의 및 전체주의)를 초월하는 제3의 사상으로 정의했다. 그에 비해 하이에크와 미제스는 강한 국가와 법의 지배에 의한 경쟁적 시장경제의 확립을 호소했다. 그들은 임금 결정에 대한 국가의 경제 개입에 대해서는 강력히 비난하고 실업 증가의 원인으로 실업보험제도를 강도 높게 규탄했다. 이처럼 몽펠랑협회는 설립 당시에는 일치된 신자유주의의 정의가 존재하지 않았다. 정의를 둘러싼 토론 그 자체가 자유주의 재생의 활력이 되었다고도 할 수 있다.

그러나 그러한 다양성은 점차 상실되고 변질되기 시작했다. 1960년 무렵에는 "국가가 선善해지는 일도, 민간 기업이 악惡해지는 일도 있을 수 없다는 선악이원론"(곤조權上 2006)의 주장이 대다수를 점하게 되었다. 그 결과 뢰프케를 비롯한 유럽 회원의 상당수가 탈퇴했고 미국 회원의 비율이 상대적으로 증가하였다. 다양성을 상실한 몽펠랑협회는 시장원리주의로 편중된 신자유주의를 지지하게 되었다. 신자유주의는 시장경제 그 자체의 불안정성을 부정하는 입장을 강조하게 되었고, 동시에 국가에 다음과 같은 두 가지 요구를 강력히 주장하기 시작했다. 첫째는 '개혁'으로서 '경쟁이 사회를 조직하는 원칙으로 순조롭게 활용되는' 경제의 틀을 마련해야 한다는 요구이고, 둘째는 '무제한적인 민주주의'를 제한하는 법의 지배를 확립해야 한다는 요구이다. 이두 가지 요구는 하이에크가 이미 『노예의 길』에 명기했던 내용이다.

프리드먼의 『자본주의와 자유』(1962)는 정부 사업의 실적이 얼마나 형편없는지 신랄하게 비판한 신자유주의의 '고전적' 명저이다. 그러나 이 책에서도 자본주의경제의 더 큰 발전을 위해서는 경쟁질서의 정책, 즉 사회의 다양한 영역에 경쟁원리를 도입하여 시장의 영역을 확대시켜야 한다고 주장한다. 신자유주의 경제사회의 혁명에는 반드시 결함투성이 국가가 민영화의 추진에 솔선하여 착수할 필요가 있다는 것이다.

'본질적으로 수단이며 국내 평화와 개인의 자유를 보증하기 위한 공리적 제도'인 '민주주의는 결코 그 자체가 완전무결하지도 확실하지도 않다'는 개념은 하이에크 신자유주의의 핵심이다. 『노예의 길』에서 제시된 이 논점은 그 뒤로 20년의 세월을 거치며 케인스주의적 재정 파탄을 비판하면서 더욱 첨예화되었고 이론적인 성공을 거두었다. 예를 들면 제임스 뷰캐넌James Buchanan이 1978년에 리차드 와그너Richard Wagner와 함께 쓴 『적자 민주주의Democracy in Deficit』에는 이 개념이 강하게 드러나 있다. 이 책은 다음과 같은 가설을 제시한다. 현실의 민주주의적인 정치 과정에서 정부나 정치가는 공공사업 등 인기를 얻기 위한 선심성 정책으로 치우치기 쉽다. 선거권을 가진 대중도 그러한 정책에 필요한 조세 부담을 명확히 알지 못하기 때문에 재정 규모의 팽창과 적자의 확대가 발생한다는 것이다. 1970년대 이후의 신자유주의는 케인스주의적인 재정 운영에서의 탈피와 균형재정주의로의 복귀를 '개혁'의 전면에 내세웠고, 이는 여론의 지지를 얻는 계기가 되었다.

한편 몽펠랑협회 설립 당시에 비해 획일화되기는 했지만 1970년대까지 신자유주의는 케인스주의적인 재정 운영, 사회보장, 노동조합을 비판한다는 과제를 가지고 있었다. 정부의 실패에 대해 설명함으로써 선진 자본주의사회의 복지국가화 및 케인스주의 정책을 비판하면서도 공산주의나 사회주의보다 훌륭한 자본주의사회를 구축한다는 과제에 착수하고 있었다고 할 수도 있다. 그러한 점을 염두에 두고 『자본주의와 자유』를 읽어보면, '성숙한 자본주의사회가 될수록 많은 사람들의 예견과 달리 격차가 작아져서 불로소득이 차지하는 비율이 떨어진다'는 '역설'을 효과적으로 묘사하려고 고심하는 프리드먼의 노력이 전해진다(와카모리若森 2012).

신자유주의적 경제사회 혁명이 초래한 현대의 위기

하이에크나 프리드먼의 흐름을 잇는 신자유주의는 칠레 등 라틴아메리카에서 먼저 도입되었고, 1980년대 영국 대처 정권(1979~1990년)과 미국 레이건 정권(1981~1989년)의 이념으로서 큰 영향력을 갖게 되었다. 대처와 레이건 정권은 불황과 인플레이션이 동시에 나타난 스태그플레이션적 경제 정체에 대한 전후戰後 케인스주의적 복지국가(큰 정부) 정책의 책임을 묻고 '작은 정부'의 슬로건을 내걸었다. 그리고 지극히 짧은 기간 안에 경쟁적 시장경제의 원리를 실현하기 위한 법률과 제도적 틀을 만들려는 목적으로 규제 완화, 민영화, 금융화(경제활동에서의 금융 부문의 우위)를 실시했다. 이러한 신자유주의적 경제사회 개혁은 '작은 정부'에서 가능한 것이 아니며(따라서 고전적 자유주의의 전통으로 회귀한 것도 아니며) 강한 국가에 의한 개입이 필요한 일이었다. 1980년대 대처 정권과 레이건 정권에서는 노동조합이 약화되었는데, 그 이유는 노동시장의 가격조정기능 회복을 통한 경쟁체제의 창출이라는 신자유주의적 국가 개입에 의해서 교섭력을 빼앗겼기 때문이다.

1989년의 '베를린장벽 붕괴'(포스트 사회주의 도래)는 신자유주의의 세계적인 영향력에 더 큰 힘을 부여했다. 동서 냉전이 끝난 1990년대에는 신자유주의의 정책적 실천이 마침내 결실을 맺고 자본주의가 새로운 번영의 시대를 구축한 것처럼 보였다. 미국 경제는 '뉴 이코노미'라 불리는, 금융과 정보 주도의 장기적인 호경기를 구가했고, 영국 경제는 금융시장과 노동시장의 규제 완화를 추진하여 금융 주도형 성장을 실현해냈다. 그 밖의 선진국들도 다른 선택의 여지는 없다고 판단하며 미국과 영국을 뒤따랐고, 앵글로색슨 유형의 경제사회 개혁을 본받게 되었다.

그와 동시에 경쟁적 시장경제를 추진한 신자유주의 국가들에서는 투기성 거품과 그 거품의 붕괴가 내재된 금융시장의 융해와 통화위기가 반복적으로 나타났다. 1987년 세계적인 주가 대폭락(블랙 먼데이), 1997년 아시아 통화위기, 2008년 미국에서 시작된 금융위기(리먼 쇼크) 그리고 이 위기가 진원이 된 2009년 그리스 채무 위기와 현재까지도 해결되지 않은 유럽의 통화 및 채무 위기 등이 대표적인 예이다. 이러한 금융위기 때마다 국가는 금융기관이 보유한 불량 채권을 처리하기 위해 개입하여 대규모 공적 지출 또는 국채 발행을 하기나 대량으로 국채를 매입하여 금융시장을 뒷받침함으로써 거액의 재정 적자를 유지했다.

또한 동서 냉전의 종결과 그것이 상징하는 신자유주의의 승리에 의해서 국제 평화가 확실해진 것은 아니라는 점도 분명해졌다. 역사를 보면 오히려 그 반대이다. 동서 냉전이 끝난 이후 세계는 걸프 전쟁, 아프가니스탄 분쟁, 이라크 전쟁 그리고 '이슬람국가Islamic State'의 출현까지 국제 평화의 끊임없는 와해를 경험해왔다. 이러한 분쟁은 현재도 중동, 아프리카, 아시아, 우크라이나와 같은 세계의 광범위한 지역에서 계속 확대되고 있다. 그리고 '안정 보장'의 미명 아래에 거액의 군사 관련 비용의 공적 지출이 확대되고 있다.

한편 보통 사람들의 생활을 보장하기 위한 공적 지출은 삭감되어 왔다. 동시에 엄격한 긴축재정 정책이 시행되었는데, 금융시장을 안정화시키는 노력을 헛수고로 만들지 않기 위해, 그리고 장래 세대에게 '빚'의 변제를 떠넘겨서는 안 된다는 것이 그 이유였다. 거액의 공채를 발생함으로써 시장의 규율에 반하는 공적 서비스 등 '과분한' 생활을 누려왔던 국민은 시장의 신뢰를 되찾기 위해서 희생해야만 하며, 공무원 인원의 감축, 공무원 급여의 미지불, 연금 인하, 고용·의료·복지·교육 등 사회보장 영역에 대한 공적 비용의 대규모 삭감과 민영화가 추진되었다. 이 모든 것이 시장의 신임을 얻기 위한 국제적인 합의가 되었다. 이것은 신자유주의적 재정학이나 공공경제학의 실천적 노력이 결실을 맺은 것이라고도 할 수 있다. 이러한 과정을 거치면서 "민주주의의 코스트"라는 표현이 현대를 살아가는 우리의 여론 속에 각인되었다.

리먼 쇼크를 통해서 분명해진 투기적이고 불안정한 금융시장의 폭주와 그로 인한 경제위기라는 문제는 놀랍게도 신자유주의적인 금융·재정 정책과 사회정책에 거의 영향을 미치지 않았다. 오히려 시장경제의 보호를 위해 공적 자금을 탕진함으로써 시장경제의 규율을 지킬 수 없게 된 적자 재정 체질의 국가와 보통 사람들의 생활 안정을 요구하는 사회 측이 더욱 규탄 받고 책임을 추궁당했다.

OECD의 보고서 「도표로 보는 사회 2014」에 따르면 세계경제는 천천히 회복하고 있다고는 한다. 하지만 많은 국가들에서 중기적인 긴축재정 조치 때문에 소득 불평등과 사회 분열의 위기가 높아지고 있다. 노동 소득이 없는 가구가 그리스, 아일랜드, 스페인에서는 2007년부터 2014년까지 2배로 늘었다. 에스토니아, 이탈리아, 라트비아, 포르투갈, 슬로베니아, 미국에서도 20퍼센트 이상으로 증가했다. 또한 식품을 만족스럽게 구입할 수 없다고 답한 사람의 비율이 미국을 포함한 23개국에서 증가했다. 리먼 쇼크 이후 GDP 대비 교육 지출 비율이 줄어든 국가는 OECD 국가 중 절반에 달했는데, 특히 에스토니아, 헝가리, 아이슬란드, 이탈리아, 스웨덴, 스위스, 미국에서 대폭으로 감소했다. 15~24세의 청년들이 빈곤에 빠질 위험이 증가했고, 2008년의 리먼 쇼크 전 한때 1.75명까지 상승했던 출생률은 그 뒤로 1.70명까지 떨어졌다(OECD 도쿄센터 2014).

공교롭게도 이런 상황 속에서 민주주의의 기능도 저하되고 있다. 국민 생활수준의 저하, 악화되는 고용 문제 그리고 증대하는 사회 격차에 대응하는 정부의 임무는 선진적 민주국가의 유권자들이 당연히 요구하는 사항이다. 그러나 효과적인 금융정책이나 재정정책을 실시할 수 있는 여지가 줄어든 영향도 있어서, 민주정부는 국민 생활의 안정을 점점 더 보장할 수 없게 되고 대의제 민주주의의 정당성과 효율성도 더욱 손상되는 악순환이 발생하고 있다. 민주적인 방법에 의해서 생활의 보장을 유지하려는 보통 사람들의 요구도, 그 요구에 응하고자 하는 의회 민주주의도 무력해진 것에서 알 수 있듯이, 오늘날 세계는 민주정치의 위기에 직면하고 있다.

이와 같은 현대 시장사회의 위기는 약 70년 전에 폴라니가 분석한 시장사회의 위기와 기분 나쁠 정도로 닮아 있지 않은가? 폴라니의 시대와 현대의 상황은 경제위기가 정치의 위기와 국제 평화의 해체로 전환된다는 점에서 중첩된다. 신자유주의적인 경제사회 개혁이 벽에 부딪히면서 발생한 이러한 위기에 대해 각국의 사회민주주의 정당과 정치는 명확한 처방을 내놓지 못하고 있다. 이런 상황에 대한 깊은 실망과 그로 인해 증폭되는 사회적 배제는 더욱 심각해지고 있으며, 세계에는 내셔널리즘과 전쟁이 만연하고 있다. 이 상황이 신자유주의가 만들어낸 '사회적 위기'라고 스스로 인정하기를, 이제 신자유주의의 '양심'에 물어야 할 때이다.

5장

인간 중심의 경제는
어떻게 가능한가

경제를 경제적 · 비경제적 제도 속에 위치시키는 일은
인간적 공동체의 목적을 달성하기 위한 수단이다.
그것은 의도적으로 경제를 종속시키려는 창의적인 노력을 통해
산업문명을 극복하려는 사고방식이다.

선택의 과학으로 위장한
경제학

자본주의와 민주주의를 동일시하는 미국의 사고방식

인류는 왜 세계대전과 파시즘 같은 20세기의 파국적인 전개를 피하지 못했을까? 폴라니는 빈 시절부터 이러한 지적 탐구에 천착했고 이는 『거대한 전환』의 중요 명제들로 발전했다. 그중 하나가 '시장으로부터 인간을 보호할 필요가 있는가?'라는 명제이다. 폴라니는 경제적 자유주의가 숨겨온 허구적 상품 시장의 본질을 규명함으로써 이 명제를 논증했다. 또한 빈곤, 불평등, 문화 파괴와 같은 문제들의 배경에는 민주주의적인 힘의 후퇴 및 극심한 정치적 어려움이 존재한다는 『거대한 전환』의 또 다른 명제도 시장사회의 한계를 고찰하는 데 있어서 매우 중요하다.

　『거대한 전환』은 빈곤 문제에 대한 오언의 대처를 "오언적 사회주의"라고 표현했다. 오언적 사회주의는 '식량, 주택, 교육의 질, 임금 수준, 실업의 방지, 질병에 걸렸을 때의 부조' 등 일상생활의 어려움을 해결함과 동시에, 비행이나 나태 처럼 인간 성격의 심층과 관련된 문제도 근본적으로 해결하고자 했다. 폴라니에 따르면 빈곤 문제에 대한 이러한 접근에는 시장사회의 한계를 초월하는 맹아가 포함되어 있었다. 20세기 초 빈에서 시행된 재정, 화폐, 노동, 주택, 농업 등 포괄적 영역에서의 사회정책은 1934년 오스트리아 파시즘에 의해 파괴될 때까지 계속되었다. 빈의 사회정책은 영국의 스피넘랜드 제도처럼 민주주의를 동반하지 않는 사회적 보호 정책과는 달랐고, 중앙집권적인 계획경제를 지향했던 소비에트의 경우와도 거리가 멀었다. 보통 사람들의 생활을 보호하기 위해 빈에서 시도된 사회정책은 '시장경제를 완전히 극복하려는' 오언적 사회주의의 20세기 버전이었고 이 정책들은 경제를 포함한 사회 전체로 민주주의의 영역을 넓혀갔다.[1]

폴라니는 시장사회를 극복하기 위한 필수조건은 시장에 대한 인간의 종속을 약화시키는 효과적인 사회정책과 성숙한 민주주의를 만드는 것이라고 주장했다. 그의 이러한 고찰은, 2차 세계대전 이후에 한층 더 깊이를 더해갔다. 전쟁이 끝난 뒤 폴라니는 보통 사람들의 생활양식이 표현되는 것으로 민주주의를 이해했다. 그는 시장경제의 확대가 세계의 다양한 지역에서 생활하는 보통 사람들의 다양한 생활양식과 문화를 파괴하고 민주주의의 발전 가능성과 공존을 제약한다고 말했다. 폴라니는 다양한 민주주의가 공존할 수 있는 시장사회로부터의 제도 전환이라는 주제를 고찰하게 되었다.

1945년 폴라니는 전쟁 이후의 국제질서의 대립축을 전망한 논고 「전 세계적 자본주의인가 지역적 계획경제인가」에서 미국이 다른 국가를 자신의 지배하에 두기 위해 외교적인 압력을 가하는 '보편적 자본주의universal capitalism'가 확대되고 있음을 지적했다. 그는 이러한 현상이 세계의 여러 지역에서 사회적 파국과 실업, 기아를 초래하고, 결국에는 19세기 말 시장경제의 침투가 동유럽이나 헝가리 반도에서 배타적인 민족주의를 낳은 것처럼 (1) 비관용적인 민족주의 (2) 취약한 주권 (3) 이웃 나라들 간의 경제협력 결여라는 세 가지 정치적 병폐를 전세계적으로 발생시킬 수 있다고 경고했다. 폴라니는 이 정치적 폐해에 대한 해결책으로 지역적 계획 또는 지역주의(국제협력에 의한 통화 안정, 식량 및 원재료의 안정적 공급, 국제자본이동의 규제, 타국 정부와의 산업 협력체제)를 제창했다.

폴라니에 따르면 전쟁이 끝나고 미국이 목표로 삼은 체제는 보편적 자본주의였다. 그것은 과거 19세기 영국이 이상으로 삼았던 사기조정적 시장경제와 궤를 같이 한다. 즉 보편적 자본주의는 금본위제의 종언으로 와해된 자기조정적 시장경제의 전후戰後 버전이었다. 보편적 자본주의의 사고방식은 보통 사람들의 생활양식과 사적 기업의 문제를 같은 수준에서 취급하거나, 기업의 경쟁과 민주주의를 동일시하는 견해에 명확하게 나타난다. 미국이 2차 세계대전 이후의 국제질서를 구상하면서, 여전히 19세기의 이상을 지지한 이유는 19세기 시장경제가 미국 본토에서는 사회 근간에 치명적인 위험을 끼치지 않았기 때문이라고 폴라니는 생각했다.

다민족 지역인 중부 유럽과 동유럽, 발칸반도는 19세기 말에 국제적인 통화와 신용 체제 밑으로 편입되었다. 그러자 시장이 자유화되면서 '실업과 기아'가 발생했고, 이는 사회 근간을 위협하는 치명적인 위험을 초래했다. 그 결과 수습할 수 없는 정치적 혼돈이 발생했고, 이 정치적 혼돈이 다른 국가들로 전염되면서 광범위한 지역에서 '광란

상태의 유독한 민족주의'가 잇달아 출현했다(폴라니ポラニー 2012[1945]).
자유주의적 자본주의 또는 시장경제가 보통 사람들의 생활에 끼치는
영향은 그 지역이 처한 정치적인 입장이나 제약된 상황에 의해서도
크게 좌우된다. 이러한 지정학적인 분석 관점은 독일 파시즘의 기원
을 둘러싼『거대한 전환』의 고찰에도 충분히 반영되어 있다.

　　폴라니는 자본주의와 민주주의를 동일시하는 미국의 사고방식
은 '더 이상 세계 다른 지역의 보통 사람들에게 지지 받지 못하는 생활
양식'이라고 생각했다. 그에 따르면 세계 모든 지역의 사람들은 공존
공영하는 '지역 시스템이라는 사고방식'을 모색하고 있다. 이는 '각 국
가는 서로 다른 국내 제도를 가지고 있다'는 것을 인정한다는 뜻이며,
전 세계 다양한 지역의 대다수 주민들에게 민주주의란 자본주의가 아
니라 사회적 평등을 의미한다는 말이다(같은 책).

2차 세계대전 이후의 새로운 시장사회 분석

2차 세계대전 이후의 미국 사회에서 1930년대 뉴딜정책의 정신은 망
각의 저편으로 밀려났다. 정치를 포함한 사회 전체에서 경제체제가
우위를 점하면서 사회의 목적과 가치관이 경제에 의해 결정되기 시작
했다. 다시 말해 미국에서는 '시대에 뒤처진 시장 지향'의 지배가 되살
아났다. 그러나 영국과 독일 등 서유럽 국가들과 스웨덴 등의 북유럽
국가들에서는 사회민주주의의 주도로 시장경제와 사회적 목적을 조
정하는 사회경제 개혁이 전개되고 완전고용정책과 사회보장제도가

크게 발전했다.

　이러한 2차 세계대전 이후의 전개를 반영하기 위해서 폴라니는 19세기 시장사회(자기조정적 시장, 자유주의적 국가, 금본위제, 세력균형)를 포함하는 일반적인 시장사회의 개념을 구축했다. 그러한 폴라니의 노력은 「시대에 뒤처진 시장 지향」(1947)이나 「경제결정론 신앙」(1947) 등의 논고에서 확인할 수 있다. 그가 파악한 2차 세계대전 이후의 미국 시장사회는 '시장경제가 사회의 다른 영역에 결정적인 영향을 주는 사회'였다. 그곳에서는 이득과 굶주림이라는 경제적 동기가 경제 영역을 지배하고 사회가 그 경제체제에 속에 위치하는 경향이 있다. 새로운 시장사회에 대한 폴라니의 이와 같은 제도주의적 분석은 19세기적 시장사회의 형성과 붕괴, 1930년대 정치와 경제가 융합된 다양한 협동조합주의적 자본주의(뉴딜정책형, 파시즘형)의 성립, 2차 세계대전 이후 미국과 유럽에서의 다양한 시장사회 형성과 같은 시장사회의 역사적 전개에 대한 논의의 기반을 마련했다.

　1947년부터 컬럼비아 대학교의 객원교수가 된 폴라니가 주목한 것은, 고전파 경제학자가 19세기 시장사회 형성에 대한 정책 이념과 여론의 형성에서 결정적인 역할을 한 것처럼 미국의 신고전파 경제학자가 2차 세계대전 이후의 시장사회를 형성하는 데 주도적인 역할을 하고 있다는 점이었다. 당시 뉴딜정책의 정신을 이론적으로 뒷받침한 소스타인 베블런Thorstein Veblen, 존 R. 코먼스John R. Commons 등의 미국 제도학파를 계승한 경제학자들과 존 듀이John Dewey와 같은 실용주의 사상가들의 업적은 학문적 권위는 물론 경제적·정치적·사회적 영향력을 잃어가고 있었다. 마치 그 빈 자리를 채우듯이 신고전파 경제학의 시대가 화려하게 막을 열었다.

폴라니는 미국의 뉴딜정책이나 유럽 복지국가의 발전과 같은 제도 변화에 비추어보면, 시장이라는 유일무이하고 절대적인 분석틀을 고집하는 신고전파 경제학은 20세기 후반의 시장사회를 분석하는데 있어서도 '시대에 뒤처졌을' 것이라고 생각했다. 사회과학도 신고전파가 제창하는 시장이라는 보편주의적 분석틀을 극복하는 이론적 시도에 성공하지 못했다. 아니 오히려 경제학, 역사학, 정치학, 사회학을 포괄하는 사회과학 전체가 시장 분석의 영향에 휩쓸려 재편을 강요받고 심지어 전쟁 중이나 양차 세계대전 사이의 기간보다 '후퇴'한 것처럼 보였다.

폴라니는 강한 위기감을 느끼고 인류학자 피어슨을 비롯한 동료들과 공동 연구 프로젝트에 착수했다. 그리고 「시장 그 자체를 그일부로 이해할 수 있는, 보다 넓은 분석틀을 발전시키는 것」(Polanyi 1957a)에서 신고전파의 이론적 입장을 상대화시키는 방향성을 제시했다.[2] 무엇보다 그는 '사회에서의 경제의 위치와 그 변화'를 이해하는 방법을 확립시키고자 했다. 구체적으로 경제가 사회적 관계들 속에 위치하는 비시장사회와 경제가 사회로부터 분리된 시장사회, 그 각각의 복잡성과 동태를 규명하는 제도주의적 분석을 구축하려 한 것이다.

전쟁이 끝나자 영어권의 사회과학, 특히 경제학 영역에서는 정치학적 요소나 윤리적인 요소를 분리하는 재편과 재정의가 진행되었다. 폴라니는 이러한 사태를 앞에서 설명한 '신자유주의'에 의한 지적재편 프로젝트의 일환으로 이해했다. 다시 말해 리프먼 심포지엄으로 대표되는 20세기의 혁신된 경제적 자유주의가 동서 냉전의 학문적이고 지적인 맥락 속에서 단숨에 되살아나 신고전파 경제학을 중심으로 한 사회과학의 재편으로 진행 중이라는 것이다. 이 같은 재편은 전쟁 중이나 양차 세계대전 사이의 기간보다도 한층 더 광범위하게, 그리고 중심부에서 이루어졌다. 폴라니는 세계대전 이후의 경제적 자유주의 의 특징은 인간의 욕망이 무한한 것에 비해서 그 욕망을 충족시키기 위한 수단(경제적 자원)이 유한하다는 것을 의미하는 '희소성의 원리'에 서 '경제문제'의 존재 이유를 찾는 점이라고 생각했다.[3] 19세기의 자기 조정적 시장이라는 개념은 이제 유한한 수단의 용도를 선택하는, 경제 적 합리성이 지배하는 세련된 시장의 개념으로 발전했다. 그리고 '가 치중립'이라는 과학적 성격에 입각한 유일한 경세학으로서 다시 한 번 그 정당성을 주장하기 시작했다. 그러나 폴라니가 『거대한 전환』에서 논증한 것처럼, 경제적 자유주의는 겉으로는 국가로부터의 자유를 원 칙으로 주장하면서 실제로는 국가의 강력한 개입에 의한 경쟁적인 시 장질서의 창출을 추구해왔다. 경제적 자유주의는 정치적으로도 윤리 적으로도 중립이었던 적이 없으며, 중립이고자 노력하지도 않았다.

폴라니는 전쟁 이후에 신고전파 경제학의 사고가 지배하는 경제 학계의 강력한 영향 때문에 경제정책과 사회정책의 다양한 선택지와 가능성이 확실히 줄어들고 있다는 점을 우려했다. 폴라니에게 사회 과학의 절박한 과제는 시장 개념에 사로잡힌 현대인의 시야를 넓히는 일, 즉 '경제주의적 편향으로부터의 자유'를 위해 공헌하는 것이었다. 시장 개념의 지배로부터 사고를 해방시켜야 한다는 과제는 사회를 형 성하는 인간의 자유를 되찾는다는 중요한 작업의 일환이었다.

경제학은 목적에 대한 수단이 희소한 상태의 '선택의 과학'으로 위장했다. 경제학이 이처럼 세련된 모습으로 전문화되고 과학화되면서, 경제적 자유주의의 본질을 파악하기가 지극히 어려워졌다. 1950년대에 폴라니는 "시장 개념에 의한 경제의 설득이 너무나 완벽했기 때문에 사회와 관련된 모든 학문 영역은 설득의 영향에서 벗어나지 못한 채, 어느 새 경제주의적 사고방식으로 전환되고 말았다"고 적었다. 폴라니가 여러 차례 지적한 것처럼 당시의 마르크스주의자와 사회주의자들은 20세기의 경제적 자유주의의 성공적인 변신을 제대로 분석하지 못했다. 폴라니가 보기에, 하부구조는 상부구조에 결정적인 영향을 미친다는 논리를 고집하는 마르크스주의는 '경제결정론적 신앙'에서 벗어나지 못했다는 점에서는 경제적 자유주의와 다르지 않았다. 희소성의 문제가 발생하지 않는 경제제도의 개념과 가능성을 찾아내는 작업이야말로 폴라니가 도전하고자 한 경제사회학의 과제였고 제도경제학이 풀어야 할 과제였다. 폴라니는 경제적 자유주의의 대항축이 될 경제사회학을 구상하기 위해 경제의 의미를 근본부터 되묻는 작업에 몰두했다. 인간의 역사에서 경제라는 용어에 부여되었던 원래의 풍요로운 의미와 내용을 경제적 자유주의로부터 되찾기 위한 싸움은 말 그대로 폴라니의 천직이 되었다.

'경제적'이라는 말의
두 가지 의미

컬럼비아 대학교에서 폴라니가 담당한 강의는 '일반경제사'였다. 그는 이 강의에서 일반경제사를 '시대에 뒤쳐진 언데기적 설명'이 아니라 현대를 향해 열려 있는 사회학을 포섭하는 경제사로 재편하고자 했다. 그때 폴라니가 참조의 틀로써 중요시한 것은 막스 베버의 경제사회학과 아리스토텔레스의 경제윤리였다. 베버와 아리스토텔레스를 선택한 것은 경제학의 전문화와 '과학화'로 상징되는 세계대전 이후의 지적 풍토에 대항하던 폴라니다운 전략이었다.

당시 영어권에서는 슘페터가 『경제학사History of Economic Analysis』에서 제시했던 '아리스토텔레스는 경제학을 전혀 이해하지 못했다'는 해석이 정착되고 있었다. 아리스토텔레스는 경제의 본질을 공동체의 존속과 그 자급자족성의 요구라는 관점에서 고찰했다. 권위 있는 지도자급 경제학자들은 그러한 아리스토텔레스의 가르침이 무의미하고 심지어 유해하다고 평가했다. 폴라니는 이러한 아리스토텔레스에 대한 "경멸에는 깊은 의미가 숨어 있다"고 지적했다(Polanyi 1957b).

영국의 저명한 경제학자 라이오넬 로빈스Lionel Robbins는 『경제학의 본질과 의의An Essay on the Nature and Significance of Economics』(1932)에서 베버를 제도주의 경제학과 역사학파에 대한 비판과 공격의 도구로 정의하고, 베버의 '형식적 합리성'이라는 관점이 경제학의 '과학화'를 긍정하고 지원했다고 강력히 주장했다. 그러나 베버에게 경제의 합리화란 계산가능성을 높이는 형식적 합리성뿐 아니라, 사회구성원의 생존에 필요한 재화와 서비스의 평등한 분배를 추구하는 실질적 합리성을 의미했다(고바야시小林 2015). 그리고 베버가 제기한 문제는 두 가지 합리성은 원칙적으로 별개의 것이며 양자는 충돌할 수 있다는 것이었다. 그러나 로빈스를 통해 영어권에서 수용된 베버의 경제학에는 자본주의의 구조적인 약점이나 불안정성의 근본적인 요인에 접근하는 두 가지 합리성의 충돌이라는 결정적인 논점이 빠져버렸다. 『거대한 전환』 이후의 저서에서 폴라니가 "경제(적)"이라는 용어의 실질적인 의미 규명에 전념한 것은 잃어버린 베버의 경제사회학적 논점을 부활시키기 위한 노력이었다고도 할 수 있다.

'경제'의 형식적인 의미와 실질적인 의미

폴라니에 따르면, "경제(적)"이라는 용어에는 형식적인 의미와 실질적인 의미라는 두 가지 전혀 다른 의미가 있다. 형식적인 의미는 효율성이나 경제성, 경제(절약)화 등으로 표현되는 '수단의 희소성' 상황을 상정한 수단—목적 관계의 논리에서 유래한다. 폴라니는 이 논리를 "형식적 경제학"이라 부른다. "형식적인 의미가 나타내는 것은 불충분한 수단의 몇 가지 용도를 대상으로 이루어지는 선택에 관한 한 쌍의 법칙이다"(Polanyi 1957a). 그리고 대부분의 경우, 경제의 형식적 의미는 효율적인 수익의 추구와 관련이 있다.

그에 반해 경제의 실질적인 의미는 인간이 살아가기 위해서 타인과 자연환경에 의존해왔다는 기본적인 인류학적 사실에서 파생된다. 경제의 실질적인 의미는 인간이 '생존subsistence'의 욕구를 계속 충족시키기 위해 물질적 수단을 공급하는 과정을 뜻한다. 따라서 경제의 실질적인 의미는 '기아의 공포'와 양립할 수 없다. 폴라니에 따르면 인간의 생존 조건들 중에는 선택할 필요가 있는 경우도 있지만 없는 경우도 있다. 만약 공기나 물, 영유아에 대한 보살핌, 식량이나 주거 등 인간이 살아가는 데 있어서 가장 중요한 물리적·사회적 조건들이 희소하여 충족하기 어려운 상황이라면 그곳은 인간의 생존 조건들이 손상되었다고 할 수 있다.

> 실질적 개념의 원천은 실재實在의 경제이다. 이를 간략하게 정의하면(매력은 부족할지도 모르지만) 인간과 환경의 제도화된 상호 과정이며, 그로부터 욕구를 충족시키는 물질적 수단의 지속적인 공급이 이루어진다는 것이다.(같은 책)

폴라니에 따르면 경제(적)의 두 가지 의미를 구별하는 것은 경제사회학의 출발점이며 그 토대이기도 하다. 그리고 이 두 가지 의미의 구별은 오스트리아학파의 시조 카를 멩거의 유작이나 베버의 경제사회학에서 제시된 논점이기도 하다.

시장사회의 경제사회학적 분석

베버는 『사회과학과 사회정책에 관한 인식의 객관성The Objectivity of the Sociological and Social-Political Knowledge』에서 루돌프 골트샤이트Rudolf Goldsheid가 정의한 '인간의 경제Menschenökonomie'를 통렬히 비판했다. 골트샤이트는 인간의 경제를 '인간의 노동력이나 인간적인 삶보다는 경제적인 이용과 보다 경제적인 소모의 노력'으로 정의했고, 베버는 그런 식으로 경제를 정의하는 견해를 거부했기 때문이다. 베버는 시장은 경제사회의 유일한 '재화 공급의 조직'이 아니라고 말한다. 그는 '시장적이지 않은 재화 공급의 조직'은 다양하며 '교환이 이루어지는 개별경제의 화폐로 표현할 수 있는 최적의 수익성에 기초한 시장 공급의 원리'는 그중 하나에 불과하다는 점을 거듭 지적했다.

또한 베버는 시장 공급의 원리가 지배적인 상황에 대해서도 경제사회학적으로 분석했다. 시장의 자유와 화폐계산을 바탕으로 한 자본계산을 축으로 경제의 합리화가 진행된 상황에서도, 생산 활동이나 시장 거래는 인허가 행정과 환경보호와 위생 기준 등 정치적 조건들을 포함하는 다양한 제도적 조건이 있어야 비로소 가능해진다(고바야시小林 2015). 그리고 그러한 상황에서도 물적 생산수단 및 노동 이용, 기술적 지식 등에 관한 권리, 의무, 처분권이 포함된 광의의 소유관계를 의미하는 '전유'를 둘러싼 '투쟁'이 이루어진다. 그 결과 지위가 강화된 사람과 지위가 약화된 사람(계급)의 긴장 관계가 끊임없이 발생한다. 그 밖에도 수익성의 관점에서 가능한 '최적의' 방법으로 자본과 노동력이 다양한 산업 부문에 배분된 경우라도 특정 소비자에 대한 재화 공급이 악화될 때가 있다. 나아가 어떤 계급이 생존을 위한 재화 공급의 조직화에 실패하고, 그 실패가 사회를 불안정하게 만들거나 사회 질서를 크게 손상시키는 파국적 전개로 이어진다면 경제의 실질적 합리성이 충족되지 않는 상황이 발생했다고 할 수 있다.

앞에서도 언급했지만, 베버에 따르면 형식적 합리성의 기준과 실질적 합리성의 기준은 전혀 다르다. 형식적 합리성은 화폐계산으로 나타나고, 양에 대한 합리적인 계산을 통해서 실현된다. 높은 수준의 형식적 합리성은 시장경쟁의 광범위한 확대를 전제로 '자본계산'의 형태를 취하지만, 형식적 합리성의 증가는 자원 배분의 불평등 증대를 누적시키는 경향이 있다. 이에 비해서 실질적 합리성은 사회 구성원에 대한 재화나 서비스의 공급이 일정한 가치 체제를 따라서 적절하게 이루어지고 그것이 사회 구성원의 생존을 합리적으로 보장하는지를 평가한다. 그렇기 때문에 형식적 합리성이 실질적 합리성에 포함되어 있는 이해利害에 대한 관심이나 도덕 감정과 충돌할 가능성은 대단히 크다. 높은 수준의 형식적 합리성이 실현된 사회의 격차와 빈곤은 실질적 합리성의 실패라는 문제를 보여주고 있다. 이처럼 베버 경제사회학의 논점에 입각해 생각해보면, 높은 수준의 형식적 합리성의 실현과 시장 공급의 원리만 추구해서는 경제사회 구성원 사이의 끝나지 않는 이해 대립은 중재할 수 없다는 결론에 도달할 것이다.

파슨스는 베버 경제사회학의 실질적 합리성이라는 관점에 주목했다. 폴라니는 파슨스의 『경제와 사회』의 일부를 영문으로 번역하여 컬럼비아 대학교의 강의에 사용했다. 폴라니가 주목한 학계의 동향은 영어권에서의 경제사회학의 전개와 그 열쇠를 쥐고 있는 막스 베버의 수용을 둘러싼 지적 투쟁의 무대였다. 파슨스가 해석한 베버의 사상은 다수파가 주장하는 '경제'사상의 지배적 논조와는 대조적이었다(다카시로高城 2003). 파슨스는 근대 서양 세계의 제도적 체제가 '자연적인 질서'가 아니라 사회 발전의 많은 가능성 가운데 하나에 지나지 않는다는 점을 강조했다. 그리고 근대 경제에서 나타나는 '형식적 합리성과 실질적 합리성 사이의 긴장'이 근대 사회구조에서 발생하는 긴장의 근본적인 원인이라고 지적했다.

폴라니는 베버-파슨스가 제시한 경제사회학의 문제 인식을 계승하는 방법으로 가격결정시장을 사회 전체에 일반화함으로써 '필요 충분의 과정'을 제도화하는 '시장체제'에 대해 고찰했다. 시장체제에서는 노동과 토지의 사용을 포함한 모든 재화와 서비스는 시장에서 구입할 수 있는 대상이 되며 가격이 매겨진다. 그리고 임금, 땅값, 이자와 같은 가격은 각각에 대응하여 사회 구성원의 소득을 구성한다. 따라서 시장체제에서는 개인이 판매를 통해 수입을 얻고, 그 수입의 범위 내에서 생존에 필요한 재화나 서비스를 구입하여 충족시켜야 한다. 생존을 위한 수입원이 끊기는 것은 빈곤이나 기아로 직결된다. 시장체제에서는 소득이나 수입원이 시장을 통해 형성된다.

폴라니에 따르면 시장이 사회에서 중추적인 위치를 차지하는 시장체제에서는 시장 거래가 생존을 위한 지속적인 필요 충족의 과정과 연결되어 있다. 사회의 대다수를 차지하는 보통 사람들의 생활을 충족시키기 위한 수단에 대해서 시장은 특권적 위치를 차지하고 있었다. 그러한 시장체제를 끝없는 부의 창출과 물질적인 욕구 및 화폐에 대한 욕구를 증식시키는 경제 과정의 제도화로 파악할 수도 있다. 폴라니는 2차 세계대전 이후에 시장사회의 새로운 합의가 된 완전고용마저도 시장체제 속에 편입되었다고 생각했다.

경제주의적 문화에 대항하다

서유럽과 북미에서는 과거 수 세기에 걸쳐 '시장체제'를 매개로 인간의 생계가 조직화되는 사회변동이 발생했다. 그 과정에서 시장 이외에도 인간이 살아가기 위한 조건들이 풍요롭게 존재하는 상황은 '현대인을 매우 당황하게 만드는 상황'이 되어버렸다. 시장체제에서 생활하면서 시장주의적인 문화에 익숙해진 사고는 특히 경제사 연구 영역에 심각한 영향을 끼쳤다. 폴라니는 현대의 시장경제를 목표로 설정하고 과거의 경제제도를 묘사하는 고대 경제사 연구가 다수 발표되는 경향을 우려하며 다음과 같이 말했다.

> 데이비드 흄David Hume부터 허버트 스펜서, 프랭크. H. 나이트Frank H. Knight, 헤르만 노스럽 프라이Herman Northrop Frye까지, 사회사상은 경제를 언급할 때마다 언제나 이 한계 때문에 고통을 겪었다. 라이오넬 로빈스의 논문 「경제학의 본질과 의의」(1932)는 경제학자에게는 중요한 논문이지만 문제를 치명적으로 왜곡시켜버렸다. 인류학 분야에서는 멜빌 장 헤르스코비츠Melville Jean Herskovits의 최신 저서 『경제인류학』(1952)이 그가 1940년에 펴낸 선구적 역작 『미개인의 경제생활』에서 퇴보했음을 보여주고 있다.(Polanyi 1957a)

경제의 실질적인 의미를 쓸모없고 불필요한 것이라고 배척하는 형식적 경제학의 융성으로 인해서 인간의 다양한 경제활동과 경제제도의 실질적인 의미를 이해하기가 어려워졌다. 이것은 세계대전 이후 새로운 시장사회의 문화적 특징이기도 했다. 이렇게 생각한 폴라니는 그 경향에 대항하기 위해 에밀 뒤르켐Émile Durkheim, 헨리 J. S. 메인 Henry J. S. Maine, 페르디난트 퇴니에스Ferdinand Tönnies, 막스 베버, 카를 뷔허Karl Bücher, 빌프레도 파레토Vilfredo Pareto, 리하르트 C. 투른발트, 브로니슬라브 말리노프스키Bronislaw Malinowski, 아리스토텔레스, 루소의 저서를 다시 읽을 필요가 있다고 생각했다. 왜냐하면 이러한 고전적 텍스트는 원시 경제나 고대적 경제에 대한 경제학자의 편견에 대항하는 관점을 제시해주는 지식의 보고이기 때문이다.

폴라니는 특히 경제학에서 정치학과 윤리학의 복권이 중요하다고 생각했다. 그에 따르면 정통파 경제학자에게 공통적으로 보이는 '정치학에 대한 모멸적인 태도'는 대체로 시장체제가 지배적인 경제주의적 문화의 특징이었다.

정치학의 결여는 역사철학의 도덕적 측면에 가장 혼란스러운 영향을 끼쳤다. 경제학이 그 공백 속으로 파고들어 인간의 생활 속에 자리 잡은 정치적 행위에 대한 도덕적 변명을 공격하는 움직임을 만들었다. 이것은 역사 편찬 분야에서 경제를 제외한 모든 힘을 철저하게 무시하는 결과를 초래했다. 〔중략〕 과거에 다양한 재산제도와 이상적인 도시국가(폴리스)의 정치 형태를 만들어낸 실체법은 이제 작용할 모든 실체/실재를 잃어버렸다(Polanyi 1977).

폴라니는 이와 같은 정치학의 결여, 정치적 행위에 대한 모멸, 공격적 태도를 고대 그리스의 경제제도나 철학자 아리스토텔레스를 향한 비판과 같은 맥락으로 인식했다. 폴라니는 시장사회가 높은 수준에서 경제의 형식적 합리성을 실현했지만 경제의 실질적 의미에서는 지극히 비합리적인 세계이며, 이러한 시장사회의 병리를 이해하는 데 아리스토텔레스의 저서가 대단히 현대적인 시사점을 제공한다고 생각했다. 그는 아리스토텔레스의 국가론과 '좋은 생활'에 관한 논의를 참조했다. 거기에는 경제와 민주주의, 좋은 생활의 관련성을 고찰하는 다양한 관점이 내재되어 있었기 때문이다. 이처럼 만년의 폴라니는 화폐에 대한 욕구리는 지본주의적 병폐의 근원을 무시하고, 20세기 자본주의를 위한 새로운 처방을 구상한 케인스의 문제의식을 계승하려고 했을지도 모른다.

2차 세계대전 이후의 경제학적 사고에 따르면, 경제는 인간의 좋은 생활을 위한 수단이 아니라, 경제 그 자체가 목적이다. 좋은 생활에 대한 논의나 구상은 대체로 "과학"이라 부를 가치가 없다고 폄하했고, 정치적인 문제나 윤리적인 문제를 '희소성의 경제학'의 논리로 설명하는 경향이 있었다(오늘날에는 '정치의 탈정치화'로 표현한다). 또한 종래의 정치학적 또는 윤리학적 문제는 경제학에 의한 설명과 경제학적 사고에 의한 해결이 적절하다고 간주되기 십상이었다. 소비문화와 소비자로서의 주권, 예산이 제약된 환경에서의 선택의 자유가 주목받는 한편, 그 밖의 자유는 그 정도로 중요하지 않다고 여겨졌다. 사회문제에 대한 시장적 해결만이 좋은 인생이나 이상적인 정치를 위한 최적의 구성 요소로 자리잡았다.

이러한 경향에 대항하는 폴라니의 경제사회학은 인간의 목적과 그 수단에 대한 문제를 제기했다. 폴라니에 따르면 "인간의 목적은 무엇이어야 하는가? 그리고 그 수단은 어떻게 선택해야 하는가? 경제합리주의는 이러한 것들에 대한 해답을 전혀 가지고 있지 않았다"(같은 책). 합리성은 심미적, 윤리적 또는 철학적인 것에 대한 안티테제가 아니다. 여러 합리성 중에서 오직 경제적 합리성만이 특별한 위치를 획득한 것처럼 보이는 것은 경제주의적 문화의 융성과 그 확장의 결과에 지나지 않는다.

폴라니는 '윤리적이고 실제적인 질서에 관한 동기와 가치판단'에 정면으로 부딪혀서, 경제제도에서 정의나 법이 가지고 있는 역할과 기능을 합리적으로 정의하려고 했다. 이러한 시도는 고대사회의 역사 영역에만 적용되는 것이 아니다. 현대의 복지정책과 사회정책, 공공의 영역 등에서도 시장 개념에 의한 인간 경제의 의미와 해석 작업이 부단히 이루어지고 있다. 특히 폴라니는 시장경제와 비시장경제의 경계 영역, 복지, 공공의 영역에 관련된 문제의 경우에 경제사회학의 분석은 더욱 유효하다고 확신했다. 부인 일로나에 따르면 폴라니가 세상을 떠나기 1년 전인 1963년, 모국 부다페스트에서 이루어진 강연에서 그는 다음과 같이 말했다고 한다.

교환이라는 현상은 시장사회에서만 보편적이다. 〔중략〕 예를 들어 오늘날의 사회주의는 시장경제와 비시장경제의 경계가 서로 충돌하는 영역에 대해 경험을 쌓고 시야를 넓히도록 요구받고 있다. 이제 자본주의는 계획화의 요소를 시장경제를 초월하는 영역에 억지로 도입하려고 하며,

사회주의는 몇 가지 시장적 요소를 도입해서 경제계획의 성과를 높이려 한다고 생각할 수도 있다. 저개발 지역에서는 신흥국가들과 마찬가지로 시장적 요소와 비시장적 요소가 서로 경쟁하고 있다. 사회주의는 현대적인 사회학을 내포하고 있는 경제사가 대단히 열린 관점을 가지고 있다는 점에 각별히 주의를 기울여야 한다.(같은 책)

시장체제의 경제제도나 재산제도에 대한 본질적 이해가 방해를 받는 것과, 사회 중추에 위치하는 시장체제를 제어하기 위한 민주주의의 효과적 실천이 방해를 받는 것은 같은 문제이다. 만년의 폴라니는 경제주의적 문화의 무한한 영향을 빌미 시장사회를 변혁하는 힘들이 약화되는 현실을 인식했다. 그러한 시대의 총아라 할 수 있는 경제학자들의 사고에서 해방되어 고대사회의 다양한 재산제도와 경제제도를 이해하는 것은 현대 시장체제의 경제제도를 이해하고 다양한 사회변혁의 가능성을 발견하는 작업으로 이어졌다.

규제 없는 교환은
공동체를 위험하게 한다

좋은 생활과 중용

고대 그리스의 철학자 아리스토텔레스는 『정치학』에서 '최선의 국가
제도'란 무엇인지, 또는 '최선의 생활'이란 무엇인지를 탐구했다. 여기
서 주목해야 할 부분은 아리스토텔레스가 누구를 위한 최선의 국가제
도나 최선의 생활을 논의했는지이다. 이 점에 대해 많은 오해가 있는
데 아리스토텔레스 본인은 다음과 같이 밝혔다.

> 여기서 '최선'이라는 것은 보통 사람들의 힘이 미치지 않는 덕을 기준으
> 로 하지 않는다. 소질이나 행운이라는 외적 조건을 필요로 하는 교육,
> 또는 이상 그 자체의 국가제도를 기준으로 하지 않는다. 최대 다수의 사
> 람들이 얻을 수 있는 생활이나 최대 다수의 국가들이 얻을 수 있는 국가
> 제도를 기준으로 판단하는 경우의 '최선'이다.(아리스토텔레스 1961)

『정치학』에서 아리스토텔레스는 "중용the middle"이야말로 최대 다수의 사람들과 국가들이 얻을 수 있는 '좋은 생활'의 조건이라고 말했다. 즉 아리스토텔레스에 따르면 일부 사람들이 외적인 선을 '과잉' 또는 '과소'로 손에 넣은 상태는 최대 다수의 사람들과 국가들이 좋은 생활을 실현하는 데 방해가 되며, 결과적으로 국가제도의 안정을 손상시킨다. 그리고 민주제는 가장 좋은 사람이나 훌륭한 사람이 지배하는 국가제도가 아니지만, 최대 다수의 사람들의 좋은 생활을 실현하기에 적합한 '중용'의 국가제도로 정의할 수 있다.

　　이와 같은 사고방식은 『니코마코스 윤리학』에서도 일관적으로 나타난다. 이 책에서 아리스토텔레스는 "행복한 생활은 넉을 따라서 어떤 것에도 방해받지 않고 이루어지는 생활이며, 덕은 중용이다. 만약 이 말이 옳다면 중용의 생활이 최선의 생활이라고 할 수 있다"고 적었다.

　　폴라니는 아리스토텔레스의 『정치학』과 『니코마코스 윤리학』을 반복해서 읽으며 다음과 같은 결론을 얻었다. 그것은 아리스토텔레스가 제기한 문제에는 2차 세계대전 이후 시장사회에서의 민주주의가 지닌 본질적 문제, 즉 산업사회에서의 좋은 생활을 고찰하는 데 있어서 지극히 중요한 논점이 포함되어 있다는 것이었다. 생산 사회에서의 좋은 생활에 대해서는 뒤에서 다시 다루기로 하고, 여기에서는 폴라니가 아리스토텔레스의 사고방식에서 발견한 논점을 살펴보고자 한다. 그것은 바로 고대 아테네에서 민주제와 좋은 생활을 유지하는 '목적'을 위해 교역과 시장, 화폐가 통제되고 있었다는 것이다. 민주제에서 과두제로의 전환기에는 중용에서 벗어난 생활을 촉진하는 화식

貨殖 원리가 도입되고 경제제도에 대한 폴리스의 영향력이 약해졌다. 또한 보통 사람들이 빈곤이나 기아의 위협에 사로잡힌 경우에도 민주제는 유지되지 못했다. 폴라니는 아리스토텔레스의 이러한 논점들에 초점을 맞춤으로써 베버가 '고대 자본주의의 특징'으로 묘사한 자유롭지 못한 노동에 기초한 고대 그리스의 경제생활과는 다른 국면을 발견했다.

고대사회에서는 교환을 경계했다

폴라니에 따르면 아리스토텔레스는 '이후의 작가들에게서는 찾아볼 수 없는 급진적인 견해로 인간의 경제생활 문제를 연구한 사람'이며, '경제가 사회 속에서 차지하는 위치의 문제를 정면으로 제기한' 뛰어난 경제학자이기도 했다(Polanyi 1957b).

그렇다면 고대사회에서 경제적 거래는 어떻게 출현했을까? 교환은 또 어떻게 승인되었을까? 폴라니는 이러한 의문에 대한 '경제인의 즉답'을 피해서 아리스토텔레스의 경제관 속에서 그 해답을 찾고자 했다. 여기에서 말하는 경제인의 즉답이란 이런 것이다. "마술의 미신이 충분히 사라지고 비합리적인 공포의 속박에서 해방되자마자, 개인은 자연적 본성에 따른 이기주의적 길을 거쳐서 경제적 거래에 발을 들여놓았다". 이러한 관점과는 달리, 폴라니는 고대사회가 "공동체의 연대와 경제적 거래를 발생시키는 반사회적인 위험 사이의 충돌"(Polanyi 1977)이라는 문제를 어떻게 해결했는지에 관심을 두었다.

고대사회에서는 교환이 인간관계를 불안정하게 만들 위험성을 가지고 있다는 점을 경계했다. 그렇기 때문에 정의의 원천으로서 공동체에 도움이 된다고 인정받은 후에야 비로소 교환은 합법화되고 확산되었다. '요컨대 경제적 거래는 이득과 관련이 없을 때', 다시 말해 '교환에 본래 존재하는 불공평한 요소'가 제거되고 나서 가능해졌다. 폴라니에 따르면 경제제도 속에 사회관계가 올바르게 반영되어 있다는 것, 즉 '등가성equivalency'의 확인과 선언이 고대 아테네를 포함한 고대사회의 경제적 제도의 본질이다.

> 다른 재화 단위 간의 등가에는 의도적으로 그 사회에 기인하는 비율과, 그러한 조건들의 유지에 공헌하는 비율이 반영되었다. 등가성으로 표현되는 '정의justice'는 그것이 투영하는 사회의 '올바름justness'의 반영이다.(같은 책)

등가성은 현존하는 또는 이상적인 사회관계 및 그것을 반영한 가치를 유지하는 것이다. 고대사회에서는 등가성의 제도를 발전시킴으로써 경제적 거래가 가능하도록 했고, 경제적 거래와 공동체 사이에 충돌이 발생하지 않도록 관련 조치와 조정이 이루어졌다. 문제는 등가성을 반영하지 않는 경제적 거래를 더 이상 통제할 수 없는 경우였다. 그것은 공동체의 존속을 위협하는 위기의 징조이기도 했다. 2차 세계대전 이후, 폴라니는 『정치학』이나 『니코마코스 윤리학』에 나타난 아리스토텔레스의 경제관을 해석하면서 이 문제를 연구했다.

'자연적인' 정치 질서와 경제의 제도화

폴라니에 따르면 아리스토텔레스의 "크레마티스티케Chrematistike"에는 두 가지 의미가 있었다. 첫째는 가족 및 정치적 공동체에 필요한 생활 용품을 손에 넣는다는 의미였고, 둘째는 인간의 본성을 거스르는 자기 목적으로서의 축적을 의미한다(Maucourant 2005). 전자는 공동체의 존속을 유지하고 강화하기 위한 필수적인 수단이었다. 그에 비해 후자는 공동체의 인간관계를 불안정하게 만드는 것으로서 비난받을 만하고 통제가 필요한 대상이며, 그 일에 관련되는 것은 시민으로서 불명예스러운 일이었다. 폴라니는 여기에서 첫 번째 의미, 즉 '경제의 실질적인 의미를 고집하는 것이 아리스토텔레스가 주장하고자 하는 논지의 출발점'이었다고 해석한다. 아리스토텔레스는 '생활 필수 물자를 확보하는 하나의 제도화된 과정이 경제'를 의미한다고 생각했다 (Polanyi 1957b).

아리스토텔레스에게 있어서 '자연적' 정치 질서는 다음과 같은 세 가지 원리, (1) 자기충족(독립과 자유의 기초), (2) 함께 살아갈 의지를 기반으로 하는 구성원들의 공동체, (3) 개인에게 그 성격에 맞는 것을 부여하는 일로 구성된 정의에 입각한다. 아리스토텔레스는 자기목적으로서 화폐 이득을 추구하는 것은 시민 생활에 대한 부정이라고 생각했다. 정치가 결정적인 역할을 맡고 있는 폴리스에서 희소한 것은 명예와 탁월함이었고, 경제에는 희소성의 사고방식이 파고들 여지가 없었다(Maucourant 2005). 아리스토텔레스는 명예로운 생활이라는 사상이 인간의 욕망이나 필요를 정의하고 결정한다고 생각했다. 그리고 시민이 좋은 생활을 영위하기 위해서는 폴리스에 참여하기 위한 여가 시간이 필요하다고 주장했다. 물론 여기서 말하는 여가는 나태나 휴식을 뜻하는 것이 아니다. 여가는 폴리스의 목적인 좋은 생활의 실천, 예를 들어 '극장, 재판, 축제, 선거 활동에 참여하기' 위해 필요한 시간이다. 빈곤은 여가의 부재이며, 좋은 생활을 영위하기 위한 조건들이 결여된 상태를 의미했다.

아리스토텔레스에 따르면 불평등이란 민주적인 형태에서의 집합적 동일성의 부정이다. 왜냐하면 빈곤은 가난한 사람을 좋은 생활에서 멀어지게 만들고, 실질적인 시민 자격의 상실을 불러오기 때문이다. 빈곤은 부유한 사람과 가난한 사람 사이의 종속 관세를 만들어내고 이는 민주정치의 약화로 이어진다. 민주정치를 유지하려면 시민을 불평등 또는 빈곤하게 만들어서 좋은 생활에서 멀어지게 만드는 위험에 대처할 필요가 있다. 아리스토텔레스의 경제관에는 이러한 내용이 묘사되어 있다. 민주제에 적합한 경제제도의 본질은 평균적 시민의 공동체 또는 '평등한 공동체'를 창출하려는 폴리스의 의지이다.

아리스토텔레스는 인간의 욕망이나 필요가 무한하지 않다고 생각했다. 그래서 수단의 '희소성'이 아니라 폴리스(공동체)의 목적이 경제를 제도화한다고 주장했다. 그는 등가성 제도에 의거하여 재화나 서비스가 '교환되는 비율'은 공동체의 신분 관계나 지위를 반영해야 한다고 주장했다. 아리스토텔레스에 따르면 "상업적인 교역은 돈을 건 도박이라는 부자연스럽고 〔중략〕 무한한 충동으로 인해 발생한다. 가격은 정의의 규칙을 따라야 한다"(Polanyi 1957b).

또한 아리스토텔레스는 공동체를 존속시키고 공동체의 자족성을 회복하는 데 도움이 되는 교역이 '자연에 합치하는' 교역이며 그렇지 않은 교역은 '자연에 반하는' 교역이라고 주장했다. 폴라니의 해석에 따르면 "교역 제도 자체는 올바른 것이며 무엇이 좋은 생활인지에 대한 이해가 올바르다면 희소성의 요소가 인간의 경제로 파고들 여지는 없다고, 아리스토텔레스는 생각했다"(같은 책). 교역과 가격을 둘러싼 정책적 과제에 대한 아리스토텔레스의 견해는 집단생활(공동체)의 지속을 최우선으로 여기는 관점에서 비롯되었다. 그에 따르면 "가격은 공동체의 유대를 강화하는 것이어야 한다. 그렇지 않다면 교환은 유지되지 않으며 공동체도 존속될 수 없을 것이다"(같은 책). 아리스토텔레스는 재화를 늘리기 위한 목적의 제한되지 않는 교역이나 가격제도가 폴리스를 해체시킬 수 있다는 위험성을 충분히 인식하고 있었을 것이다. 폴라니는 아리스토텔레스의 이러한 생각을 다음과 같이 요약했다.

> 다시 말해 아리스토텔레스의 사상은 다음과 같은 것들을 부정하고 있다. 교역의 매개 수단으로서의 시장, 시장 기능으로서의 가격 형성, 자급자족성에 대한 공헌 이외의 모든 교역 기능, 시장에서 형성되는 가격이 설정 가격과 달라야 하는 이유, 시장가격이 당연히 변동되는 것으로 여겨지는 이유, 마지막으로 시장경제의 역할을 다함으로써 유일한 자연적 교환 비율로 간주될 수 있는 가격을 만들어내는 장치로서의 경쟁의 존재이다.(같은 책)

아리스토텔레스를 통해 알 수 있는 고대 그리스의 경제생활의 원형은 개인에게 기아의 위협을 가하지 않는 것을 전제로 한다는 점에서 근현대 경제학자가 주장하는 희소성이라는 전제와 첨예하게 대립된다. 폴라니에 따르면, 아리스토텔레스는 그 뒤로 토마스 아퀴나스 Thomas Aquinas를 통해서 중세의 도시경제에 영향을 주었다. 그러나 시장제도가 확립되고 뒤이어 고전파 경제학이 발흥하게 되자, 그의 주장은 비판을 받게 되었다. 슘페터의 『경제학사』는 그 전형적인 예라고 할 수 있다.(같은 책).

다시 말해 고대 그리스의 철학자 아리스토텔레스는 공동체의 활력과 존속의 관점에서 교역과 시장을 규제할 수 있는 가능성, 즉 공동체에 도움이 되도록 시장을 조종하는 실질적 힙리싱이 확보된 경세생활을 묘사한 경제학자이기도 했다. 그리고 폴라니는 시장과 공동체의 충돌이라는 인간 경제의 보편적 문제를 정식화하고 이를 극복하기 위한 제도적인 틀을 아리스토텔레스의 경제론 속에서 찾아냈다. 폴라니는 아리스토텔레스의 저서를 깊이 참고하면서 다음과 같은 점을 확인했다. (1) 고대사회에서의 시장의 부재 또는 시장의 종속적 역할은 중앙 관료가 틀어쥐고 있는 답답한 행정 수단을 뜻하지 않는다. (2) 법에 의해서 승인되고 규제된(이득을 뺀) 경제적 거래나 필요 물자의 할당은 개인의 자유와 실천적 민주주의의 가능성을 개척하기 위한 경제제도로서 기능했다. 요컨대 2차 세계대전 이후에 폴라니는 '제도의 경제학자'로서 아리스토텔레스를 재발견했다.

사회에서 경제의 위치는
어떻게 변화했는가

『사람의 살림살이』는 폴라니가 세상을 떠난 이후에 출간된 유고집이다. 이 책은 1부 「사회에서의 경제의 위치」, 2부 「시장경제의 3요소: 교역·화폐·시장」, 3부 「고대 그리스에서의 교역·시장·화폐」의 3부로 편집되어 간행되었다. 편자인 피어슨에 따르면 폴라니는 컬럼비아 대학교 시절 '무한한 정열을 가지고 이설異說'을 풀어냈다. 그것은 '사회에서의 경제의 위치 변화'를 탐구하는 제도주의적인 방법으로 희소성의 개념에 의거하지 않고 인간의 경제활동을 조직하는 다양한 사회적 조건들에 초점을 맞추는 폴라니의 제도주의적 방법이었다. 수단의 희소성 개념으로 경제를 정의하는 로빈스의 방법이나 하이에크의 시장에 대한 진화적 역사관과도 대치되는 것이었다.

　『거대한 전환』 이후, 폴라니는 컬럼비아 대학교에서 '사회에서의 경제의 위치 변화'를 연구했다. 그는 (사회에) '자리 잡고 있는 경제'와 (사회에서) '분리된 경제'의 대비라는, 그때까지의 비교적 단순한 이분법⁴'을 뛰어넘어 양자를 '제도화된 경제'라는 시점에서 연구하는 제도주의적 방법을 제창했다. 이 방법에 따르면 사회에서 분리된 경제인 시장경제도 사회 속에 자리 잡고 있는 경제와 마찬가지로 사회 속에서 경제 과정을 제도화하는 하나의 패턴에 지나지 않는다고 할 수 있다. 제도주의적 방법에 따르면, 인간 경제의 역사에서 시장경제가 갖는 특이성과 시장경제를 유일한 합리적 경제체제라고 여기는 신고전파 경제학의 한계가 확실해진다. 사회 속에 자리 잡은 경제와 분리된 경제의 차이도 이론적으로 한층 더 명확해진다. 또한 투른발트나 말리노프스키의 인류학적 연구가 비시장경제의 경제 원리로 주목한 호혜나 재분배도 경제과정의 제도화를 분석하는 도구로 재정의된다. 요컨대 폴라니가 분석한 것은 '인간과 자연환경 사이의 제도화된 상호작용'으로서의 경제였다.

호혜·재분배·교환이라는 세 가지 통합 형태

폴라니는 경제를 (1) 인간과 자연의 상호작용 과정 (2) 상호작용의 제도화라는 두 가지 차원으로 파악한다. '호혜·재분배·교환'은 인간과 자연 사이의 상호작용을 제도화 차원에서 분석한 개념으로 정의되며, 이 세 가지 분석 개념은 경제 과정에 안정성과 통일성을 부여하는 '통합 유형'으로 정의된다. 경제 과정은 호혜·재분배·교환이라는 세 가지 통합 유형에 의해서 각각의 방법으로 '이동movement'의 방향을 결정하며, 이는 (1) 생산 활동이나 수송 과정을 포함하는 '장소' 이동 (2) 물적 생산수단이나 노동 이용, 기술적 지식 등에 관한 권리와 의무, 그리고 사용권과 처분권을 포함하는 광의의 소유관계를 의미하는 '전유'의 이동으로 구성된다. 폴라니에게 있어서 이들 세 가지 통합 유형은 진화론적 발전의 도식에 대응하는 것이 아니라 어디까지나 경제체제의 비교분석을 위한 도구였다.

『사람의 살림살이』를 편찬한 피어슨에 따르면, 생산 활동에 도움이 되는 물적 수단, 지식과 노동이 차지하는 '사회에서의 위치'를 변화시키는 일, 재화나 서비스를 사회 구성원에게 배당하는 방법을 정하는 전유 권한의 설정은 경제와 사회의 관계 그리고 사회에서의 경제의 위치를 결정하는 제도상의 모체이다. 그렇기 때문에 통합 유형으로서의 호혜·재분배·교환은 전유 권한의 설정과 밀접한 관련이 있다. 또한 고대사회에서 개인의 권리와 의무는 대체적으로 사회에서의 출신 배경이나 가족 내에서의 지위 등에 의해 정해지는 '신분'에 따라 결정된다.

호혜는 사회에서의 재화와 인간의 이동이 만들어내는 경제 과정의 통합 유형으로는 "대칭적으로 분류된 집단들 사이의 이동"(Polanyi 1977a)으로 정의된다. 호혜는 대칭적 조직의 존재, 구체적으로는 대칭적인 친족집단체제를 전제로 한다. 통합 유형으로서의 호혜는 재화나 인간의 이동 및 물적 수단의 생산적 이용에 대한 권리와 의무가 혈연적인 조직(가족과 친족)이나, 공동체의 관습적인 규범 또는 기대에 의해서 정해진다. 그 경우 개인의 권리와 의무 또는 전유의 권한 설정은 친족 관계에 근거를 둔다. 폴라니는 이와 같은 호혜적인 경제 과정의 제도화를 묘사한 대표작으로 말리노프스키의 연구를 들었다.

재분배는 '중앙을 향해서 또는 중앙으로부터 시작되는 전유의 이동'으로 정의되며, 그것을 뒷받침하는 구조로 중심점(구체적으로는 궁전

이나 신전과 같은 배분의 중심)이 사회 안에 존재한다고 전제한다. 통합 형태로서의 재분배가 지닌 본질적 특징은 재화와 인간의 이동에 대한 권리와 의무가 그 중심점에 위치하는 권위에 의해서 결정된다는 점이다. 재분배가 중심 통합 형태였던 대표적인 예로 고대 이집트나 페루의 잉카제국에 존재했던 거대한 관료제 기구가 있다.

교환은 "각자에게 발생하는 이득을 목표로 이루어지는, 사람들 사이의 재화의 상호 이동"(Polanyi 1977)으로 정의되며, 경제를 통합하기 위한 구조로 가격결정시장이라는 제도를 전제로 한다. 통합 형태로서의 교환이 지닌 본질적 특징은 시장, 가격, 화폐를 통해서 부의 획득과 처분에 관한 권리와 의무의 내용(선뉴)이 설정되고, 거래자 사이의 분쟁이 가격의 변동에 의해서 해결된다는 점이다. 교환이 사회의 경제활동을 통합하는 변동가격을 만들어내기 위해서는, 당사자의 행동이 흥정과 절충을 통해서 각자에게 유리한 가격을 만들어내는 방향으로 움직이는 시장 상황이 전제되어야 한다. 변동가격에서의 교환은 당사자들 사이의 대립적 행동에 의해서 얻어지는 이득을 목표로 한다. 그러나 폴라니는 이득을 목표로 하는 것이 제도화되어 있다는 점을 강조한다. 모든 인간이 경제화(형식적 합리성)를 추구하는 것은 이득의 획득과 기아의 공포라는 경제적 동기가 제도화되어 있기 때문이며, 사회가 '희소성의 원칙을 따르는 시장'을 본떠서 만들어졌기 때문이다. 신고전파 경제학에서 경제활동의 전제로 가정하는 희소성의 원칙은 경제화를 자기목적으로 추구하는 경제적 동기를 제도화한 결과로도 만들어진다.

더욱 주목해야 할 점은 이러한 호혜·재분배·교환이라는 세 가지

통합 유형이 상호보완적이기도 하다는 점이다. 통합 형태로서의 호혜
는 재분배와 교환을 부차적으로 사용하는 방법에 따라서 더욱 강력해
질 수 있다(Polanyi 1957a). 폴라니에 따르면 세 가지 통합 유형은 경제
적 진화의 단계와는 관련이 없다. 비시장경제에서 호혜와 재분배의
공존은 일반적인 일이었다.

　　예를 들어 고대 그리스의 도시국가 아테네의 경우, 경제활동의
목적은 '가정(오이코스)'부터 '도시국가(폴리스)'에 이르는 다양한 인간집
단의 공동체(코이노니아)가 존속하는 데 도움을 주는 것이었다. 공동체
의 존속 가능성은 구성원들을 결속하는 유대 관계인 필리아(선의)와
그 표현인 호혜적 행위(상호간의 부담을 자발적으로 받아들이는 일)에 의해
서 확보되었다. 당시 아테네에서는 가정과 폴리스에 각각 고유한 필
리아와 호혜적 행위가 존재한다고 여겨졌다. 최고의 완성된 공동체인
폴리스의 필리아와 호혜적 행위의 틀 속에서, 경제는 민주제를 유지
하기 위해 존재했다. 특히 재분배와 교환의 결합은 아테네 민주주의
의 조건을 구성하고 있었다. 폴리스에 의한 부의 재분배는 시민이 최
소한의 경제적 자립을 보장받기 위해, 부자에게 의존하지 않고 민주정
치에 참가하기 위해 반드시 필요한 자유의 조건이었다. 이러한 재분
배는 관료제로 변질되지 않았다. 아테네에서는 식량 구입이라는 특정
목적을 위한 화폐로 재분배가 이루어졌고, 시민들은 지역 시장에서 이
화폐를 사용하여 생활에 필요한 물자를 입수했기 때문이다. 시장에서
의 화폐와 식량의 교환은 재분배가 관료제로 변질되는 것을 억제하는
기능적 효과를 가지고 있었다.

　　비시장경제에서는 호혜와 재분배가 동시에 실시되는 것이 보통

이었고, 하위 형태 또는 우위 형태로 이 둘이 병존하는 경우도 있었다. 말리노프스키는 트로브리안드 군도 주민들의 경제생활을 예로 들었다. 그곳에서 호혜 원리는 혈연적 조직 사이에서 기능하고, 재분배의 원리는 군도에서의 생산물의 상당 부분을 징수하여 보관하는 수장과 축제나 전통 행사에서 대접을 받는 주민들 사이에서 기능한다. 재분배가 우위 형태에 있는 고대사회에서도 호혜가 하위 형태로서 중요한 역할을 담당하고 있는 경우가 많았다. 또한 교환이 우위 형태에 있는 현대사회에서도 재분배의 한 형태인 조세 체제가 하위 형태로서 중요한 역할을 담당하고 있으며, 호혜에 기반을 둔 가족과 비영리단체 등의 비계약적 사회관계도 일상생활을 구성하는 필수 요소이다.

화폐의 제도주의적 분석

세 가지 통합 유형과 마찬가지로, 사회에서의 경제 위치를 연구하기 위해서는 화폐의 제도주의적 분석 역시 중요하다. 폴라니는 문화인류학과 고대사의 선행 연구를 단서로 화폐 사용의 네 가지 용도를 예로 들며 각각의 용도가 개별적으로 제도화되었음을 밝혔다.

(1) **지불수단**: '지불'은 양화量化 가능물의 인도에 의한 채무의 해소를 말한다. 이 경우 양화 가능물은 지불수단으로 기능한다.

(2) **가격의 척도표준**: 가격의 척도표준으로 화폐를 사용하는 것은 회계 처리가 필요한 경우에 다양한 재화의 양을 동일하게 만드는 일이다.

(3) **부 또는 재물의 축적 수단**: 부 또는 재물의 축적으로 재화가 사용되는 것은 장래의 지불 또는 재물 형성을 위해서 양화 가능물이 축적되는 상황이다.

(4) **교환 수단**: 교환 수단으로 화폐를 사용하는 것은 양화 가능물을 간접적 교환의 상황에서 사용하는 것이다.

폴라니의 논고 「원시 화폐에 관한 노트」(Polanyi 1968[1947-50])에 따르면, 시장에 중요한 기능이 거의 없던 시대에도 복잡하고 수준 높은 화폐제도를 운용하는 사회가 다수 존재했다. 그리고 비시장경제에서 화폐를 사용하게 된 데에는 다음과 같은 중요한 제도적 기원이 있었다.

(1) 미개사회나 고대사회에서는 공물과 제물, 구혼과 혼인, 범죄와 벌금 등에서 발생하는 비경제적 채무를 해소하기 위해 화폐가 필요했다. 이것이 지불수단으로 화폐를 처음 사용하게 된 이유였다. 대단히 복잡한 규범적 채무나 부채는 가창, 춤, 향연, 애도, 자살 등의 행위 또는 동물, 노예, 식량, 조개껍질 장식과 같은 물적인 대상으로 지불했다. (2) 가치의 척도표준으로서의 화폐 사용은 고대제국의 광범위한 재분배 제도에서 징수한 식량 등의 기본 물자를 관리해야 할 필요 때문에 발달했다. (3) 부의 축적 수단으로 화폐를 사용하게 된 것은 미래의 기근을 대비하거나 현물로 생활 자원를 제공하는 데 필요한 군사력과 노동력의 사용과 관련이 있다. (4) 교환 수단으로서의 화폐 사용은 개별적인 물물교환 차원이 아니라 조직화된 대외 교역을 통해 발전했다.

    화폐제도의 기원에 대한 폴라니의 이러한 고찰에서 다음의 세 가지 논점을 도출할 수 있다.

    첫째로 '화폐는 교환 수단이다'라는 통념은 시장경제의 가장 강력한 가정이다. 그러나 오직 시장경제에서만 교환 수단의 기능이 화폐의 다른 기능을 지배하고 통합한다. 대조적으로 비시장경제에서는 호혜와 재분배가 통합 형태로 다양한 기능을 통합하는 역할을 하기 때문에, 화폐의 용도에 따라 별도의 화폐가 제도화되어 기능한다(같은 책). 일반적으로 계산 단위로 사용하는 화폐와 지불수단의 기능을 담당하는 화폐는 그 대상이 서로 다르다.[5] 폴라니는 시장사회의 화폐를 '다목적 화폐', 비시장사회의 화폐를 '특수 목적 화폐'라 불렀다. 교환 수단이라는 화폐 기능에 최고의 가치를 부여하는 것은 시장사회의 제도적 특징이다. 그러나 시장사회에서 다목적 화폐와 함께 특수 목적 화폐가 사용된 시대도 있었다. 예를 들어 19세기 금본위제가 한계에 부딪힌 이후, 다양한 화폐제도를 모색하는 과정에서 특수 목적 화폐가 등장했다.[6]

    둘째로 비시장사회에서 화폐가 측정하는 대상은 도량형으로 측정되는 무게나 길이가 아니다. 화폐는 측정되는 대상의 중요성을 평가하는 제도로서 기능한다. 다시 말해 "어떤 일정한 상황에서 측정 대상이 어느 정도의 중요성을 갖는가?"(Polanyi 1977)를 정의하는 의미론적 체제로서 화폐를 고찰할 수 있다.

    셋째로 비시장사회의 화폐를 이해하기 위해서는 사회적 신분이 중요하다. 이와 관련해 폴라니는 다음 두 가지를 지적했다. (1) 사회의 초기 단계에서 신분의 계층화에 상응하는 화폐제도의 분화가 나타난다(고대의 화폐는 다양한 방법으로 신분과 연결되어 제도화되었다). (2) 사회의 신분 계층마다 독자적인 화폐가 제도화된다. 부유한 계층에서 유통되는 화폐와 빈곤한 계층에서 유통되는 화폐를 차별화하는 화폐의 유통이 사회의 신분 질서를 유지하고 강화하는 통합적 기능도 담당하고 있다(같은 책). 즉 '화폐제도가 다양하고 때로는 구체적으로 나뉘어 있던 것은 직접적인 폭력을 사용하지 않고도 통합을 달성하고 신분적 특권을 안정화시키는 일을 돕는' 기능을 했다고도 볼 수 있다(같은 책).

정치에서 시장을
분리하는 일의 중요성

폴라니는 『사람의 살림살이』를 통해 고대사회에서 경제와 정치의 관련성을 고찰했다. 그 내용을 세 가지 명제로 정리하면 다음과 같다.

(1) 사회 구성원에게 필요한 물자를 할당하는 일은 대단히 중요한 정치 적 과제였다. 예를 들어 아테네에서는 민주제를 유지하기 위해 시민 이 빈곤에 처하지 않도록 했다. 국외로부터 안정적으로 곡물을 확보 하고 국내에서 공평하게 공급하는 일은 아테네가 도시국가로서 살 아남기 위한 필수 조건이었다.

(2) 빈부 격차의 확대나 극단적인 불평등은 사회를 분열시키는 위협이 되기도 한다. 빈곤이나 기아에 처하는 위협이 만연한 경우에는 공공 적인 사항에 대한 관심이 사라지고 결과적으로 부정이 횡행한다.

(3) 사회에서 시장이 차지하는 위치를 이해하는 것은, 그러한 경제의 제 도화를 촉진하는 사회를 본질적으로 이해하는 것과 마찬가지이다. 다시 말해 '폴리스를 이해하는 것은 그곳에서 시장이 차지하는 위치 를 이해하는 것이다'(Polanyi 1977).

헤시오도스 시대의 맬서스주의

『일과 날Erga kai Hemerai』의 저자인 헤시오도스Hesiodos가 살던 시대에는 철이 전래되면서 농업의 기술혁명이 일어났고 부득이하게 종래의 그리스식 생활양식에 변화가 일어났다. 또한 당시는 도리아인의 침입으로 인한 정치적 파국과 맞물려 폴리스가 황폐해진 시대이기도 했다. 폴라니는 그 속에서 '농업의 원초적 형태에 나타난, 자연에 대한 인간의 예종隷從'을 발견했다. 철제 농기구가 보급되면서 비옥한 관개지가 아닌 곳에서도 곡물을 재배할 수 있게 되었지만, 그 때문에 '토지의 경작자에게 전혀 새로운 규율이 부과된' 것이다.

폴라니에 따르면 헤시오도스는 '철의 시대'의 황폐한 폴리스에서 민중을 대상으로 살아남기 위한 '새롭고 기이한' 조언을 하는 시인이었다. 헤시오도스는 '무위無爲는 곧 수치이다'라고 주장하며, 굶주림을 피하기 위한 유일한 수단으로 노동을 권고하고 나아가 절약을 명했다. 헤시오도스는 '경쟁이 노동에 자극이 된다는 사고방식'도 제시했다. 그는 '굶주림을 피하는 것, 그것이 인생의 의미'라고 단언하고, 곳간을 가득 채우기 위해서는 타인에게 의지하지 말고 아무도 믿지 말고 본인이 금욕적으로 근면하게 일해야 한다고 주장했다. 이처럼 '굶주림이 인간 조건의 일부라는 것을 발견'한 헤시오도스의 주장은 폴라니가 『거대한 전환』에서 언급한 산업혁명기 타운센드나 맬서스의 '기아가 근로를 유도한다'는 주장과 놀라울 정도로 닮아 있다.

폴라니는 헤시오도스의 『일과 날』에서 공동체의 황폐화에 수반되는 개인적 빈곤의 출현을 발견했다. 헤시오도스가 기록한 것은 생활에 대한 전망의 부재, 불안과 기아로 공황에 시달리는 민중의 출현이었지만, 그 배후에서는 호혜와 재분배의 해체가 진행되고 있었다. 그리스식 생활양식의 기반이었던 친족 관계가 느슨해지고, 재분배와 호혜라는 부족 단위 상호부조의 집단이 해체되고 있었다. 사람들은 '소속된' 집단을 갖지 못한 채 개인이 되었고, 경제적인 행운과 불운은 공동체의 문제에서 개인적인 문제로 변했다. 헤시오도스의 시대에 "경제적인 행운과 불운은 인간 개개인의 두려운 동반자가 되었다." 개인은 더 이상 지독한 굶주림을 피하기 위해서 재분배와 호혜라는 전통적인 조직에 의지할 수 없었다(같은 책).

폴라니는 공공적인 관심에 대한 헤시오도스의 해석에도 주목했다. 즉 빚과 굶주림을 피하기 위해서 매일 근면하게 일해야 하는 사람들이 공공적인 사항에 대해 이것저것 생각할 수 있었던 이유에 대한 부분이다. 기아의 위협과 노동의 노고는 가난한 사람들의 몫이고, 정치를 지배하는 것은 부자였던 헤시오도스의 시대는 폴라니가 보기에는 '부정'의 시대였다. 가난한 사람들은 개인적인 기아의 위협을 피하기 위해서 그저 열심히 일할 수밖에 없었기 때문에 공공생활에는 거의 관여할 수 없었다. 폴라니는 바로 이 점을 강조했다. 헤시오도스의 시대에는 굶주림을 피해야 한다는 경제적 의식이 사람들의 생존에 대한 관심의 전부였기 때문에 가난한 사람들은 공공적인 사항에 대한 관심을 가질 여유가 없었다는 것이다. 그곳에서는 경제생활과 공공생활이 분리되어 있었다.

아리스토텔레스는 최초의 제도 경제학자였다

폴라니에 따르면 헤시오도스와는 대조적으로 아리스토텔레스는 민주제 아테네의 전성기에 시장의 요소들이 어떻게 제도화되어 있었는지를 기록한 정치철학자였다. 폴라니에게 아리스토텔레스는 사회 속에 위치하고 있는 경제를 파악한 최초의 제도 경제학자였다.

앞서 설명했듯이, 폴라니는 아리스토텔레스의 저서를 인용하면서 아테네의 폴리스에는 '좋은 생활'이라는 목적이 존재했고, 그것을 실현하는 공공생활이 있었다는 점에 주목했다. 아테네의 좋은 생활은 바로 공공생활에 참여하는 것이었고, 경제는 공공생활을 위한 수단으로 사회 속에 위치하고 있었다. 여기서 특히 중요한 점은 아리스토텔레스가 설명하고 있는 아테네는 민주제 시대였다는 점이다.

헤시오도스의 시대와 아리스토텔레스가 분석한 도시국가 아테네의 전성기 사이에는 결정적인 차이가 존재한다. 헤시오도스의 시대에는 공공생활에서 분리되어 있던 노동하는 민중이 기원전 5~4세기의 고전기 아테네에서는 공공생활의 담당자가 되었다는 점이다. 헤시오도스 시대에는 공공생활에서 쫓겨나 있던 민중이 도시국가 아테네에서는 경제생활과 공공생활을 모두 담당했으며, 영지적 가정領地的 家政*의 귀족이나 부자들에게 대항할 수 있는 정치적·경제적·문화적 힘을 획득했다. 폴라니에 따르면 "고전기의 아테네인에게 민주제란 영지

---

* 봉쇄적 가족경제를 뜻하는 경제사 개념인 가정(오이코스) 중의 영지 지배 유형.

적 가정을 폴리스로 조직된 민중(데모스)의 힘으로 대체하는 것을 의미했다"(같은 책). 민중과 귀족·부자 사이의 다양한 대립은 고전기 아테네 역사의 원동력이기도 했다. 영지적 가정을 행하는 귀족이나 부자는 폴리스에서의 영향력을 겨루는 분열적 세력을 형성하면서 가난한 사람들의 연합인 민주주의 세력을 무너뜨리기 위해서 노력했다. 아리스토텔레스가 묘사한 귀족 키몬Kimon은 전형적인 과두정치의 지지자였다. 그는 가난한 사람들에게 많은 돈을 뿌리면서 민중의 공공심公共心을 매수하고자 했다. 과두정치의 지지자들은 아테네의 공공생활을 자신들과 같은 부자의 것으로 만들기 위해서 가난한 시민들에게 사유재산을 재분배해서 공공생활의 매수를 시도했다. 따라서 "그리스적인 의미에서의 민주제에는 부유한 사람들의 공공 기관 매수를 피하기 위한 물질적 안전장치가 필요했다. 효과적인 방법은 배심원이 되거나, 인민집회에서 투표를 하거나, 평의회에서 행정을 수행하는 정치적으로 활동적인 민중을 부유한 사람들이 부양하지 못하게 만드는 일이었다"(같은 책). 아리스토텔레스는 민주제의 물질적 안전장치가 역할을 다할 수 있도록 시장이나 교역, 화폐가 제도화되어 있는 모습을 묘사한 것이다.

폴라니에 따르면 고전기 아테네의 실천적 민주주의와 시장의 발흥 사이에는 실제로 기묘한 관련이 있었다. 아테네의 지역 내부에 존재하는 시장은 식량 시장(주로 곡물시장)이었다. 광장(아고라)형 지역 시장은 민중에게 식량을 공급하는 장소로, 신선한 우유, 달걀, 채소, 생선, 고기, 가공식품 등이 판매되었다. 그곳은 일하는 시민에게 식사를 제공하는 장소이기도 했다. 시민은 공공생활에 대한 공헌도에 따라 폴리스에서 지급받은 화폐를 시장에 가지고 가서 식량과 교환했다. 당시의 시장은 민주제의 유지라는 폴리스의 방침에 따라 통제되고 시민이 이용하는 제도였다. 큰 사유재산(식량 저장고)이 없는 가난한 민중을 위한 공공의 경제제도로, 시장은 사회 속에 위치하고 있었다.

폴라니는 그리스인들이 시장의 폐해를 인지하고 있었다는 점에도 주목했다. 시장, 교역, 화폐 제도를 창안하고 이용한 그리스인들은 시장의 매력과 그 매력 때문에 악용되기 쉽다는 점을 알고 있었다. 다시 말해 그리스인이 아테네 시민에게 교역을 허락하지 않고 '정치적 광장을 시장에서 분리하는 일'에 필사적이었던 이유는 시장과 거래의 유혹에서 민중을 떼어놓아 공공생활을 확보하기 위해서였다. 시장이라는 통제하기 힘든 '양면성을 가진 제도'를 '다루는 그리스인의 능력'(같은 책)을 발휘함으로써, 아테네는 시장을 공공생활의 수단으로 이용할 수 있었다. 시장, 화폐, 교역을 폴리스를 위해 이용할 수 있었던 민주제 시기의 아테네는 공공 봉사에 의해서 그리스 문명의 전성기를 경험했다. 폴라니에 따르면 아테네가 남긴 문화적 위업(파르테논과 프로필라이아 같은 페리클레스의 장대한 건축 계획)은 민중이 그들 자신에게 바친 공공 봉사의 결과이며, 관료제와 대의제를 회피한 민주제의 산물이었다. 그 후로 교역, 시장, 화폐를 통제하는 힘이 약화되었고 아테네는 쇠퇴의 길로 들어섰다. 그러나 폴라니는 고대 그리스 아테네의 전성기에 (1) 교역, 시장, 화폐가 공공생활을 유지하는 수단으로 제도화되었던 점 (2) 시민의 공공 봉사에 의해서 문화적 위업이 달성된 점을 강조했다.

민주주의로
시장경제를 뛰어넘다

폴라니는 인간 사회의 기본 구조가 경제적 요구에 따라 편성된다고 전제하는 경제결정론을 거부했다. 그는 사회에서의 경제의 위치, 즉 경제가 어떤 역할을 담당하는지 결정하는 것은 사회적·정치적·윤리적·문화적 제도들이라고 생각했다. 또한 굶주림이나 이득과 같은 경제적 동기를 절대화하는 사회는 살아남을 수 없다는 사실을, 비교경제사 분석을 통해서 증명하고자 했다. 앞서 설명한 것처럼, 비시장사회의 기본 구조는 기아의 위협을 생산의 동기로 삼는 제도가 아니라, 기아를 방지하기 위한 창의적인 고안을 중심 요소로 삼고 있다. 그러한 제도들이 형성되는 조건은 무엇일까? 이 질문에 대해서 폴라니는 시장경제를 민주적 정치에 종속시키는 일, 바꿔 말하면 사회적·정치적·윤리적·문화적 제도들에 따라서 경제의 방향을 결정하는 일이 가장 중요하다고 생각했다.

『거대한 전환』에서 폴라니는 자기조정적 시장이라는 사고방식에 대해 비판적 논거를 제시했다. 그중에서도 과연 시장으로부터 인간을 보호할 필요가 있는지에 대한 문제는 특히 중요했다. 20세기 전반의 파국적인 전개는 시장과 사회를 동일시하는 경제적 자유주의 정책들이 강행되어 나타난 치명적인 실패의 결과였다. 폴라니의 '사회주의'는 이에 대한 철저한 반성을 기반으로 하고 있다. 그는 말년의 「자전적 노트」(1962)에서 그러한 윤리적 사회주의(사회민주주의)의 구상에 대해 다음과 같이 적었다.

> 경제를 경제적 제도들 또는 비경제적 제도들 속에 위치시키는 일은, 인간적 공동체의 목적을 달성하기 위한 수단으로서 경제를 의도적으로 복종시키는 창의적인 고안을 통해 산업문명을 극복할 방법을 실현시켜가는 사고방식이다.(30-1:3)

여기서 말하는 "인간적 공동체의 목적을 달성하기 위한 수단으로서 경제를 의도적으로 복종시키는 창의적인 고안"은, 구체적으로 시장경제를 민주적 정치에 종속시키고 경제적 또는 비경제적 제도들을 만들어내는 과정을 통해서 이루어진다. 폴라니에게는 이것이 '사회주의'라고 부를 수 있는 유일한 것이었다. 이러한 사회주의 정신은 미국의 뉴딜정책에 힘을 부여한 실용주의의 사상, 영국의 복지국가 형성에서 결정적 역할을 담당한 뉴리버럴리즘(사회자유주의)적인 사회정책, 그리고 1934년 오스트리아 파시즘에 의해서 무너질 때까지 실제로 시도된 빈의 사회주의에 공통적으로 나타난다.

상품과 화폐를 매개로 이루어지기 때문에 사람들의 복잡한 상호의존관계가 눈에 보이지 않는 시장경제에서는 자신의 행위가 타인에게 미치는 악영향을 확인할 수 없다. 예를 들어 저렴한 상품을 구입할 때, 멀리 떨어진 지역의 노동자가 저임금과 장시간 노동을 강요받게 되는 현실을 떠올리지는 않는다. 그래서 사람들은 그러한 영향에 대한 자신의 책임을 받아들이지 못한다. 시장경제에서는 면책의 자유가 제도화되어 있는 셈이다. 폴라니는 그러한 사회에서는 인간의 자유가 크게 제한을 받는다고 생각했다. 그는 민주주의에 의해 경제 영역을 통제함으로써 책임을 통한 자유(사회적 자유)를 (경제를 포함한) 사회적인 규범으로 실현하는 것을 사회주의라고 불렀다. 민주주의는 시장경제의 투명성을 높여 자유를 실현하기 위한 중요한 수단이다.[7] 사회주의는 시장경제 또는 자본주의를 대체할 중앙집권적인 계획경제가 아니며, 먼 장래에 실현될 이상적인 공동체도 아니다. 그것은 책임을 통한 자유가 실현될 수 있도록 시장경제의 현실에 작용하여, 끊임없는 제도 개혁을 통해 자유의 기반이 되는 직접적인 인격적 관계와 비계약적 관계의 영역을 점차 넓혀가려는 윤리적 사회주의이다. 폴라니의 이러한 책임과 자유를 향한 노력으로서의 윤리적 사회주의는 '개인주의에서 집산주의collectivism[8]로의 변화'라는 20세기 영국 사회의 대항축을 둘러싼 사상적·윤리적 대립을 주시하면서, 19세기적 시장사회의 한계와 그것을 타파하려는 1920~1930년대의 혁명 그리고 격동적인 개혁의 시도를 고찰하는 과정에서 형성되었다.

파시즘이 출현하기 전인 1920년대 영국에서는 뉴리버럴리즘에 의한 자본주의 개혁이 진행되고 있었다. 폴라니는 1920년대 후반부터 1930년대에 쓴 논고에서 파시즘을 '협동조합적 자본주의' 또는 '협동조합 국가'로 파악했다(와카모리若森 2011). 그가 보기에 뉴리버럴리즘과 파시즘은 시장사회의 위기에 대한 정반대의 해결법이었다. 빈 시절의

폴라니는 당시의 케인스나 영국 자유당의 뉴리버럴리즘적 사회경제
개혁의 동향을 연구했다.

케인스는 장기화되는 경제 불황의 타개책이 보이지 않던 1920~
1930년대 당시의 '긴축정책'(공공 지출의 삭감과 가혹한 임금 억제를 지침
으로 삼았다)에 대한 비판적 사고를 심화시켜서 독자적인 경제학을 형
성한 것으로 유명하다. 1920년대에 케인스는 생산성을 높여서 기업의
번영과 민중의 생활수준 향상을 동시에 이룰 수 있는 '노동자와 고용
자의 타협'에 대해 구상했다. 그것은 '보다 개선된 교육, 보다 좋은 주
거 환경 그리고 보다 건강한 노동자계급은 한층 더 생산적인 기업을
가능하게 만들고 신규 투자와 새로운 산업들을 자극하는 데 필요한
요소를 촉진한다'는 내용으로, 케인스는 그런 정책만이 19세기 자본주
의의 한계를 타개할 수 있다는 입장이었다. 그러나 당시 로빈스 등의
정통파 경제학자와 재무부는 이러한 사고방식을 이단으로 여겼다(니
시자와西沢 1999).

폴라니는 논고 「영국의 자유주의적 경제개혁」(1928)과 「영국의
자유주의적 사회 개혁」(1928)에서 케인스가 주요 집필자였던 『영국 산
업의 장래』(1928년 1월 간행된 자유당의 황서黃書) 와 「우리는 실업을 극복
할 수 있을까?」(1928) 등을 언급했다. 케인스와 영국 자유당의 뉴리버
럴리즘은 '공공사업 계획 착수에 의한 고용 창출'을 축으로 하는 발본
적인 사회 개혁 없이는 장기화되는 경제 불황을 타개할 수 없다는 인
식에서 출발한다. 폴라니는 이에 대해 리카도와 맬서스 같은 고전파
경제학자나, 알프레드 마샬Alfred Marshall과 미제스와도 다른 리버럴리
즘(자유주의)이며, 그들의 사상은 시장경제의 한계를 초월할 사회 개혁

의 가능성을 내포하고 있다고 평가했다(Polanyi 2002a[1928]).

케인스는 논고 「민주주의와 효율성」(1939)에서 자유주의적 사회개혁의 구상을 보다 급진적으로 발전시켰다. 그는 자유방임의 사적 자본주의와 마르크스적 사회주의를 초월하는 중도의 길로 '자유주의적 사회주의'를 제창했다.

> 문제는 우리가 19세기의 자유방임 국가에서 벗어나 자유주의적 사회주의 시대로 옮겨 갈 준비가 되어 있는지 여부입니다. 제가 말하는 자유주의적 사회주의는 우리가 공통의 목적을 위해서 그리고 사회적·경제적 공정성을 추진하기 위해서 조직된 공동체로 행동할 수 있으며, 다른 한편으로 개인(개인의 선택의 자유나 개인의 신앙, 개인의 정신과 그 표현, 개인의 기업과 그 재산)이 존중받고 옹호되는 체제입니다.(Keynes 1982[1939])

이러한 케인스의 뉴리버럴리즘과 폴라니의 윤리적 사회주의는 몇 가지 공통점을 가지고 있다. 사회에서 경제는 수단이며 그 자체가 목적이 아니라는 점에서 이들은 공통의 경제철학을 가지고 있었다고 할 수 있다. 또한 사회주의와 자유를 양립시키는 구조를 제시하고자 한 점도 닮아 있다. 실업의 증가 원인을 노동조합의 임금 요구에 의한 노동시장의 신축성 결여에서 찾고, 경제 불황의 대책으로 임금 및 실업수당 등의 복지 예산 삭감과 같은 긴축정책을 주장하는 경제적 자유주의(정통파 경제학)에 근본적으로 맞서 싸우며 새로운 경제학을 요구했다는 점도 동일하다. 케인스와 폴라니는 모두 인간의 윤리적 차원을 중시했다. 케인스는 조야한 물질주의나 '화폐에 대한 욕구'에 항상 의문을 품고 있었다. 폴라니도 시장경제에서는 물질적 동기와 정신적 동기가 분리되어 인간의 생존 조건들이 이득의 획득과 굶주림 등의 물질적 동기에 강력하게 연결되어 있다는 점이나, 화폐(돈)에 의해서 인간관계가 결합되어 있기 때문에 자신의 행위가 타인에게 미치는 영향을 직접 확인하지 못하고 결과적으로 사람들이 자기 행위의 영향에 대한 윤리적 책임을 질 수 없게 되어버린 현실을 비판했다.

그러나 정치의 중요성에 대한 인식에서는 케인스와 폴라니의 사고방식은 상당히 달랐다. 케인스는 '경제는 사회의 다른 영역들로부터 자립되어 있다'는 고전파 경제학의 핵심 교리를 완전히 버리지 않았다. 그는 자유로워야 하는 경제의 영역과 강제력으로 작용하는 정치의 영역을 분리하는 스미스나 흄 이후의 통치 원칙을 인정했다. 또한 케인스는 1920년대 이후에 심각한 경제 불황과 사회문제에 직면한 정치의 새로운 역할을 '정부가 담당해야 할 일과 담당해서는 안 되는 일의 경계선을 어디에 둘 것인가?'라는 편의의 문제로 환원시켰다. 그는 정치의 역할을 실용주의적으로 해석하는 경향이 있었다. 그에 비해 폴라니는 '시장경제는 정치에 의한 산물이다'라고 인식했다. 19세기 시장사회(자유주의적 자본주의) 그 자체가 국가의 의도적 개입에 의해서 형성된 점, 보다 구체적으로는 신구빈법(1834년)과 곡물법 폐지(1846년), 필은행조례(1844년)에 의해서 노동, 토지(자연), 화폐라는 세 가지 허구적 상품이 창출된 것이 그 근거였다. 즉 폴라니는 자유방임을 내세우는 시장사회가 일련의 정치적 선택과 국가 개입의 소산이라고 주장했다. 그는 경제와 정치의 분리는 이념상의 가정에 불과하며, 허구적 상품에 기반을 둔 노동시장, 토지시장, 화폐시장은 수급 조절

만으로 유지되기 어려웠기에 열등 처우의 원칙에 기반을 둔 사회정책과 통화안정을 위한 국가 개입이 끊임없이 필요했다는 사실에 주목했다. 이러한 사실에 비추어 보아도, 자기조정적 시장이라는 이념은 완전한 유토피아였음을 알 수 있다.

19세기적 시장사회의 위기에 직면한 폴라니는 '경제를 민주적 정치에 종속시키는' 구조에 대해 철저하게 연구했다. 그가 경제를 민주적 통치 아래 위치시킨 예로 삼은 것은 1차 세계대전 이후의 혼란 속에서 사회민주당에 의해 실행된 자치체사회주의인 '붉은 빈'의 시도이다. 여기서 중요한 점은 사회민주당의 민주적 정치 주도를 바탕으로 산업계와 노동자 측이 타협이 성립되고, 그로 인해 생산성 상승과 복지 정책 발전이 양립할 수 있는 구조가 실현되었다는 점이다. 폴라니는 1930년대 미국의 뉴딜정책에 대해서도 다음과 같이 평가했다.

> 공업법이나 사회보험, 관세, 노동조합, 테네시 강 유역의 개발공사를 포함한 공공사업의 경험은 〔중략〕 산업사회의 문제에 대한 미국의 독자적인 해결책의 출발점이다. 이것은 유럽의 대부분을 파괴한 사회적 한계에서 벗어나는 진정한 출구일 수도 있다. 그러나 그런 시대는 아직 오지 않았다.(폴라니ボランニー 2012[1945])

폴라니에 따르면 뉴딜정책은 유럽의 뉴리버럴리즘이나 사회주의 경험과 마찬가지로 산업사회에서 좋은 삶을 추구한 인류의 획기적인 시도의 하나였다. 물론 뉴딜정책은 보편적 자본주의를 지향하는 미국의 성격을 근본적으로 바꾸지는 못했다. 그것은 1차 세계대전 이

전에 유럽에서 몇 번이나 시장경제에 대한 사회주의적 개입의 기회가 있었음에도 자유주의적 자본주의가 거의 바뀌지 않은 것과 동일했다. 그러나 2차 세계대전 이후 유럽에서는 시장경제에 대한 사회주의의 효과적인 개입이 일반화되었다. 그에 비해 미국에서는 루스벨트에 의해 뉴딜정책이 시행되며 경제가 사회적 관계들(정치적·윤리적·문화적 제도들)속으로 복속되는 사회적 구조에서 후퇴했다고 폴라니는 평가했다.

'사회민주주의와 20세기 유럽의 형성'을 연구한 정치학자 셰리 버먼Sheri Berman에 따르면, 지금까지 살펴본 폴라니의 사회경제 개혁에 대한 사상은 스웨덴의 사회민주주의 운동에 지대한 이론적 영향을 미친 닐스 칼레비Nils Karleby의 소유론과 유사하다. 칼레비는 자본주의적 소유 관계는 개별적인 다양한 권리의 묶음으로 형성되어 있다고 파악했다. 사적 소유권이 다양한 권리의 묶음으로 구성된다고 정의할 수 있다면, 그 개별적인 권리를 분리하면서(칼레비의 표현을 빌리면 '양파 껍질을 한 장 한 장 벗겨가는' 것처럼) 점진적으로 소유 관계를 변경할 수 있다. 이러한 소유관은 사회적·경제적 자원에 대한 자본가와 부유층의 과도한 지배를 제한하는 민주정치적 수단으로서, 새로운 길을 개척할 것이다. 버먼의 연구에서 알 수 있듯이, 경제를 민주적 정치와 사회적 통제에 복종시키기 위한 폴라니적인 도전은 소유권의 정의와 방법을 둘러싸고 북유럽에서도 전개되었다.

폴라니는 붉은 빈에서 사상 형성의 시기를 보내고, 망명지 영국에서 케인스의 뉴리버럴리즘적 개혁에 천착하며 미국 뉴딜정책의 동향을 쫓고 있었다. 블록과 소머스가 최근의 폴라니 연구에서 지적하고 있듯이, 폴라니도 당시 자본가의 사적 소유권을 제한하는 일련의 사회 개혁을 통해서 경제가 민주적 정치에 종속되는 사회를 추구하고 있었다. 폴라니에게 모든 사회 개혁(8시간 노동 제도, 공장 입법, 강제적 노동재해 보험 등)은 소유권의 변경과 수정이며, 사적 소유의 지배력을 감소시키는 일이었다. 따라서 작은 사회 개혁도 단순히 사회 전환의 준비가 아니라 사회 전환 그 자체의 시작을 의미했다.[9] 시장경제체제가 발전한다고 사람들의 생활수준과 복지의 향상이 자연적으로 이루어지는 것은 아니다. 그것은 시장경제의 은총이 아니라 민주주의적 힘의 확대와 사회 개혁의 전진에 따른 결과이다. 폴라니는 붉은 빈이나 영국의 자유주의적 사회 개혁 그리고 미국의 뉴딜정책의 경험에서 '근본적인 민주적 개혁에 의해 시장경제를 다시 만들 수 있다'는 확신을 얻었다.

폴라니의 윤리적 사회주의와 스웨덴의 사회민주주의가 개척한 사회경제 개혁의 사조는 2차 세계대전 이후에 유럽의 사회민주주의 정권에서 대규모로 정책에 반영되었다. 대부분의 유럽 국가들은 자본 이동의 제한과 고정상장이라는 브레턴우즈체제 아래에서 시장경제를 통제함으로써 사회적 불평등을 줄이는 개혁을 실시할 수 있었다. 시장경제의 리스크로부터 사람들을 보호하는 복지국가 제도의 보급과 지속적인 경제성장은 1970년대까지 대립 없이 유지되었다.

그러나 다음 장에서 살펴보겠지만, 1970년대 말 무렵부터 경제성장과 복지국가는 양립할 수 없다는 견해가 보편화되었다. 그리고 변동상장제가 도입되어 국제자본이동의 제한이 폐지되기 시작했다. 결국 2차 세계대전 이후에 축소되고 제한되어온 사적 소유권의 지배력이 회복되고 경제의 세계화가 가속화되었다. 그리고 마침내 신자유주의(경제저 자유주의)가 부활하여 복지국가의 해체와 자립한 시장경제의 재생을 통한 사회 개혁을 주장한다.

그렇다면 사회민주주의와 복지국가는 왜 공격의 대상이 되었을까? 이러한 의문에 대한 철저한 검토가 현대 사회민주주의자에게 주어진 과제일 것이다. 폴라니는 당시의 마르크스주의자들이 경제적 자유주의가 가진 역동성의 원천에 대해 깊이 분석하지 않았다는 사실을 여러 차례 지적했다. 우리는 지금 이 시점에서 폴라니의 지적을 되돌아볼 필요가 있다.

6장

복잡한 사회에서
인간의 자유란 무엇인가

인간의 의지와 소망만으로 형성된 사회를 상정하는 일은 환상이었다.
그러나 이것은 경제를 계약관계와 동일시하고,
계약관계를 자유와 동일시하는 시장사회관의 결과였다.

/

시장경제의 소멸은 지금까지 존재하지 않았던 자유시대의 개막이 될 수 있다.
규제와 관리는 소수의 사람들만이 아니라 만인을 위한 자유를 달성할 수 있다.

책임으로부터의 자유인가,
책임지는 자유인가

무엇이 '자유를 위한 계획'인가

폴라니는 『거대한 전환』의 마지막 장 「복합 사회에서의 자유」에서 복
지국가(계획화와 관리)에 의한 자유의 확대라는 제도적 차원의 주장을
펼쳤다. 그리고 동시에 자유 그 자체의 의미와 존재 가능성을 묻는 도
덕적 차원의 자유론을 전개했다. 이에 대한 서술은 1944년 미국에서
출간된 초판 『거대한 전환』(부제 없음)에서는 1쪽 정도의 극히 짧은 분량
이었지만, 1945년 간행된 영국판 『우리 시대의 기원: 거대한 전환』(Polanyi
1945a)에서 대폭으로 수정되어 1957년 미국에서 간행된 2판 『거대한
전환: 우리 시대의 정치적·경제적 기원』(Polanyi 1957c)의 마지막 장에
서 지금의 내용(Polanyi 2001)으로 확정되었다. 1957년의 2판에서는 영
국판에서 대폭 삭제된 초판의 내용(시장사회의 종언과 포스트 시장사회의
다양한 가능성)을 다시 살려서 영국판에서 대폭 확충된 부분과 결합시
켰다. 그런데 폴라니가 초판의 중요 부분을 삭제하면서까지 영국판에
서 대폭 확충한 자유론의 논점은 과연 무엇이었을까? 『거대한 전환』

의 마지막 장은 이런 문제의식을 가지고 읽을 필요가 있다.

폴라니가 영국판에서 자유론을 수정하고 '스피넘랜드'에 대한 긴 '주해'를 덧붙이는 등의 작업을 한 배경에는 그가 『거대한 전환』 초판 (Polanyi 1944)의 최종 교정에 참여하지 못했다는 사정이 있었다. 폴라니가 『거대한 전환』의 초판을 집필한 것은 1941년부터 1943년에 걸친 미국 체류 기간 중이었고, 원고를 탈고한 것은 1943년 10월 영국에 귀국한 이후였다. 2차 세계대전으로 인해 운수통신망이 마비되면서 폴라니는 최종 교정을 포함한 이후의 모든 과정을 출판사 측에 맡길 수밖에 없었다. 그러나 이제부터 살펴보겠지만, 그가 영국판(Polanyi 1945a)에서 마지막 장을 수정한 것은 『거대한 전환』 초판의 교정 작업에 제약이 있었기 때문만은 아니었다.

수정 작업의 사상적 배경으로 주목할 만한 것은 1940년대 초반부터 시작된 '자유를 위한 계획'을 둘러싼 논쟁이다. 논쟁의 계기가 된 것은 만하임이었다. 그는 1940년에 출간된 『재건시대의 인간과 사회』와 1943년에 출간된 생전의 마지막 저서 『현대의 진단In Diagnosis of Our Time』에서 당대의 추세에 대해 '현재 우리는 자유방임의 사회에서 계획 사회로 가는 과도기에 살고 있다'고 진단했다. 그리고 붕괴한 19세기적 자유방임주의와 파시즘, 공산주의 등의 전체주의적 계획 사이에 존재하는 '제3의 길'로 '자유를 위한 계획'을 제창했다. 폴라니가 영국판 『거대한 전환』의 마지막 장에서 고쳐 쓴 내용은 만하임의 '자유를 위한 계획'을 지지하는 내용이었다.

'자유를 위한 계획'을 두고 두 진영 사이에 활발한 논쟁이 전개되었다. 한쪽은 자유방임도 억압적 계획화도 아닌 '제3의 길'로서 자유의 확대를 주장하는 만하임, 노이라트, 폴라니 등이었고, 다른 한쪽은 자유방임주의의 착오를 지적하고 '경쟁을 위한 계획'을 주장하는 미제스, 하이에크 등의 경제적 자유주의자들이었다. 미제스와 하이에크는 케인스와 윌리엄 베버리지William Beveridge가 주장한 뉴리버럴리즘적 사회경제 개혁과 사회보장 정책 등의 제3의 길은 '전부 자유에 대한 위협'이라고 비판했다.[1]

『거대한 전환』 초판이 출간된 1944년에 하이에크는 『노예의 길』을 펴냈고, 미제스는 『전능한 정부Omnipotent Government』와 논고 「자유를 위한 계획」을 발표했다. 둘은 '자유의 확대를 위한 계획'(케인스주의적 간섭주의를 포함)의 정당성을 통렬하게 비판했다. 이에 답하듯이 노이라트는 1945년에 『노예의 길』의 서평을 집필했다. 노이라트는 서평에서 '시장경쟁의 자유인가? 그렇지 않으면 계획 당국에 의한 무제한적인 전체주의인가?'라는 하이에크의 양자택일적인 문제 설정을 비판하고, '타협에 의거하는 협력적 노력으로서의 계획'이 가지고 있는 정당성을 주장했다(Neutath 2004[1945]). 영국판 『거대한 전환』 마지막 장에서 자유론을 확충한 것은 경제적 자유주의자들이 '자유를 위한 계획'을 비판한 것에 대한 폴라니의 응전으로 해석할 수 있다. 그는 영국판 이후의 수정 내용에서 "자유의 존재 가능성 그 자체에 의문이 제기되고 있다. 마치 자유를 유지하는 수단 그 자체를 폄하하고 파괴하려는 것처럼 보인다"(Polanyi 2001)라고 언급했다.

『거대한 전환』은 획일적인 시장경제에 속박된 시장사회에서 허구적 상품의 파기에 의한 '새롭고 다양한 사회'의 탄생을 예고했다. 그러나 1944년과 1945년에 고작 1,701부가 팔리는데 그쳤다. 그에 비해

이 책과 같은 해에 영국에서 출판된 하이에크의 『노예의 길』은 3월 10일 초판 2,000부가 출판되고 며칠 지나지 않아 2,500부가 증쇄되었다. 미국에서는 출판사를 찾는 데 난항을 겪었지만 1944년 9월 18일 시카고대학교출판국에서 초판 2,000부가 출간되고 9월 28일에 「뉴욕타임스」에 서평이 실리면서 1만 7,000부의 추가 주문이 들어올 정도로 열광적인 반응을 불러일으켰다(왑쇼트ワプショット 2012[2011]).

하이에크는 『노예의 길』에서 경쟁을 최대한 유효하게 만드는 계획을 권고했다. 그는 경쟁이야말로 '복잡한 사회'에서 사람들의 자립적인 계획(개인의 자유)을 상호 조정하는 유일한 방법이라고 강조했다. 그와 동시에 사람들의 물질적이고 실질적인 평등을 목표로 경쟁적 조정의 결과에 개입하는 재분배 정책에 대해서는 법의 지배를 침해하여 개인의 자유를 억압하는 전체주의(경쟁에 대립하는 계획인 중앙집권적 통제)와 다르지 않다고 맹렬하게 비난했다. 요컨대 『노예의 길』은 협의의 사회주의자부터 국가 개입을 부분적으로 인정하는 사회민주주의자와 케인스주의적 계획주의자까지 한데 묶어 비판의 대상으로 삼고, 2차 세계대전 이후에 이루어진 복지국가의 발전처럼 사람들의 자유 확대를 추구하는 계획이나 국가의 개입이 결과적으로 강제와 권력 집중, 자유의 파괴를 초래한다고 경고했다(요시노吉野 2014)

영국판 『거대한 전환』 이후 자유론의 세 가지 요점

영국판 『거대한 전환』(Polanyi 1945a)을 출판하기 위한 시간과 지면이 부족한 상황 속에서도, 폴라니는 자유를 위한 계획과 관리가 자유의 부정이라고 공격당하는 상황 그 자체가 문제라고 생각했기에 관련 내용을 자신의 자유론에 포함시켰다. 영국판 『거대한 전환』 마지막 장에서 수정한 자유론은 하이에크의 『노예의 길』에 대한 반론이라고 생각할 수 있다. 초판에는 없었던 다음과 같은 주장, "계획과 관리는 자유의 부정이라고 공격당한다. 〔중략〕 규제가 만들어내는 자유는 진정한 자유가 아니라고 비난받으며, 규제가 만들어내는 정의, 자유, 좋은 생활은 예종隷從의 위장이라고 비난받는다"(Polanyi 2001)에서 볼 수 있듯이, 폴라니는 하이에크의 주장을 보다 본질적으로 비판하기 위해 자유론을 수정하고 확충했을지도 모른다.

한편 1945년 이후 확충된 자유론의 내용에는 다음과 같은 세 가지 특징이 보인다. 첫째, 초판에서는 겨우 1단락(11줄)이었던 제도적 차원에 대한 내용이 4단락(3페이지, 104줄)으로 확대되었다. 폴라니는 19세기적 시장경제의 부산물로 발생한 자유[2] 중에서 '좋은 자유'(양심의 자유, 언론의 자유, 집회의 자유, 결사의 자유, 직업 선택의 자유 등의 시민적 자유)와 '나쁜 자유'(실업과 투기의 자유, 기술적 발명을 공공 이익에 사용하지 않는 자유, 공공 재해를 몰래 사적 이익에 이용하여 이윤을 얻는 자유, 즉 재해 편승형 자본주의, 공동체에 상응하는 공헌을 하지 않고 부당이득을 얻는 자유 등)를 구별한다. 그리고 좋은 자유를 의식적으로 유지 및 촉진하고, 나쁜 자유는 의식적으로 억제하는 개인적 자유의 제도화가 필요하다고 강조했다.

나아가 폴라니는 규제와 관리를 통해 '산업사회가 만인에게 제공하는 여가와 사회보장으로 창출되는 새로운 자유'를 개인적 자유의 목록에 추가해야 한다고 주장했다. 그러한 새로운 자유는 "부정한 수단으로 손에 넣은 특권의 부속물로서의 자유가 아니라, 정치적 영역이라는 좁은 범위를 초월하여 긴밀하게 조직된 사회 전체로 확산되는 규범적 권리로서의 자유이다"(같은 책). 그는 이처럼 부유층의 특권이 아닌 만인에게 제공되는 여가와 사회보장을 주장하면서, 만인의 좋은 생활은 여가나 사회보장으로 창출되는 새로운 자유의 내적인 가치라고 생각했다.[3]

또한 영국판 『거대한 전환』 이후에 폴라니는 개인적 자유를 더욱 확대하기 위한 새로운 수단으로 불복종의 권리와 새로운 시민적 권리의 제도화를 제창했다. 불복종의 권리는 개인들이 권력을 두려워하지 않고 자유롭게 자신의 양심을 따를 수 있는 권리이며, '새로운 시민적 권리'는 '권력 남용의 원천인 관료제의 위험에 대한 진정한 해결책'으로 신념과 인종 등에 상관없이 정당한 조건으로 직업을 구할 수 있는 권리가 이에 속한다. 폴라니는 생산 효율이나 소비의 감소라는 희생을 치르더라도 이러한 새로운 시민권의 제도화를 지지해야 한다고 주장했다.

이처럼 폴라니는 제도적 차원의 자유를 언급하며 계획, 규제, 관리에 의해 소득, 여가, 사회보장이 사회에서 공평하게 확산됨으로써 창출되는 새로운 자유의 정당성을 주장했다. 그는 이러한 새로 창출되는 자유는 개인적 자유를 침해하지 않으며 오히려 개인적 자유의 확대와 양립한다고 생각했다.

두 번째 특징은 다음과 같다. 영국판 이후의 폴라니는 자유를 확대하는 수단인 계획과 규제가 실은 목적인 자유를 파괴한다는, 경제적 자유주의자가 제기한 자유의 존재 가능성 그 자체에 대한 의문에 대답하기 위해 복잡한 사회에서의 자유의 의미를 도덕적이고 종교적인 차원에서 탐구했다. "복잡한 사회"라는 핵심어는 개정된 『거대한 전환』의 마지막 장에서도 정의되지 않은 채 사용되고 있어서 의미를 파악하기가 쉽지 않다. 그러나 1957년에 집필된 초고 「복잡한 사회에서의 자유」(37-3)나 말년의 대화 기록 「주말 노트」에서 이 단어는 복잡한 분업에 기반을 두고 있는 비인간적인 힘들의 지배를 받는 사회, 대규모적인 기계 사용을 바탕으로 하는 산업사회, 사람들의 의도적 행위가 강제력과 여론 등의 의도하지 않은 사회적 영향을 초래하는 사회라는 의미로 사용되고 있다(와가노리若森 2011).

폴라니에 따르면 하이에크와 미제스 등 경제적 자유주의자는 '경제를 계약관계와 동일시하고, 계약관계를 자유와 동일시하는 시장사회관'을 가지고 있었다. 그래서 그들은 '인간의 의지와 소망만으로 형성된 사회'를 상정한다는 환상에 빠졌고, '인간 사회의 모든 것은 개인의 자유의지에 의해서 만들어졌다. 따라서 개인의 자유의지에 의해서 전부 제거할 수도 있다는 근본적인 오류'를 범하게 되었다(Polanyi 2001). 시장사회는 복잡한 사회이다. 사람들이 자산 소유자, 생산자, 소비자로서 행하는 선택적 행위는 의도하지 않은 영향으로 인해서 실업, 빈곤, 도산과 같은 사회의 경제적 고난(가혹한 자유의 제한)을 발생시킨다. 그럼에도 사람들은 자기 행위의 인과관계를 볼 수 없기 때문에 '나는 누구에게도 폐를 끼치고 있지 않다'고 생각할 수 있다. 시장경제는 이런 식으로 사람들이 본인의 경제적 행위가 초래하는 사회적 영향에 대한 책임에서 자유로워지도록 허용한다. 보다 근본적인 문제는 사람들이 복잡한 사회에서 '의견과 욕망'을 표명함으로써 다른 사람들의 정신적·물질적 생활을 제약하는 권력과 경제가치 창출에 관여하고 있는데도 아무도 그에 대한 책임을 묻지 않는다는 것이다. 이처럼 '인간 사회의 모든 것은 개인의 자유의지에 의해서 만들어졌다'고 생각하는 경제적 자유주의는 인간 행위의 의도하지 않은 결과, 이른바 '사실상의 공동 작업cooperation'을 통해서 형성된 권력과 경제가치를 설명할 수 없다. 때문에 그 존재 이유를 부정할 수밖에 없다.

폴라니는 '권력과 경제가치는 사회 현실의 기본적 골격'(같은 책)이라는 점을 거듭 강조한다. 권력의 기능은 집단의 존속에 필요한 일치 혹은 복종을 확보하는 것이며, 경제가치는 '분업에 부여되는 승인의 증명'(생산된 재화의 유용성을 확보하는 것)이다. 따라서 자유의지에 의해서 만들어진 것이 아닌 권력과 경제가치를 빼놓고는 자유를 논할 수 없다.[4] 폴라니는 복잡한 사회에서 권력의 존재를 부정할 수는 없지만, 다양한 권력의 존재 형태 가운데 자유에 가장 좋은 형태를 선택할 수는 있다고 주장했다. 또한 경제가치 아래에서는 가격 변동에 의한 실업 또는 일부 산업이 시장에서 철수하는 등의 경제적 어려움이나 리스크는 피할 수 없지만, 제도 개혁을 통해 그러한 어려움을 경감하거나 분담할 수는 있다고 생각했다. 권력과 경제가치 같은 '강제가 없는 상태'를 자유라고 생각하는 경제적 자유주의는 계획과 규제를 자유에 대한 부정으로 인식하고, '자유기업과 사적 소유야말로 자유의 기초'라고 선언했다. 이에 대해 폴라니는 복잡한 사회에서 자유를 확대시키는 유일한 수단인 계획과 규제를 반대하는 것은 자유의 개념을 '자유기업에 대한 단순한 변호'로 퇴행시키는 일이라고 비난했다(같은 책).

폴라니의 자유론의 세 번째 특징은 경제적 자유주의 철학이 제시한 사회 현실과 자유를 둘러싼 딜레마의 문제이다. 경제적 자유주의는 '권력과 강제는 악惡이며, 자유를 위해서는 인간 사회의 권력과 강제의 소멸이 필요하다'고 주장함으로써 사회 현실을 부정한다. 계획과 규제를 흡수한 파시즘은 사회 현실의 구성 요소인 권력과 강제를 받아들여서 자유의 개념을 부정한다. 폴라니는 경제적 자유주의자들이 자유를 위한 모든 계획에 반대하는 논쟁에 집착함으로써 결과적으로 파시즘의 승리를 도왔다고 생각했다. 그에 따르면 사회주의와 파시즘의 차이는 경제적인 것이 아니라 자유의 문제를 둘러싼 도덕적 차원에 있었다.[5] 폴라니는 오언적 사회주의가 사회 현실을 받아들이면서 자유의 관념을 고수하고, 계획과 규제에 의한 제도 개혁을 통해 사회의 고통을 감소시켜서 자유의 확대를 추구한다고 이해하고 이를 지지했다(같은 책). 폴라니는 개인의 자유의지와 소망만으로 형성된 시장적 사회관(자유로운 사회로서의 시장사회)은 환상에 불과하며 비판받아 마땅하다고 생각했다. 그는 사람들의 행위가 의도하지 않은 결과로 강제를 만들어내는 '사회 현실' 속에서는 계획과 관리가 복잡한 사회에서 자유를 확대할 수 있는 유일한 방법이라고 주장했다.

영국판 『거대한 전환』 이후에 폴라니는 이러한 세 가지 주장을 강조하게 되었다. 이 주장들에는 자신의 행위가 다른 사람들에게 미치는 영향에 대해 본인이 '책임지는 것을 통한 자유'라는, 폴라니 특유의 윤리적이고 사회적인 자유 개념이 담겨 있다는 사실에 주의해야 한다. '책임으로부터의 자유'라는 시장유토피아적 자유 개념의 한계를 극복하는 빈 시절의 이론적 전개는 자유의 '도덕적 차원'에서도 다시 이루어질 필요가 있었다. 그러나 『거대한 전환』 마지막 장의 자유론은 개정을 거듭했음에도 여전히 도덕적 차원에서는 적극적으로 전개되지 못했다. 다시 말해 계획에 의한 제도적 차원의 자유 확대라는 논점이 개인의 도덕적 차원의 자유론으로 기초를 다져 확립되는 단계에는 이르지 못했다. 결국 경제적 자유주의의 명제에 대해서, 계획과 규제에 의한 자유의 확대라는 대항 명제를 제시하는 정도에 머무르며 충분한 설득력을 얻는 데는 실패했다.[6]

복잡한 사회의 자유에 대한
두 가지 관점

『거대한 전환』마지막 장의 복지국가와 자유에 대한 주장을 이해하기 위해서는 폴라니가 빈 시절에 집필한 초고「자유에 대하여」(1927년 무렵)를 살펴볼 필요가 있다.[7] 이 논문에는 사회적 존재로서의 인간의 자유, 즉 사회적 자유에 관한 고찰이 다음과 같이 정의되어 있다.

> 자유롭다는 것은 전형적인 시민의 이데올로기처럼 의무나 책임**에서** 자유롭다는 것이 아니라, 의무와 책임을 지는 것**에 의해서** 자유로워진다는 뜻이다. 그것은 〔중략〕 면책의 자유가 아니라 자기 부담의 자유이다. 따라서 자유롭다는 것은 근본적으로 사회에서 해방되는 형태가 아니라 사회적으로 연결되어 있는 것이 기본 형태이며, 타인과의 연대가 끝나는 지점이 아니라 사회적 존재로서 피할 수 없는 책임을 받아들이는 지점이다.(폴라니_{ポランニー} 2012[1927])

시장경제에서는 인간 사이의 실재적 관계가 직접 드러나지 않고 가격, 화폐, 자본과 같은 물적 관계로 객체화되어 있다. 그래서 사람들은 자기 행위의 사회적 결과를 확인할 수 없으며 행위의 결과에 대한 책임에서 벗어나 개인의 자유로운 의지 속에 틀어박히게 된다. 시장경제에서 구매나 선택의 자유를 행사하는 일에는 보이지 않는 타인의 희생이 동반되지만 그 인과관계는 시장의 베일에 가려져 있다. 인간의 자유의 존재 형태를 제한하는 이러한 자유롭지 못한 상황을 폴라니는 다음과 같은 우화를 통해서 설명했다.

> 여러분은 아마 살해당하는 중국인에 대한 철학적 우화를 들어본 적이 있을 것이다. 이런 이야기이다. 어느 날 소원을 말하며 버튼을 누르기만 하면 그 소원이 당장 이루어지는 기적이 일어났다. 단, 버튼을 한 번 누를 때마다 멀리 떨어진 중국에서 4억 명의 중국인 가운데 한 사람이 죽게 된다. 이런 상황이라면, 마법의 버튼이라는 유혹을 거부할 수 있는 사람이 과연 몇이나 될까? 〔중략〕 시장에서 적절한 가격을 매길 수 있는 사람은 누구라도 인류가 공급할 수 있는 모든 것을 당장 마법으로 불러낼 수 있다. 이 인위적 장치의 결과는 시장의 반대편에서 일어난다. 그 결과에 대해서 그는 아무것도 알지 못하고, 아무것도 모르는 채로 있을 수 있다. 오늘날에는 〔중략〕 누구나 자신의 소원을 이루기 위해서 그들의 목숨을 아무렇지 않게 한순간에 끊어버릴 준비가 되어 있으며 실제로 그렇게 하고 있다.(같은 책)

이 우화는 소비의 자유로 표현되는 시장경제에서의 개인적 자유가 숨기고 있는 사회적 관계를 강조하고 있다. 시장경제에서 소비의 자유를 행사하는 소비자는 일정한 비용만 지불하면 재화, 원료, 사치품 등을 입수할 수 있다. 그들은 그러한 것들이 직접적으로 눈에 보이지 않는 많은 사람들의 "고된 노동의 위험, 질병과 비극적 사고라는 희생을 지불하고 얻어진다는 사실이 존재하지 않는 듯한 착각에 간단히 빠져버린다"(같은 책). 시장경제에 매몰되어 있는 사람들은 개인이 입수하는 "모든 것들이 가장 깊숙한 곳의 자아에 도달할 때까지, 타인에게서 유래되고 타인에게 책임을 지우는 것, 빌린 것"(같은 책)이라는 인간 상호의 사회적 관계를 통찰할 기회를 빼앗겼으며 사회에 대한 인식도 결여되어 있다. 그렇기 때문에 자신의 선택이나 행동이 타인에게 미치는 결과에 대해 책임을 질 수 없는 시장경제에서는 책임과 의무를 지는 것을 통한 자유가 제한되어 있다.

폴라니에게 진정한 자유는 사회적 자유이다. 그에 따르면, 사회적 존재로서의 인간은 자신의 선택과 행동이 불가피하게 타인에게 영향을 끼친다는 것을 깨닫고, 그 책임을 받아들임으로써 자유로워질 수 있다. 이 주장은 책임으로부터의 자유(도주!)를 지지하고 있다는 것을 자각조차 하지 못하는 경제자유주의적인 개인적 자유의 개념과 정면으로 대립한다.[8] 폴라니는 책임을 통한 자유라는 사회적 자유는 시장경제와 인간의 자유 사이의 대립 구조를 밝히기 위한 분석적 개념이면서, 동시에 사람들이 자기 행동의 결과를 확인할 수 있는 사회적 투명도를 높여감으로써 달성해야 할 규범적 개념으로 파악했다(Thomasberger 2005). 폴라니에 따르면 인간 상호간의 사회적 관계가 투명해질수록 모든 욕구 충족과 인간 존재가 다른 인간의 노고와 생명 등의 희생에 의존하고 있다는 것이 보이기 시작하고, 사람들은 자기 행동의 사회적 결과에 대한 책임 문제에 직면할 것이다. 폴라니는 또한 사회주의를 사회적 자유의 달성을 지향하는 논리적 노력, 즉 사회 현상의 객관적 현상을 줄여서 인간 행동의 인과관계의 투명도를 높이고 자신의 행동에 대한 책임을 짐으로써 자유의 영역을 넓혀가는 윤리적 사회주의로 인식했다. 윤리적 사회주의는 사회적 자유라는 목표가 쉽게 달성할 수 있는 대상이 아니라 인류의 영원한 과제라고 주장한다.

> 우리가 사회적 자유의 최고 단계에 도달했다고 말할 수 있는 것은 인간 상호의 사회적 관계가 가족이나 공산주의적 공동체에서 실제로 그러한 것처럼 명료하고 투명해졌을 때이다. 이러한 인식을 바탕으로 우리가 생존의 사회적 작용에 책임을 질 수 있게 만들기 위해서, 다른 모든 구성원과 우리 자신의 생활로 인한 반작용을 직접 추적하는 것이 바로 사회적 자유의 마지막 과정이다. [중략] 사회적 존재가 피할 수 없는 도덕적인 부채 잔고를 스스로 자유의지로 받아들이고, 영웅적이든 겸허한 태도로든 의식적으로 책임지는 것이 인간에게 기대할 수 있는 최대의 일이다.(폴라니ポランニー 2012[1927])

이처럼 폴라니는 사회적 자유의 실현을 과제로 내세우는 사회주의를 모든 물적 욕구를 충족시키는 풍요로운 경제세계 또는 윤리적인 예정조화로 묘사하지 않았다. 오히려 그 대신에 그는 사회주의가 보통 사람들에게 시장경제보다 많은 책임감과 부담을 부과할 것 같은, "나약한 우리에게 [중략] 틀림없이 두렵게 느껴지는"(같은 책) 세계로 설명했다. 또한 그는 시장경제와 사회생활의 복잡함을 바탕으로 하는 물적 관계를 줄이고 인간 상호의 관련성을 보는 시야를 넓힘으로써, 모든 사람이 자기 행위의 사회적 결과를 추적할 수 있는 사회적 지식을 갖추어야 한다고 주장했다. 그리고 이를 위한 장치로서 '기능적 민주주의[9]'를 제창했다. 익숙하지 않은 이 "기능적"이라는 용어는 콜의 기능적 사회이론을 계승한 것이다. 이것은 비교적 소규모 공동체(지방자치체, 노동조합, 생산자 협동조합, 문화단체) 수준에서 개인들 간의 협력이 필요한 기능(생산, 소비, 주거)을 조직하고, 이러한 공동체들로 구성된 사회에 대한 작용을 의미한다. 폴라니가 생각하는 자유와 복지국가의 관계를 고찰하기 위해서는 『거대한 전환』 마지막 장의 계획과 규제를 통한 자유의 확대에 대한 논의를 세내도 이해해야 한다. 즉 이러한 논의를 책임과 의무를 맡는 것을 통한 자유의 확대라는 경제적 자유주의가 주장하는 개인적 자유보다 윤리적으로 우월한 사회적 자유의 개념과 관련지어 이해할 필요가 있다.

마지막으로 '복잡한 사회'에서의 '자유와 복지국가'라는 논점에 대한 폴라니와 하이에크의 차이점을 비교해보자. 양쪽 모두 사회의 '복잡함'에 주목하여 자유를 어떻게 옹호하고 확대할지 고찰했지만 그 논법은 정반대였다(Valderrama 2012-2013). 폴라니는 자신들의 행동이 의도하지 않은 결과로서 타인에게 노고나 강제력을 발생시키는데도 자기 행동과 그 결과 사이의 관련성을 인지할 수 없는 상황을 복잡한 사회의 특징으로 파악했다. 그리고 민주주의적 방법으로 사회의 복잡함을 줄이고 사회적 관련성의 투명도를 높임으로써 책임을 지는 것을 통한 자유가 확대되는 윤리적 사회주의를 구상했다. 하이에크 역시 복잡한 사회는 전통적 사회와 달리 "어떤 인간의 행위가 그 사람이 인지할 수 있는 범위를 훨씬 넘어서 널리 영향을 미치는"(하이에크ⁿ 1990[1949]) 사회라고 이해했다. 이 점에 있어서는 폴라니의 분석과 거의 비슷하지만, 하이에크는 복잡한 사회의 복잡함을 기본적 명제로 전제했다. 그리고 개인적 자유는 개인의 행동, 계획, 그 복잡한 관계가 비인간적인 여러 힘, 특히 경쟁에 의한 조정으로 확보되기 때문에 시장경제야말로 자유로운 사회라고 생각했다. 하이에크는 1945년에 발표한 논고 「진정한 개인주의와 거짓 개인주의」에서 "복잡한 사회에서 살아가는 인간에게는 분명 사회과정의 맹목적인 힘으로 보이는 것에 스스로를 적응시키거나 또는 상사의 명령을 따르는 양자택일밖에 없다. 〔중략〕 전자는 그 사람에게 적어도 어떤 선택의 여지를 남기지만 후자는 전혀 남기지 않는다"(같은 책)라고 설명했다. 그는 명령(중앙집권적 계획)이 아니라 자신의 계획이라는 선택에 따라서 시장의 비인격적인 여러 힘에 스스로를 적응시키는 일이야말로 자유를 확보하는 길이라고 주장했다.

이러한 인식의 차이 때문에, 폴라니와 하이에크는 권력과 자유의 관계를 전혀 다르게 이해했다. 폴라니는 의도하지 않은 불가피한 결과로 발생하는 강제력(권력과 경제가치)을 복잡한 사회의 현실로 받아들였다. 그의 자유론은 사회와 분업의 존속에 필수적인 강제력의 존재 형태를 통제하는 책임을 지는 것을 통해서 자유로울 수 있다는 도덕적 차원에서의 자유 추구에 기반을 둔다. 그리고 제도적 차원에서 계획과 규제에 의해 사회적 자유를 확대(사회보장, 소득, 여가의 공평한 분배)시킨다는 복지국가의 발전을 지지한다. 이에 비해 하이에크는 복잡한 사회에서는 시장경제의 경쟁을 통해서만 자유가 확보된다고 생각했다. 그리고 경쟁의 결과인 소득이나 빈부 격차에 국가가 개입하는 재분배 정책을 개인적 자유에 대한 침해라고 비판하며 타인이 개입하지 않는 '강제가 없는 상태'를 자유로 정의했다. 그는 결국에는 각자의 사적 영역에 틀어박히는 개인적 자유를 '책임과 의무에서의 자유'와 동일시하기에 이르렀다. 폴라니는 책임을 통한 자유와 이를 침해하지 않고 사회에서 자유를 확대시키기 위한 복지국가와 사회정책을 지지했다. 그러나 하이에크는 복지국가에 의한 개인적 자유의 침해를 비판하고, 강제로부터의 자유를 보장하는 경쟁을 위한 계획을 '자유로운 사회'의 조건으로 지지했다.

마르크스주의와
기독교 사회학의 한계

테사 모리스-스즈키Tessa Morris Suzuki는 『자유를 인내하다』에서 20세기 말에 출현한 미국의 '신경제New Economy'(금융과 정보기술로 주도한 경제성장) 문제의 본질을 다음과 같이 정의했다.

> 국가나 지방정부에서 '민간 분야'로 이관된 형무소, 도로와 건축, 군대업무 하청 등의 현장에서 대체 무슨 일이 일어났는가? 그 결정은 어떻게 이루어졌는가? 그 결과 인간의 삶은 민간 분야에서 어떻게 관리되고 어떤 영향을 받았는가? 관료와 정치가부터 경영자, 노동자, 수형자, 군인, 지역공동체의 사람들까지 이러한 '민영화' 움직임에 휩쓸린 사람들의 삶과 희망 또는 물질적 번영 등에는 어떤 변화가 발생했는가?(모리스-스즈키モーリス・スズキ 2004).

모리스-스즈키에 따르면, 이러한 문제를 검증하기 위해서는 다국적 기업이나 시장이 정치, 문화, 사회적 실천과 같은 비시장적 영역을 새로운 방법으로 지속적으로 침식함으로써 나타나는 변화들을 분석하기 위한 이론적이고 영역을 초월한 연구가 필요하다. 이러한 과제는 새로운 논법의 꾸준한 개발과 학문적 논쟁을 통해서 살아남은 경제적 자유주의와의 대결에서 폴라니가 실천해온 것들이기도 하다. 인류학, 사회학, 역사학, 정치학과 연계하면서 새로운 개념과 방법을 계속해서 발견하고 개발하는 일은 필수적이다.

　폴라니의 일생에 걸친 학문적 관심은 경제적 자유주의의 수법이나 언설을 주의 깊게 검증하여 시장사회의 한계를 규명하면서 인간경제를 구상하는 일이었다. 폴라니는 결코 사회를 완전하다고 가정하지 않았으며, 민주주의에 대해서도 만능이라고 평가하지 않았다. 폴라니는 자유와 사회의 한계를 중요하게 생각하는 제도의 경제학자였다. 무엇보다 '사회는 완전하지 않다'는 폴라니의 사회 인식은 사회의 자기보호의 다양성과 시장사회에서의 민주주의 제한 등의 인식과 함께 오늘날 폴라니의 사상을 더욱 중요하게 만들고 있다.

　양차 세계대전 사이에 폴라니는 기독교 사회학과 마르크스주의 철학을 비교 검토한 초고에서 개인들의 관계가 권력과 제도로 매개되는 '사회'는 본질적으로 불완전하다고 주장했다. 그리고 사회의 제도 개혁 없이 사람들의 직접적이고 비계약적인 관계로 '공동체'를 실현하려는 기독교 사회학, 그리고 사회 공동체로의 합치를 낙관적으로 가정하는 경향이 있는 마르크스주의 철학은 모두 '사회는 필연적으로 불완전하다'는 인식이 결여되어 있다고 지적했다. 복잡한 상호의존관계로 구성된 사회에서 개인은 타인을 희생시키고 타인에 대한 빚을 짊어지고 살아갈 수밖에 없으며, 자신의 행위와 선택이 타인에게 강제력으로 작용하는 권력과 경제가치를 발생시키는 것에 대한 책임을 피할 수 없다. 그러나 기독교 사회학과 마르크스주의 철학에는 이러한 '사회의 불완전함'이라는 인식도 결여되어 있다. '어떤 사회도 공동체의 실현일 수 없다'는 중요한 인식의 결여는 시장사회의 대안으로서 제창되는 사회주의론에 치명적인 약점을 제공했다. 풍요로운 내실과 동태적 시야를 빼앗았으며, 생산수단의 사적 소유만 파기하면 공동체로의 이행을 방해하는 큰 요인이 제거되어 사회 내부에서 공동체가 쉽게 실현된다는 낙관적인 가정을 유발한 것이었다. 또한 경제체제가 사회의 모든 영역을 지배한다는 경제결정론에 입각하고 있는 점, 불복종의 권리와 양심적 병역거부의 권리 등의 권력의 기능을 민주적으로 제어하고 개인의 자유를 보호하는 제도, 예를 들어 불복종의 권리와 양심적 병역거부의 권리 등을 창출하려고 하지 않고 권력이 없는 사회를 이상으로 삼는 점도 경제적 자유주의와 다를 바 없다.

폴라니에 따르면, 사회주의에 필요한 것은 현실 사회에서는 완전한 자유나 공동체를 실현할 수 없다는 겸허한 인식이며, 이는 사회제도를 개량하려는 부단한 의지의 원동력이기도 하다. 마르크스주의는 사회를 초월하는 공동체라는 윤리적이고 규범적인 관점이 결여되어 있기 때문에, 시장사회의 해악, 고통, 부담을 서로 나누어 경감하려는 현실적인 개혁을 무시하기 십상이었다. 예를 들어 실업과 빈곤, 질병과 고령과 같은 경제적 어려움을 함께 나누는 사회정책의 추진은 사회주의의 도래를 늦추기 위한 자본주의의 연명책으로 과소평가되었다. 또한 마르크스주의는 집단이 존속하기 위해서는 권력이 필요하다는 인식이 결여되어 있었다. 때문에 정치 영역에서의 민주주의 발전을 경시했고, 권력 남용을 막고 개인의 자유를 보호하는 법적·정치적 제도의 창출에 소극적이었다.

2차 세계대전 이후에 폴라니는 미국에서 '경영자 혁명'으로 출현한 산업적 · 산업적 · 금융적 · 학술적 영역들을 지배하는 기술관료 technocrat에 대항하기에 종래의 마르크스주의는 충분하지 않다고 경고했다. 말년의 폴라니는 「로스토에 관한 헝가리 강의」(30-7)에서 자신이 몸담아온 경제인류학, 경제사회학, 초기 사회의 경제제도 연구를 월트 W. 로스토Walt W. Rostow의 경제발전론과 같은 '시장유토피아'의 개량된 주장에 대항하기 위한 중요한 지적 투쟁으로 정의했다. 그리고 모국 헝가리의 사회주의자들에게 국제 평화와 인간의 자유 확대에 대한 공헌이라는 사회과학의 과제에 즉시 착수할 것을 호소했다(와카모리若森 2011).

폴라니는 '사회 현상'을 중심으로 사회를 인식했다. 복잡한 사회, 즉 기술과 사회적 분업 그리고 인간의 상호의존관계가 복잡하게 발전한 산업사회에서 생활하는 사람들은 어쩔 수 없이 경제적 가치와 권력의 창출에 참여하게 된다. 여론조차 그 자체가 권력의 한 형태이며, 개인은 자신의 의지와는 상관없이 권력 형성에 관련되어 있다. 복잡한 사회에서는 개인의 행위에서 의도하지 않은 사회적 영향이 다양하게 발생한다. 개인은 자신의 가치판단과 욕망에 따라 선택하거나 행동함으로써 자각하지 못하는 상태로 타인의 정신적 · 물질적 생활에 폭력적으로 개입하거나 강제하는 일에 가담한다. 경제적 가치와 권력은 개인의 선택, 행위, 내면적 자유를 제약하고 사람들에게 동조를 강요하는 강제력이다. 따라서 경제적 가치나 권력은 개인적 자유, 특히 사람들 사이에 강제와 제도가 존재하지 않는 인격적 관계를 가정하는 기독교의 개인적 자유와 대립한다. 그러나 권력의 기능은 집단의 존속에 필요한 최소한의 순응을 확보하는 것이고, 경제적 가치는 생산된 재화의 유용성과 분업을 보장하기 위해 반드시 필요하다. 결국 권력과 경제적 가치는 불가피한 사회적 요소이다. 폴라니의 표현을 빌리면 "권력과 경제적 가치는 사회 현실의 기본적 골격"(Polanyi 2001)인 것이다.

이러한 사회 현실을 무시하고 개혁과 개량, 혁명을 실행에 옮기는 것은 불가능하다. 그럼에도 전통적 마르크스주의와 경제적 자유주의는 완전한 사회를 꿈꾸는 경향이 있다. 복잡한 사회가 필요악으로 사람들의 자유를 제약하는 강제력을 만들어낸다는 사실과 사회는 완전하지 않으며 한계를 가지고 있다는 사실을 인지하지 못하고 사회 현실을 무시하는 사상은 제도 개혁을 통해 불완전한 사회 현실의 경제적 어려움이나 문화적인 파괴를 제거하려는 노력을 하지 않기 때문이다. 경제적 가치의 큰 변동은 실업과 빈곤 등의 경제적 어려움과 그로 인한 가혹한 자유의 제한을 초래한다. 그리고 전쟁에 돌입한 사회는 권력을 통해서 사회 존속을 위한 구성원 모두의 협력을 과도하게 요구하여 개인적 자유를 현저하게 제한하는 경향이 있다. 그러나 각 개인은 이러한 경제적 가치와 권력이 만들어낸 현실에 대한 책임에서 벗어날 수 없다. 왜냐하면 대부분의 사람들은 생산자 또는 소비자로서의 선택과 행위를 통해서, 경제적 어려움을 만들어내거나 사회 존속을 위한 구성원 모두의 협력을 과도하게 요구하는 여론 형성에 결과적으로 가담하고 있기 때문이다. 따라서 사회 현실을 인식하고 책임을 통해 자유를 받아들이는 것이 시장사회 제도 개혁의 출발점이다.

폴라니에 따르면 경제적 자유주의는 사회적 존재로서의 인간이 자신의 의도나 의지에 반하여 초래한 사회적 귀결에 어떤 태도로 대처하고, 해악을 줄이기 위해 어떻게 책임을 질 것인지에 관한 제도 개혁이라는 문제를 억지로 덮어두고 있다. 그리고 복잡한 사회에서 발생하는 문제의 해결은 경쟁적 시장의 메커니즘 작용에 맡겨야 하며, 실업과 사회적 지위의 저하처럼 해결되지 않는 부분은 '인내'할 수밖에 없다고 주장한다. 경제적 자유주의는 문명사회의 진보와 개혁을 위해서는 시장사회에서 개인적 행위가 초래한 바람직하지 않은 사회적 귀결에 대한 각자의 책임을 "자유"라는 이름으로 면제하고, 경제적 자유를 더욱 발전시켜야 한다고 주장한다. 이러한 주장은 경제사회가 정치 영역으로부터 자립하는 것을 요구할 뿐 아니라, 강제적 영역인 정치와 정부의 기능이 축소될수록 자유의 영역인 시장사회가 발전한다는 논법으로 이어졌다. 이 논법에는 민주주의가 시장메커니즘의 우위성을 위협할 가능성이 있다면 민주주의를 일시적으로 중지해야 한다는 사고방식이 숨겨져 있다. 경제적 자유주의의 주장에 따르면, 시장경제가 초래하는 문제로부터 사람들을 보호하는 사회보장제도를 축소하면 세금이 줄어서 소비자는 선택의 자유가 확대되며, 정부에 의존하지 않고 자신의 판단과 선택에 따라 시장경제의 변화에 적응하는 자유가 증진된다.

사람들은 조정의 결과로 초래되는 실업과 빈곤 등의 문제에 책임을 느끼지 않는다. 여기에는 시장경제에서 사람들의 선택과 개별적인 계획은 그들의 특수한 이해利害나 의도를 초월한 경쟁에 의해서 조정된다는 가정도 영향을 미쳤다. 시장체제에 의한 조정의 문제점이 표면화되기 어려운 것에 비해서, 정치 영역에서 이해나 의견을 조정할 때는 불일치나 불만, 타협과 같은 민주주의체제의 약점이 쉽게 주목을 받는다. 때문에 정치 영역이 축소되면 개인적 자유의 영역이 확대된다는 신자유주의의 논법은 여론에 강력하게 어필할 수 있는 힘을 가지고 있다. 1980년대부터 30년 동안, 신자유주의는 여론과 언론을 독점하고 정치 영역을 지배하면서 규제 완화, 민영화, 시장화 등의 국가 간섭을 통해 거대한 경제사회의 실현을 추진해왔다. 그러나 폴라니가 보기에 경제적 자유주의가 제시하는 자유는 부와 이득을 생산하는 시장체제를 기능하게 만드는 장치의 구성요소 가운데 하나에 불과했다. 폴라니는 자유에 대한 이런 관점이 어떻게 인간의 자유와 사회 개혁의 가능성을 제약하고 있는지 밝히고자 했다.

시장사회의 목적은 경제성장이고 산업사회의 목적은 기술적 효율이라고 할 수 있다. 이들 사회는 '무엇을 위한 경제인가? 무엇을 위한 기술적 효율인가?'처럼 경제와 기술의 궁극적 목적에 대한 질문을 '이상적이고 비현실적'이며 '과학적인 질문'이 아니라는 이유로 사람들의 머릿속에서 몰아냈다. '경쟁적 시장을 위한 계획'을 긍정하고 추진하는 한편, '자유를 위한 계획'은 자유를 부정한다는 이유로 경계했다. 또한 시장의 변화에 대한 자발적 예종과 시장이 가져다주는 혜택에서 제외될 수 있다는 공포 때문에 시장체제를 절대화하는 '시장유토피아'에 대한 '예속 상태'가 진행 중이다. 폴라니는 이런 상황을 심지어 '지옥'이라고 표현했다.

국제 평화가 핵무기나 미사일을 발사하는 '버튼 하나'에 달려 있고, 원자력발전소와 같은 거대 인프라가 전기, 물, 가스 등의 생활 기반을 제공하는 산업사회에서 경제결정론이라는 신앙이 '법과 질서'와 '여론'을 지배하는 현실은 인류의 생존을 위협한다고 폴라니는 경고했다. 그는 미처 끝내지 못한 말년의 구상 '자유와 기술[10]'에서 그러한 산업사회의 '비상사태'에는 인류의 생존 가능성은 물론이고 개인의 자유나 민주주의의 기능을 보호할 수 있는 일말의 가능성도 남아 있지 않을 것이라고 역설했다.

폴라니는 시장사회에서의 의도하지 않은 사회적 귀결들이 초래하는 해악의 책임을 면제받은 개인은 경제적 자유주의의 주장과는 반대로 오히려 자유를 빼앗겼다고 주장했다. 그가 보기에 경제, 정치, 문화의 영역들로 구성되는 다양하고 복잡한 사회의 운명과 인류의 장래에 관한 문제를 시장체제에서 막대한 이익을 뽑아내는 기술과 지식을 갖춘 전문가들의 판단에 맡겨버리는 것은 인간의 자유에 위반되는 일이었다. 그리고 폴라니의 주장처럼 시장사회는 분명히 인간의 자유를 '합법적으로' 제한해왔다.

경제적 자유주의로부터 여론과 정치의 영역을 '되찾기' 위해서는 다음의 세 가지를 이해해야만 한다. (1) 산업사회는 권력과 경제적 가치의 기능을 필요로 한다. (2) 이러한 강제력은 사람들의 의지나 소망으로 형성된 것이 아니라 행위와 선택의 의도하지 않은 결과로서 발생했다. (3) 사람들이 할 수 있는 일은 권력과 경제적 가치의 기능을 최대한 무해하게 만들고 강제력으로 인해서 초래되는 문제와 부담, 비용을 분담하는 연대 장치를 만드는 것이다. 이러한 산업사회 현실의 인식에 기반을 둔 자유론과 제도 개혁이 신자유주의에 대한 대안으로 요구되고 있다.

앞에서도 언급했지만 폴라니에 따르면 시장체제는 권력, 강제, 폭력과 같은 산업사회의 현실을 없애주지는 못한다. 그러한 문제들로부터 면제되었다고 느끼는 것은 '환상'에 지나지 않는다. 사회적 존재로서의 인간은 소망과 의도와는 상관없이, 의도하지 않은 귀결로 권력과 경제가치의 해악을 만들어낼 수밖에 없다. 폴라니가 말하는 복잡한 사회에서의 자유는 사회적 귀결에 대한 책임 면제의 논리와는 정반대에 위치하며, 경제가치의 폭력적인 변동과 정치권력의 부정적인 사회적 귀결을 줄이려는 노력으로 나타난다. 폴라니에 따르면, 보통 사람들이 인류의 운명에 대한 책임을 시장체제를 숙지하고 있는 전문가나 경제산업의 기술관료로부터 되찾아야 한다는 과제는 복잡한 사회에서의 자유의 실천과 관련이 있다. 우리는 시장체제가 보이지 않게 숨겨놓은 불합리하고 자유롭지 못한 사회적 통치에 대해서, 영향력 있는 이의 제기를 계속해나가야 한다. 이것은 보통 사람들이 '자신의 사회를 새롭게 창출하여 만들어가는 자유[11]'를 손에 넣는 일이기도 하다. 복잡한 사회 현실을 각오하고 받아들여 산업사회에서의 권력과 경제적 가치의 기능을 민주적으로 제어하는 장치를 탐구하고, 경제적·정치적 강제력에서 발생하는 불가피한 부담과 고통을 분담하는 제도를 만들어내려는 노력이야말로 경제적 자유주의가 주장하는 시장유토피아를 뛰어넘어 인간의 자유의 확대로 이어진다고 폴라니는 생각했다.

칼 폴라니의
좋은 사회를 위한 구상

말년의 폴라니는 효율 우선으로 편향된 산업사회의 현상을 비판하고, 산업사회에서 이 좋은 생활에는 자유와 민주주의가 결정적인 요소라고 설명했다. 그는 「자유에 대하여」, 「파시즘의 본질」, 『거대한 전환』의 마지막 장, 「아리스토텔레스에 의한 경제의 발견」, 「아리스토텔레스의 풍요로운 사회론」(폴라니ポラニー 2012[1959]) 등에 '좋은 사회'의 단편적인 구상을 남겼지만 그 전체상을 제시한 적은 없었다. 그러나 이 책에서 제시하고자 하는 폴라니의 의의를 정리하기 위해서도 좋은 사회에 대한 구상을 최대한 명확히 할 필요가 있다.

아리스토텔레스는 고전기 아테네의 공동체인 폴리스의 존속이라는 목적에 따라 사회에서의 경제의 위치를 규정했다. 또한 다양한 차원의 공동체를 유지하는 통합 유형인 호혜와 시민의 민주제에 대한 참가를 보장하는 조건인 재분배, 그리고 교환을 통해서 좋은 사회란 무엇인지 고찰했다. 폴라니는 아리스토텔레스를 본받아 경제를 민주적 정치에 종속시키는 포스트 시장사회에서의 좋은 사회를 추구했다. 폴라니는 사회를 경제 영역(시장), 정치 영역(국가), 사회 영역(공동체)이라는 세 가지 하부 체제의 상호관계로 이해했다. 한편, 1차 세계대전 이후의 경제적 사회 위기를 배경으로 재정사회학을 제창한 슘페터와 골트샤이트, 사회유기체의 삼층화론(경제기능, 정치기능, 문화기능으로 구성되는 3기능 국가)을 주장한 루돌프 슈타이너Rudolf Steiner, 또는 2차 세계 대전 중인 1942년에 자유방임경제도 사회주의적 계획경제도 아닌 제3의 길로서 뉴리버럴리즘의 입장에서 복지사회를 제창한 베버리지 등, 시장사회의 위기를 극복할 수 있는 좋은 사회에 대해서 고찰한 사상가들도 동일한 사회 인식을 가지고 있었다(고미네小峯 2007b). 폴라니의 독자성은 현실을 복잡한 사회, 즉 강제와 권력의 영역이나 공동사회적인 비계약적 영역 등을 포함하는 사회로 파악하고 그러한 사회의 중심에 개인을 위치시켰다는 점이었다.

시장, 재분배, 호혜 영역을 나누는 기준선

폴라니에 따르면 복잡한 사회는 크게 시장(경제 영역), 재분배(정치 영역), 호혜(공동사회의 영역)의 세 가지 영역으로 구성된다. 그것은 다음 표에서처럼 세 개의 기준선으로 설명할 수 있다.

기준선 (A)는 강제성과 투명성 정도를 구분한다(기준선의 좌측 상단: 강제성, 우측 하단: 투명성). 투명성의 영역에는 호혜적 행위와 행정을 비롯한 공동사회나 연합 등의 다양한 비계약적 관계가 포함된다. 폴라니는 19세기적 시장사회에서도 경제적 동기가 사회의 모든 영역을 지배하지는 않았으며 실제로는 공동사회적인 비계약적 영역이 남아

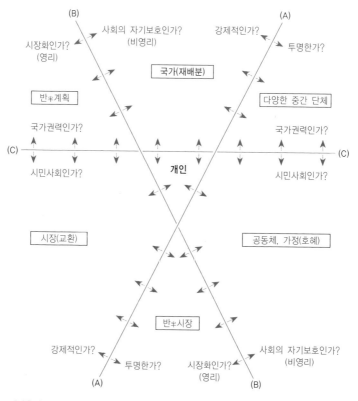

┌─ 대립축의 구조 ─────────────────────────────
(A) : 강제적인가? 투명한가?
(B) : 시장화인가(영리)? 사회의 자기보호인가(비영리)?
(C) : 국가권력인가? 시민사회인가?
※ (A)(B)(C)의 축은 가변적이며. 중심에 위치하는 개인은 경계 구분의 책임을 진다.

있었다고 생각했다. 『거대한 전환』 마지막 장에서 강조하고 있는 것
처럼, 복잡한 사회에서 개인은 정치 영역의 권리와 재화의 교환가치라
는, 타인의 자유를 제약하는 강제력의 창출에 관여할 수밖에 없다. 그
러나 권력과 교환가치는 개인의 의지나 소망이 아니라 사람들의 '의

도적 행위의 의도하지 않은 결과'로서 만들어진다. 정치 영역의 권력은 사회를 계속 통치하기 위해서 사람들에게 동조를 강요하는 명백한 강제력이다. 폴라니는 교환가치도 강제력으로 생각한다. 교환가치의 창출은 경제 영역의 사회적 분업을 위해 필요하다. 그러나 소비나 투자에서 어떤 재화를 구입한다는 선택은 재화의 교환가치 변동과 경기 변동 등을 통해서 누군가의 일자리를 빼앗거나 특정 산업을 쇠퇴시킨다. 다시 말해 재화의 교환가치는 다수의 사람들에게 사회적 결과로서 해악이나 비용의 부담을 강요하는 강제력이라고 할 수 있다. 그런 이유에서 폴라니는 시장을 강제의 영역에 포함시켰다.

그러한 강제력의 정반대에는 필수품과 부담, 비용의 분담과 같은 호혜적 행위에 의해서 유지되는 다양한 공동사회가 위치한다. 이것은 가족이나 근린사회, 친밀의 영역, 생산자협동조합, 소비자협동조합, 학술 단체, 각종 연구회와 토론회, 노동조합 등으로 구성되는 투명한 사회적 영역이다. 폴라니에 따르면 민주주의의 확대는 정부의 강제와 시장의 전제專制를 막는 유일한 방법이다. 그 기초가 되는 민주적 능력은 비계약적 관계에 깊이 뿌리를 내리고 있으며 가족, 친밀의 영역, 근린사회 안에서 형성된다. 폴라니가 때때로 문화적 영역 또는 일상생활의 영역이라 부르는 비계약적 영역에서 사람들은 자신의 행위가 타인에게 미치는 영향을 확인할 수 있다. 때문에 이 영역이 복잡한 사회 내부에서 확대될수록 강제의 영역은 줄어들며 책임을 통한 자유라는 목표에 다가갈 수 있다.

기준선 (B)는 시장경제의 발전과 그러한 발전이 인간과 자연에 끼치는 파괴적 영향에 대항하는 사회의 자기보호 사이의 대립을 나타낸다(기준선 우측 하단: 시장화, 우측 상단: 사회의 자기보호). 즉, 이 기준선은 이중적 운동을 나타낸다. 이 기준선이 시장경제의 발전으로 크게 치우치는 것은 노동, 토지, 화폐, 그 밖의 각종 허구적 상품 시장의 추진으로 인해서 인간 사회의 토대인 다양한 비계약적 관계가 파괴되는 경향을 나타낸다. 때문에 국가의 간섭에 의해서 이들 허구적 상품 시장이 창출되는 것은 국가가 다양한 공동체에 특징을 부여하는 비계약적 인간관계의 붕괴에 가담하는 것을 의미한다. 특히 국가에 의해서 추진되는 계약 자유의 원리를 노동시장에 적용하는 행위는 경제적 자유주의자가 설명하는 비간섭적 원리가 아니라, 노동을 인간의 다른 활동들로부터 분리하여 시장의 법칙에 종속시킴으로써 개인 간의 비계약적 관계를 파괴하고 그러한 관계가 자연적으로 다시 형성되는 것을 방해하는 간섭에 불과하다. 이와 반대로 국가가 사회의 자기보호를 돕는 경우도 있다.

그렇다면 시장경제와 정치 영역과의 관련에 대해 생각해보자. 민주정치의 발전은 시장으로부터 보호받아온 사회생활에 필요한 영역, 예를 들어 생계를 유지할 권리, 교육, 깨끗한 공기와 물, 의료 복지, 안전한 노동조건 등 사회의 완전한 구성원이 되기 위한 조건으로 보장해야 할 영역을 확대한다. 반대로 시장경제의 발전은 그것들을 시장에서 판매되는 상품으로 바꿔버린다. 시장경제의 발전은 정치적 영역을 축소시키고 민주주의에 입각한 정책의 우선순위 결정이나 이해利害의 조정을 시장에 따른 조정으로 대체하는 결과를 초래한다. 실제로 하이에크나 미제스와 같은 경제적 자유주의자들은 선거의 민주적인 투표 결과가 시장경제의 논리와 모순되는 경우에는 투표 결과를 최대한 무시해야 한다고 생각했으며, 경제문제에 대한 민중의 정치적 간섭을 약화시키는 정치적·법적 조치의 제도화를 주장했다. 그러나 폴라니의 관점에서는, 복잡한 사회에서 공동사회의 전체적인 이해의 보호를 추구하는 민주정치의 대표인 정부가 시장경제에 개입하는 일은 시장을 민주적 정치에 종속시키는 과정이며, 또한 시장으로부터 사회생활에 필요한 것을 보호하는 제도를 만들어내는 과정이었다. 따라서 기준선 (B)는 시장경제와 정치적 민주주의를 구분하는 대립의 경계라고도 할 수 있다. 이 대립의 경계는 역사에 따라서 또는 각국의 경제적·정치적 상황에 따라서 얼마든지 변할 수 있다.

기준선 (C)는 국가권력과 시민사회를 구분한다(기준선 위: 국가권력, 아래: 시민사회). 폴라니에 따르면 파시즘의 본질은 개인의 자유, 시민사회, 민주주의가 전부 존재하지 않는 경제국가였다. 폴라니는 시민사회의 영역을 중요하게 생각했다. 왜냐하면 그것이 국가가 사회의 자기보호 영역에서 역할을 발휘하고 재분배와 관련된 재정 담당자로서 역할을 다하기 위한 조건이며, 의회 민주주의처럼 민주정치의 힘을 발휘하기 위한 조건이라고 생각했기 때문이다. 민주사회의 활력은 민주정치가 가진 힘의 원천이다. 그것은 개인의 경제활동을 국가가 아닌 시민사회 속에 위치시키려는 노력을 후원하고, 복잡한 사회 내부에서 투명성의 영역을 확대시킬 것이다.

폴라니는 민주정치의 자유와 권리가 법과 정치를 통해 만들어지며 유지된다고 생각했다. 따라서 정치 영역의 존재 형태와 다른 사회영역과의 관계는 그의 큰 관심사였다. 경제적 자유주의, 뉴리버럴리즘, 사회민주주의, 사회주의, 파시즘 사이의 논쟁은 이 구분선을 어떻게 설정하는지에 대한 문제를 둘러싼 투쟁이었다고도 할 수 있다. 폴라니가 보기에, 이념적으로 경제적 자유주의는 정치 영역의 최소화와 경제적 자유의 최대화를 추구했고, 사회주의와 파시즘은 자립한 경제 영역의 최소화와 정치 영역의 최대화를 추구했다(그러나 사회주의는 민주적 정치의 확대를 지향하는 데 반해 파시즘은 민주주의를 폐지한다). 그리고 뉴리버럴리즘과 사회민주주의는 경제 영역의 경제활동을 규제하고 조정하는 정치 영역의 제3의 길을 지향했다(한편 뉴리버럴리즘은 자본주의의 경제적·사회적 개혁에 머무르지만 사회민주주의는 개혁에 의한 사회주의를 지향한다). 그러나 실제 역사는 이념과는 달랐다. 경제적 자유주의는 신구빈법(1834년)과 같은 국가의 간섭, 다시 말해 정치적 힘에 의해서 시장사회를 실현했고, 시장경제를 국가에 의한 계획경제로 대체한 소련의 사회주의는 국가권력으로 민주적 정치 영역을 소멸시켜 시민사회의 영역까지 철저하게 억압했다. 폴라니는 아마도 뉴리버럴리즘과 사회민주주의의 역사적 경험을 높이 평가하면서 구분선 (C)의 위치를 모색했을 것이다. 이 구분선의 위치를 결정하는 요소에는 경제를 민주정치에 종속시키는 정도, 정치적 민주주의의 성숙도, 호혜적 영역에서 성장하는 사람들의 민주적 능력 그리고 각국 민주주의의 역사적 전통 등이 있다.

나쁜 사회와 좋은 사회

폴라니에게 나쁜 사회란 사회적 현실에 대한 책임과 의무를 받아들임으로써 달성되는 인간의 자유 영역을 축소하여 소멸시키는 사회였다. 나쁜 사회에서는 책임을 통한 자유가 경제적 자유 또는 종교적 자유(정신적 자유)로 인해 사라지거나, 혹은 정치적 자유를 포함한 모든 자유가 억압된다. 복잡한 산업사회에서의 경제가치와 권력 등의 강제력과 개인 사이의 관계를 부정하고 호혜적인 공동사회 영역이나 친밀의 영역에 틀어박히는 것은 사회 현실을 무시하고 개인의 내면적인 자유의 환상에 집착하는 일이다. 폴라니는 그러한 예로 리카도나 맬서스 시대 이후의 기독교적 윤리공동체(산업문명 시대를 받아들이지 않은 상태의 복음서의 자유)를 들고 있다. 그에 따르면 산업사회를 살아가는 기독교인에게도 책임과 의무에 대한 자유를 친밀과 호혜의 영역을 넘어 사회로 확대시킬 의무가 있다. 그런 이유에서도 민주정치를 발전시켜 복잡한 사회의 제도 개혁에 착수해야 한다. 시장경제를 확대함으로써 정치 영역을 최대한 축소하고 비계약적 관계를 계약적 관계로 전환하려는 시장사회는 결국 정치 영역과 사회 영역이 경제 영역에 종속되어버릴 것이다. 1차 세계대전 이후에 19세기 시장사회가 위기에 처하자 폴라니는 경제가 민주정치에 종속되는 과정이 장기적으로 진행될 것이라고 예상했다. 또한 정치적 민주주의를 소멸시켜 호혜적인 공동사회의 다양한 활동을 억압하는 전체주의 유형인 파시즘(국가사회주의)과 사회주의의 공산주의적 형태를 20세기가 경험한 전형적인 나쁜 사회로 파악했다.

폴라니에게 좋은 사회의 이상적인 모습은 복잡한 사회의 중심에서 개인이 책임과 의무에 대한 자유, 즉 사회적 자유가 최대가 되는 시장, 재분배, 호혜의 동태적 균형 상태이다. 그러한 좋은 사회는 폴라니 특유의 사회주의로 표현할 수도 있을 것이다. 폴라니에 따르면 "사회주의는 자기조정적 시장을 의식적으로 민주주의 사회에 종속시킴으로써 자기조정적 시장을 극복하려는, 산업문명에 내재된 성향이다. 〔중략〕 사회주의는 사회를 개인들 간의 훌륭한 인간적 관계로 구성된 조직으로 만들고자 하는 과거의 노력을 계승한 것에 불과하다. 서유럽에서 그러한 노력은 언제나 기독교적 전통과 결부되어 진행되어 왔다"(Polanyi 2001).

폴라니의 사회주의 또는 좋은 산업사회를 위해서는 자기조정적 시장을 민주정치에 종속시키려는 노력이 반드시 필요하다. 또한 복잡한 사회를 '개인들 간의 인간적인 관계', 즉 책임과 의무에 대한 자유를 책임지는 개인들의 호혜적이고 비계약적인 관계로 구성된 조직으로 변혁하려는 노력이 필수적이다. 이러한 좋은 사회 또는 사회주의에는 완성된 절대적 목표는 존재하지 않는다. 우리는 오직 '지속적인 노력'을 통해서만 이 목표에 다가갈 수 있다.

후기

경제체제가 아니라
인간이 살아남기 위한 사상

텔레비전을 꺼두는 습관이 생겼다. 뉴스 보도나 영상의 목적과 성격이 최근 몇 년 사이에 완전히 변해버린 것 같다. 소비자의 욕망을 자극하여 상품을 계속 구입하게 만들기 위해서 문화산업이 제공해온 광고. 그 광고의 안과 밖(특히 뉴스 등의 보도프로그램)에서 정치단체나 정부의 '홍보'가 차지하는 비중이 늘고 있다. "여론은 만들어진다". 이 말을 통치의 기법으로 확립한 것은 20세기를 대표하는 미국의 저널리스트이자 정치평론가인 월터 리프먼이 쓴 『여론』(1922)이었다. 이 책에서도 지적했듯이 『거대한 전환』에는 리프먼이 수차례 등장한다. 폴라니는 리프먼을 20세기의 신자유주의 탄생과 관련된 중심인물로 평가했다.

2014년 12월 7일 '막스 베버 탄생 150년 기념 심포지엄: 전후 일본의 사회과학과 막스 베버'가 와세다 대학교에서 열렸다. 이 학회에서는 '선거 독재'에 관한 베버의 고찰이 소개되고 그 현대적 의의가 논의되었다. 선거 독재는 보통선거제도에 의거하는 민주주의적인 사회에서 성립된 실질적인 독재 상태이다. 아무리 투표율이 낮아도 선거에서 승리하면 모든 신임을 얻었다고 간주하고 다음 선거까지는 뭐든지 할 수 있다고 생각하는 정치가들의 출현, 그리고 그러한 정치가들의 행동을 제한하기 어려워진 민주정치의 위기는 현대의 우리 시대의 모습이기도 하다.

최근 일본에서는 집단적 자위권의 행사, 특정비밀보호법, 개헌, 오키나와 미군기지 문제, 원자력발전소 재가동 및 40년이 넘는 가동 기간의 연장을 둘러싼 중요한 법안과 정책들이 다양한 국민 계층의 저항과 비판이라는 이의 제기는 무시한 채 연이어 추진되고 있다. 이런 일본에서 민주주의의 위기를 분석할 때, "반지성주의"라는 용어가 사용되기 시작했다(예를 들어, 우치다 다쓰루内田 樹가 엮은 『일본의 반지성주의』, 2015). 반지성주의는 헌법이나 법률의 틀을 가볍게 여기며 사법 판단에서 위헌이라는 결과가 나와도 당장 하고 싶은 일을 "개혁"이라 칭하며 밀어붙인다. 공약이 무엇이었는지, 국회에서 충분히 의논을 했는지 여부 등의 실제적 사항은 중요하게 생각하지 않는다. 반지성주의는 과거에 말한 내용과 일관성이 있는지에 대한 성찰 없이 '개혁'을 연달아 제시하고, '지금을 놓치면 두 번 다시 기회는 없다'는 강경한 자세로 다른 의견을 내는 사람들을 '여론'에서 배제하는 태도이다.

이 책을 읽은 독자는 이러한 여론 형성의 중대한 이변이 21세기의 우리에게 처음 나타난 것이 아니라는 사실을 알아차렸을 것이다. 이런 식의 여론 형성은 20세기 폴라니가 살았던 '거대한 전환'의 시대에도 그리고 18세기 말부터 19세기 초까지의 '스피넘랜드' 시대에서도 공통적으로 나타났다.

동서 냉전의 종결, 9·11 사건, 리먼 쇼크 그리고 대규모 원자력발전소 사고로 이어진 2011년 3월의 동일본대지진은 일본이 지금까지 국제 관계에서 유지해온 지정학적 입장을 바꿔버렸다. 과거였다면 『일본은 왜 미군 기지와 원자력발전소를 포기하지 못할까?』(야베 고지 矢部宏治, 2014)를 읽어도 현실적으로 공명하는 사람은 적었을 것이다.

그러나 20세기 전반의 '어두운 시대'에도 다양하고 희망적인 제도 변화의 가능성이 존재했다. 경제학은 물론이고 사회과학이나 문학에서도 20세기 중요한 유산의 상당수가 어두운 시대에 출현했다. 세계공황의 진원지는 미국이었는데 왜 중부 유럽의 경제위기가 가장 심각했을까? 왜 의회 민주주의가 기능 장애에 빠지고 민주주의가 스스로 무너져버렸을까? 그리고 왜 대규모의 파괴적인 무기를 동원하여 일상생활을 파괴하고 서로를 살상하고 모든 것을 불태워버린 전대미문의 세계전쟁이 두 번이나 일어났을까? 이러한 난제에 대한 지적 투쟁의 성과는 곧 폴라니를 비롯해 자신의 시대를 인내하고 시대의 문제와 싸우며 살아간 지식인들이 21세기의 우리에게 선물한 지적 유산이다.

1930년대 중반 폴라니의 친한 친구였던 종교인 라인홀드 니버 Reinhold Niebuhr에 따르면 기술문명 특히 주식 소유의 메커니즘과 대량생산 기술의 발전에 의해서 소유와 권력의 집중화가 추진된 결과, 인간의 행위에서 차지하는 경제적 동기의 영향력이 터무니없이 증가했다. 가진 자의 책임감은 더욱 줄어들었고, 일하는 사람들 또한 대중 mass으로 흩어졌다. 기계시대의 집중화된 통제와 강화된 사회 수렴에 휘말린 사람들은 지적이고 도덕적인 인간으로 살아가기가 지극히 어려워졌다(『도덕적 인간과 비도적적 사회』, 1932).

니버의 '평정을 구하는 기도'는 신에게 (1) 바꿀 수 없는 것을 수용하는 평정 (2) 바꿀 필요가 있는 것을 바꾸는 용기 (3) 바꿀 수 없는 것과 바꿀 필요가 있는 것을 식별하는 지혜를 구하고 있다. 이 세 가지는 불완전한 사회에서 불완전한 존재로 살아갈 수밖에 없는 인간이 그럼에도 불구하고 보다 더 나은 삶을 위해서 추구해온 것이다. 니버의 기도는 완전한 사회를 가정한 마르크스주의나 완전한 시장경제를 가정한 경제적 자유주의에 비판적인 폴라니의 제도주의적 입장 또는 '오언적 사회主의'와 기본적으로 동일하다.

도쿄 대학교에서 2011년 3월 15일 예정되었다가 취소된 우에노 치즈코上野千鶴子의 마지막 강의 '불감의 페미니즘'은 학생들과 졸업생들의 요청으로 7월에 다시 열렸다. 강의 주제를 '살아남기 위한 사상'으로 바꾼 그녀는 3·11 동일본대지진이 '무엇을 위해 페미니즘과 젠더 연구를 계속해왔는가?'를 되돌아보는 큰 계기가 되었다고 말했다. 7월의 마지막 강의는 『살아남기 위한 사상 신판』(2012)에 수록되었다. 이 책에서 우에노는 '죽기 위한 사상'에 대항하는 '살아남기 위한 사상'의 계보 속에 페미니즘을 집어 넣었다. 그러나 죽기 위한 사상에 대항하여 "대안을 찾는 쪽은 때때로 어휘가 형편없이 빈곤해지기 십상"이다. "자신이 하고 있는 일과 하고 싶은 일을 언어화하거나 이론화하는 노력이나 능력이 따라가지 못한다. 우에노는 무리해서 단어를 찾으면 기존의 언어에 휩쓸려" 사라져버린다며 주의를 당부한다. 사라지지 않을 사상의 단어를 계속 획득하기 위해서, 우리는 과거나 역사에서 많은 것들을 배워야한다고 말이다(앞의 책).

이 책에서 살펴본 폴라니의 사상도 인간이 살아남기 위한 사상의 계보에 속한다. 시장에 운명을 맡기고, 경제의 운명이 인간 사회의 가능성과 운명까지 결정한다고 믿는 '경제결정론 신앙'은 경제적 자유주의와 파시즘, 마르크스주의의 공통점이다. 이들은 인간이 살아남기 위한 사상이 아니라 경제체제가 살아남기 위한 사상이다. 경제체제가 살아남기 위해서라면 사람들의 일상생활이나 생명을 희생할 수 밖에 없다는 생각도 공통적이다. 폴라니는 1930년대 파시즘이 대두하기 전에는 경제체제를 구제하기 위해서 사람들의 일상생활을 강제로 희생시켰던 경제자유주의적인 경제정책과 사회정책이 실패로 돌아갔다는 점을 규명하고자 했다. 그가 파악한 파시즘은 경제가 살아남기 위해 국가를 집어삼킨 '경제국가'였으며 동시에 인간의 자유와 민주주의가 철저하게 파괴된 자본주의의 모습이기도 했다. 또한 이 책에서는 앞서 출판한 『칼 폴라니: 시장사회·민주주의·인간의 자유』(2011)에 대한 이토 미쓰하루伊東光晴의 서평(『마이니치 신문』, 2011년 12월 4일)에 힘입어, 1929년의 공황과 1930년대의 불황에 대한 폴라니의 분석을 앞의 책보다 심도 있게 다루려고 노력했다.

나는 경제사상사의 방법론으로 폴라니의 사상을 재구성하는 연구를 해왔다. 앞서 발표한 책의 합평회(경제학사학회 관동부회 주최, 장소 와세다 대학교, 2012년)에서는 시오노야 유이치塩野谷祐一가 가와이 에지로河合榮治郎의 '사상학의 두 가지 방법'(가와이 에지로 『토마스 힐 그린의 사상체계 II』, 1986) 중의 다음 한 구절을 큰 소리로 낭독했다. 그린은 "무엇을 과제로 남겼는가? 후세 사람들은 그로부터 어떤 과제를 상속받아야 하는가?〔중략〕한 명의 사상가를 연구할 때 우리가 취해야 할 방법은 두 가지이다".

첫 번째 방법은 사상가가 걸어온 길을 꼼꼼히 확인하고 그 사상을 정확하게 파악하는 것이다. 특히 편견에 사로잡히지 않고 스스로 사상가의 입장에 서서 사상가와 함께 사색하고 표현할 필요가 있다. 한 사람의 사상가를 정확하게 파악하는 일은 결코 쉽지 않다. 그러나 그렇게 하지 않고는 아무것도 할 수 없다.

두 번째 방법은 그 사상가를 비판하는 것이다. 첫 번째 방법을 통해 "사상가를 정확히 파악한 연구자는 이번에는 사상가와 어느 정도 간격을 두고 거리를 잡고 적당한 시야를 확보하고 사상가를 긍정하고 부정하는 과정에 들어가야 한다. 그렇게 하면, 비판의 근거를 사상가 그 자신의 입장에 두어야 할지 혹은 다른 입장에 두어야 할지 알 수 있을 것이다"(앞의 책). 이 장면은 세월이 흐른 지금도 기억 속에서 선명하게 되살아난다. 그리고 나는 불투명하고 불확실한 현대의 문제들을 파악하여 언어화하고 이론화하기 위한 노력과 능력을, 이 두 가지 방법을 통해 습득할 수 있다고 확신한다.

2013년 10월에 부임한 오사카 시립대학교 경제학부에서의 경제학사 특강은 폴라니와 거대한 전환의 시대에 대해서 수강생과 함께 생각할 수 있었던 귀중한 기회였다. 대학원에서는 말리노프스키나 모스의 주장, 현대의 '새로운 자본주의'론, 그리고 다양한 신자유주의와 그들에 대항하는 사상 조류에 대해 함께 생각하고 토론할 수 있었다. 그 성과의 일부는 「증여: 우리는 왜 선물을 주고받는가?」(하시모토 쓰토무橋本努 편저 『현대의 경제사상』, 2014)에 반영되었다. 2014년 5월 사회정책학회의 공통 논제에서 폴라니의 사회 개혁 사상을 보고하는 귀중한 기회를 얻었다. 우리는 지금 연쇄적이고 한층 더 깊고 어두운 위기의 시대를 살아가고 있다. 나는 보고 준비와 공통 논제의 토론을 통해서 복지국가의 위기를 비롯해 나아가 21세기 위기의 본질을 이해하는 데 있어서 20세기 전반의 위기에 대한 폴라니의 분석이 더욱 중요해졌다고 확신했다. 이 책은 현대에 되살아난 폴라니를 둘러싼 다양한 대화의 결과물이기도 하다. 마지막으로 이 책의 기획자로 책의 탄생까지 함께 해준 헤본샤 신서의 편집자 미즈노 요시미水野良美에게 깊은 감사의 뜻을 전하고 싶다.

2015년 5월 4일

와카모리 미도리

들어가며—왜 지금 칼 폴라니인가

1 폴라니ポラン=-(2012)에 수록된, 캐리 폴라니 레빗이 쓴 「일본어판에 대한 서문」 참조.
2 예를 들어 Christian and Falke eds.(2011), Dale(2012), Thomasberger(2012~2013), Valderrama(2012~2013)를 참조.
3 이 책에서 사용하는 "신자유주의"라는 용어는 폴라니 연구자인 토마스베르거의 연구 성과에 의거하고 있다. 신자유주의는 시장제도를 근대 문명 및 개인의 자유에 있어서 필요불가결한 기반이라고 판단한다는 점에서 고전적 자본주의를 계승하고 있으나, '자유방임' 대신에 '경쟁을 위한 계획'을 도입한다는 점에서 고전적 자유주의와 구별된다. 신자유주의는 '여론이나 정치가의 사고를 정복하는' 실천이며 또한 시장제도나 기업이 원하는 방향으로 사회를 변화시키는 능동적인 주체이기도 하다.(Thomasberger 2012)

1장 파국의 시대, 한 세계와 명멸하다

1 노동자계층과 중류계층이 귀족체제 타파를 위해 결집하여 1918년 10월에 무력충돌이 없는 혁명인 데이지혁명이 실행되어 미하이 카로이Mihály Károlyi 내각이 조직되었다. 그러나 인플레이션과 실업의 악화를 막지 못하자 지지 기반을 급속히 상실했고, 1919년 3월에는 공산당 지도자 벨라 쿤이 실권을 쥔 헝가리소비에트공화국으로 대체되었다. 프랑스군의 점령 하에 있던 세게드Szeged에서 구舊제국 해군제독이었던 호르티Horthy가 이끄는 국민군의 쿠데타로 전복되어, 정권에 반항하는 세력에 대한 탄압을 강행하던 '벨라 쿤의 133일 정권'도 단명으로 끝났다. 1919년 8월에 수립된 호르

티의 반동 정권은 1944년까지 이어진 장기 정권으로 집권 기간 동안 공산당 지도자 및 지지자들에 대한 사정없는 탄압이 계속되었다.(미나미즈카南塚 엮음 1999)

2 '자유주의적 사회주의Liberal Socialism'는 공산주의자(쿤, 루카치)와 구별된다. 헝가리의 폴라니 연구자 리 콘그돈은 자유주의적 사회주의자를 '비非마르크스주의적 사회주의자'로 설명하며 야씨, 폴라니, 만하임을 예로 들었다. 자유주의적 사회주의의 특징은 '유물주의적 경제결정론을 거부하고 인간 의식혁명의 창조성을 강조'하는 점이다.(Congdon 1991)

3 영국의 페비앙협회는 1884년에 결성된 지식인 중심의 사회주의자 단체로 시드니 웹Sidney Webb과 베아트리스 웹Beatrice webb의 이론적 지도를 받으며 점진적인 사회 개혁을 통한 사회주의 실현을 지향했다. 사회과학협회는 페비앙협회를 모델로 설립되었다. 사회과학협회가 발행한 기관지 「20세기」는 부다페스트 진보파 지식인들의 지적인 공표의 장으로서 일대 거점이 되었다.

4 전쟁에서 입은 상처가 완치되지 않은 상태에서 1919년 6월 빈으로 망명한 폴라니는 곧 수술을 받고 1920년 가을까지 빈 교외의 요양소에서 생활했다. 그는 그곳에서 헝가리의 민주화운동에 기여한 여성혁명가로 유명한 일로나 두친스카Ilona Duczynska를 만난다. 1920년 11월의 일이었다. 급속하게 가까워진 둘은 1923년에 결혼하여 외동딸 캐리를 낳았다.

5 폴라니의 자유론은 책임으로부터의 자유가 아니라 '책임지는 것을 통한 자유'라는 점에서, 행위나 선택이 다른 사람들에게 미치는 영향과 해악에 대한 책임을 묻지 않는 경제적 자유주의 사상과 결정적으로 구별된다(Thomasberger 2005).

6 사회주의 경제계산 논쟁은 미제스, 베버, 노이라트, 에두아르트 하이만Eduard Heimann 등의 저명한 학자가 참여했던 사유재산제도, 시장 그리고 사회주의 계획경제의 존립 및 실행 가능성을 둘러싼 20세기의 일대 논쟁이었다(구와타桑田 2014). 당시 시장경제의 기능 장애와 그것을 대신할 수 있는 실행 가능한 사회주의에 대한 관심이 커졌다는 1920년대의 사상적 상황을 배경으로, 시장이 없는 중앙집권적 사회주의경제를 제안하는 학파와 시장경제를 가능한 유일의 경제체제로 옹호하는 학파 사이에서 논쟁이 활발하게 이루어졌다.

7 조지 D. H. 콜의 기능적 사회이론을 계승한 폴라니는 시장사회를 대체할 수 있는 새로운 사회의 기본원리로서 기능적 민주주의를 주장했다. 여기서 "기능적"이라는 용어는 "개인들에게 '본래의 공동체(노동조합, 협동조합, 지방자치제, 문화단체 등)' 차원에서 공통적인 노력과 협력을 요구하는 기능들(생산하고 소비하고 거주하는 등)에 의거하여 사회를 조직화한다'는 의미로 사용되고 있다.

8 빈 시절의 폴라니는 자유론을 논할 때, 당시 마르스크주의자의 논거였던 프리드리히 엥겔스Friedrich Engels의 『공상에서 과학으로』(1880)가 아니라 마르크스가 『자본론』에서

전개한 물상화론을 단서로 폴라니 사회철학의 핵심인 인간의 자유에 대해서 집중적으로 연구했다.

9 1936년에 창설된 보조적 기독교 좌파Auxiliary Christian Left는 노동당이나 공산주의 정당에서 활동하는 지식인으로 구성되었다. 폴라니가 빈에 있을 때부터 알고 지낸 이렌 그랜트, 도날드 그랜트, 더그 졸리, 메리 뮤일이 그 중심 멤버였다.

10 칼폴라니정치경제연구소의 아카이브(15-; 16-3; 17-3)에 따르면 런던 대학교에서 1937년부터 1946년까지 공개강좌 형태로 진행된 폴라니의 강의는 '현대사회에서의 대립하는 철학', '정부와 산업', '인간 제도들의 연구: 경제와 사회', '경제, 정치, 사회', '사회구조의 변화' 등이다. 이 강의들의 참고 문헌으로 콜의『사회이론』(1927),『오언』(1923),『고용상실: 실업연구서설』(1923),『영국 노동운동 소사小史』(1927),『화폐에 대해서 모든 사람들이 알기를 원하는 것』(1933),『사본과 투자의 연구』(1935)와 함께 토니의『16세기의 농업 문제』(1912),『종교와 자본주의의 부흥』(1926),『평등』(1931)을 소개하고 있다. 콜과 토니의 사고방식은『거대한 전환』의 시장경제 부흥과 사회의 자기보호, 정치적 민주주의와 산업의 대립 등의 서술에 큰 영향을 미쳤다.

11 이들 강의는 칼폴라니정치경제연구소의 아카이브에 보관되어 있는 강의계획서 및 강의 노트(15-4)에서 볼 수 있듯이『거대한 전환』의 기본 구성을 형성하는 토대가 되었다.

12 사회경제체제의 역사적 비교분석 및 제도주의적 방법의 의식적 채용은 신고전파 경제학을 반박하기 위한 것이었다. 폴라니는 '자본주의사회의 특이성'을 증명할 목적으로 인류학과 역사적 연구에 착수했다(노구치野口 2011; Cangiani 2008).

13 「주말 노트」는 1954년부터 1958년까지 당시 대학원생이던 로트슈타인이 주말마다 캐나다 토론토 교외의 피커링에 있는 폴라니의 집을 오가며 그의 말을 받아 적은 것이다. 이것은『자유와 기술』의 개요나 논점을 알 수 있는 중요한 자료이다.『사람의 살림살이』와 함께 말년의『자유와 기술』의 기획은 실현되지 못하고 미완으로 끝나버렸기 때문에, 그에 대한 해명이 최근 폴라니 연구의 새로운 과제가 되었다.

2장 시장이 사회를 지배하기 시작했다

1 『거대한 전환』(신역)에서는 common people을 민중, 일반민중, 대중, 서민 등으로 구분하여 번역하고 있지만 '보통 사람들'이 더 적절할지 모른다. 폴라니에 따르면 보통 사람들은 '문화의 보고'이며 민주주의를 실체화하는 존재이다. 그러나 시장사회에서는 자신이나 타인이 상품인 것처럼 행동하도록 강요당하고 시장체제에 적응하도록 끊임없이 요구받는 존재일 뿐이기에 보통 사람들의 사회적 지위는 낮게 폄하되었다. 폴라니는 구빈법 논쟁 당시의 '빈민'이라는 호칭을 보통 사람들의 지위가 폄하되어

모욕을 당하던 것과 관련된 현상의 하나로 보았다.

2 1980년대 이후 신자유주의에 역사적인 근거를 부여했다고 평가받는 더글라스 노스 Douglass C. North의 신제도파 경제학에 의한 경제사 재해석은 같은 계보에 위치한다고 할 수 있다. 4장 주12 참조.

3 엘리자베스 구빈법은 빈민을 강제 노동의 대상이 되는 유능빈민, 구빈원에 수용되는 무능력빈민, 도제봉공徒弟奉公의 대상이 되는 아동의 세 종류로 분류하고, 구빈 행정 의 운영을 위한 재원으로 각 교구에 구빈세를 징수했다.

4 스피넘랜드 제도의 임금부조가 농촌 지역의 빈곤이나 임금, 생산성에 실제로 어떤 영향을 주었는지에 대해서는 오늘날까지 경제역사가나 경제이론가의 다양한 해석이 이루어지고 있다. 그 해석은 대립적이고 논쟁적이다. 타운센드, 맬서스, 미제스는 임 금부조가 조혼이나 출생률 상승을 자극함으로써 시장의 자기조정 및 효율에 필요한 희소성을 침해하고 생산성 저하, 저임금, 빈곤 증가 등을 초래한다고 전면적으로 부 정적인 평가를 내렸다. 마르크스, 엥겔스, 바바라 & J.L. 해먼드Barbara & J. L. Hammond, 베아트리스&시드니 웹의 해석에 따르면 임금부조는 고용주가 임금을 삭감하기 쉽 게 만들어 생산성 저하와 저임금을 초래한다. 폴라니도 법률이 농촌노동자의 집단적 행동을 금지했던 당시의 제약 조건을 지적하면서, 임금부조의 영향에 대해서는 맬서 스, 엥겔스, 웹과 같은 입장을 취했다. 이에 비해서 웹 이후의 최근 스피넘랜드 연구 를 사회민주주의 관점에서 총괄한 블록과 소머스는 빵 가격에 비례하는 임금부조는 널리 실시되지 않았으며, 농촌의 빈곤은 산업이 북부 지역으로 이동한 결과 일어났 다는 가설을 제시하고 구빈은 농촌의 빈민을 실업이나 소득 상실에서 보호하는 역할 을 했다고 평가했다(Block and Somers 2014).

5 맬서스의『인구론』초판에서 신구빈법까지, 영국 고전파 경제학 사상을 '기독교 정치 경제학'으로 부르고, 그것을 프랑스혁명의 영향을 받은 급진주의 사상과의 대항 관계 에서 분석한 연구서로『Waterman』(1991)이 있다.

6 토니는 1922년에 증보·개정한『획득 사회』(Tawney 1922)의 마지막 장에서 다음과 같 이 주장했다. (1) 1차 세계대전으로 붕괴된 것은 19세기 초반에 성립된 획득 사회이 다 (2) 사회구성원에 대한 책임에서 분리된 재산 소유를 허용하는 획득 사회에서는 재산의 소유자에게 무제한적인 주권을 부여해버린다 (3) 이 경향은 미국에서 현저하 게 나타난다 (4) 사익이 공익과 일치한다는 획득 사회의 공준에 맞서는, 기독교인으 로서의 윤리적 공준을 제시하지 않은 영국 국교회는 획득 사회를 용인해온 책임을 인정해야 한다.

7 폴라니는 경제적 자유주의를 지지하는 논객 미제스가 붉은 빈의 주택이나 노동자 보호에 관한 정책을 영국 스피넘랜드의 재래再來라고 비판한 것과 관련해, 클래펌이 나 커닝엄의 산업혁명사가 경제적 자유주의 학자의 지지를 받는 이유를 고찰했다

(Polanyi 2001).

8 폴라니는 다음과 같은 점에 주의해야 한다고 강조했다. 다시 말해 스피넘랜드 제도와 동시대에 제정된 단결 금지법의 영향으로 노동자가 적극적으로 정당한 임금수준을 목표로 고용주 측과 교섭하기 위한 노동조합을 만들 수 없었기 때문에, "스피넘랜드 제도는 표면적으로는 노동자에게 혜택을 주는 임금부조로 시작되었지만, 실제로는 고용주를 보조하기 위해서 공적 수입을 이용하는 결과가 되었다"(같은 책).

9 오언은 직업이 없는 수공업자가 일을 찾기 위한 생산자조합, 파업 기간에 파업수당 대신 다소의 생활비를 벌 수 있는 '조합공장', 시장 가격변동의 영향에 생활이 좌우되지 않기 위한 '노동교환소', '바자회', '노동지폐' 등의 다양한 아이디어를 제도화하고 19세기에 걸쳐 100만 명에 달하는 노동자를 보호하는 업적을 남겼다.

10 『거대한 전환』의 집필을 끝낸 2차 세계대전 이후, 폴라니는 「시대에 뒤처진 시장지향」(Polanyi 2003[1947b])에서 19세기의 자유주의적 자본주의(시장사회)는 산업혁명의 도전에 대한 인류 최초의 대응으로, 개인의 피폐라는 희생을 지불해서 사회를 풍요롭게 만들었다고 말했다. 그리고 오늘날 산업문명의 과제는 '기술덕으로는 효율이 떨어지더라도 삶의 충족감을 개인에게 돌려주는' 방식을 고안하여 생산적인 환경에 창조적으로 적응하는 일이라고 주장했다.

11 『거대한 전환』의 10장 「정치경제학과 사회의 발견」에서 폴라니는 이 '새로운 힘'이라는 표현을 정의 없이 사용하고 있다. 그러나 제14장 「시장과 인간」의 다음 문장을 읽어보면 새로운 힘이 '협력의 원리'인 것을 알 수 있다. "협력의 원리, 즉 '조합union'의 원리가 개인의 자유나 사회의 연대, 또는 인간의 존엄성과 동료에 대한 공감 등 그 어떤 것도 희생하지 않고 기계의 문제를 해결할 것이다"(Polanyi 2001).

12 이러한 해악은 『거대한 전환』의 마지막 장 「복합 사회에서의 자유」에 따르면 경제가격과 권력을 말한다. 경제가격도 권력도 인간 행위의 의도하지 않은 결과로서 필연적으로 만들어지는 강제력으로, 개인의 소망이나 선택에 의해서 사전에 제거할 수 없다. 또한 경제가격은 분업을 통해서 생산된 재화의 유용성을 승인하는 것이며, 권력의 기능은 사회 존속에 필요한 일정 한도의 순종을 보장하는 것이다. 이 둘은 모두 개인적 자유를 제한한다. 사회 현실을 받아들인다는 것은 어떤 사회에서도, 또한 어떤 개혁에 의해서도 사회에서 강제력을 완전히 소멸시킬 수 없다고 인식하는 것이다.

13 폴라니는 말년의 유고 「자전적 노트」(30-1[1962])에서 오언과 마르크스를 산업사회의 현실을 받아들이고 자유의 확대를 지향한 사회주의자로 평가하며 다음과 같이 말했다. "오언과 마찬가지로 마르크스는 이상적 목적을 향한 인류 진보의 도구로서 산업사회를 완성시킬 것을 계속해서 요구했다. 어떤 관점에서 이 문제에 접근하더라도 우리는 효율과 인간성, 기술 진보와 사회 진보, 제도상의 요구과 개인적 필요와 같은 대조적인 가치관이 오언과 마르크스의 사상 축을 형성하고 있음을 알 수 있다".

14 폴라니는 인간적인 공동체를 기반으로 산업사회를 조직하려는 오언의 시도가 20세기 콜을 통해서 '길드 사회주의'에 합류하여, 1차 세계대전 이후 붉은 빈과 같은 유럽의 사회민주주의 사상 및 실천에 활용되었다고 생각했다.

3장 경제적 자유주의 vs. 사회의 자기보호

1 블록(2001b)에 의하면 『거대한 전환』의 기본적인 개요는 1930년대 후반 영국에서 형성되었다. 그때 폴라니는 마르크스주의적 이론 구조를 기반으로 연구하고 있었다. 그러나 폴라니가 실제로 『거대한 전환』을 집필한 것은 1940년대 초반의 베닝턴에서였다. 그는 마르크스주의를 벗어난 몇 가지 개념, 즉 '허구적 상품'이나 '사회 속에 위치하는 경제' 등을 발전시켰지만, 가혹한 출판 사정 때문에 원고를 새로운 이론적 전개에 맞추어 완전히 수정할 수 없었다.

2 폴라니는 경제자유주의적인 복지 개혁의 본질을 스피넘랜드에 대한 비판에서 찾을 수 있다고 믿었다. 영국의 경쟁적 노동시장은 상징적으로는 1834년 신구빈법을 계기로 확립되었다. 폴라니의 분석에 따르면, 산업혁명기 '스피넘랜드 시대'(1795년부터 1834년까지 40년간)의 구빈법 논쟁에서 여론이 '경제자유주의적 복지 개혁'을 받아들인 것이 시장사회로의 전환을 결정지었다. 다시 말해 스피넘랜드의 40년 동안, 구빈법 폐지가 여론의 지지를 받자 개인적인 기아의 위협이 노동의 동기부여로서 높은 평가를 얻었고, 가난한 사람들과 실업자의 구직 활동에 의한 자립과 자기 책임이 강조되었다. 노동이라는 허구적 상품은 보통 사람들의 생존을 배려하는 재분배 및 상호부조적 호혜성 네트워크의 해체와 열등 처우 원칙에 의거한 구빈 정책과 함께 실시되었다. 폴라니는 이러한 사조가 19세기는 물론 20세기에도 계속해서 우리의 사회의식에 영향을 미치고 있다고 주장했다.

3 '시장경제의 극단적인 인위성'은 '19세기 시장사회의 역사적 특이성'과 함께 『거대한 전환』에서 가장 중요한 명제 중 하나이다(노구치野口 2011).

4 사회적 규제는 허구적 상품의 제도화를 유지하기 위해서도 필요하다. 폴라니는 인간 존재나 자연자원은 물론 자본주의적 생산조직까지 자기조정적 시장의 파괴적 영향으로부터 보호할 필요가 있었던 것을 '역설적인 일'로 표현했다(Polanyi 2001).

5 폴라니는 구체적인 예로 관세제도를 제시했다. 그는 관세는 화폐적 이해利害에서 보면 자본가에게 이윤, 노동자에게는 임금 안정의 보장을 의미하지만 궁극적으로는 사회적 지위의 상실이라는, 고통스러운 사태의 회피와 관련되어 있다고 강조했다.

6 경제적 자유주의의 자기모순에 대한 부분에서 언급하겠지만, 이것들은 시장적 방법으로는 대처할 수 없는 산업적 조건의 요구에 관한 문제이다.

7 폴라니는 두 계급의 차이를 다음과 같이 설명했다. 지주계급은 모든 해악의 해결법

을 과거를 유지하는 범위 안에서 찾았지만, 노동자는 시장사회의 한계를 초월하여 미래에서 해결법을 빌려올 수 있었다(같은 책).

8 폴라니의 인식에 따르면, 사회의 운명이 계급의 요구에 의해서 결정되기보다 계급의 운명이 사회의 요구에 의해서 결정되는 경우가 훨씬 많다. 계급적 이해利害의 본질적 성격이 경제적이라는 것은 잘못된 생각이다. 한 계급의 이해는 경제적 이해보다 신분과 서열, 지위와 안정에 직접적으로 관련되어 있으며, 계급 행동은 경제적 욕구보다도 사회적 인정의 욕구를 통해서 보다 합리적으로 설명할 수 있다(같은 책)

9 폴라니는 19세기 후반의 인도에서 거듭되는 대기근으로 수많은 아사자가 발생한 근본적인 원인을 영국 면공업과의 경쟁이 아니라 노동, 토지, 곡물의 상품화에 의한 인도 촌락 공동체의 파괴에서 찾고 있었다(같은 책).

10 폴라니는『거대한 전환』13장에서, 자유무역에 휘말린 비서구 민족들의 공동체적 사회에 나타난 문화적 파국의 문제는 산업혁명에 의한 사회적 파국의 희생자였던 스피넘랜드 시대의 빈민과 범죄자들이 안고 있던 문제와 공통점이 많다고 지적했다. 폴라니는 백인 문화와 접촉한 이후에 비버해진 인도의 기근과 아프리가 부속의 노동기피 등의 현상이 기아를 방지하고 있던 종래의 사회체제를 파괴하여 종래의 인간관계와 문화적 조건들을 급격하게 붕괴시켰던 경쟁적 노동시장의 도입 경위와 관련이 있다고 설명했다.

11 폴라니는 빈곤 문제는 산업혁명으로 인한 농촌의 전통적 사회의 파괴와 문화적 파국에서 유래하며, 그것과 유사한 현상이 국가간의 문화접촉에 의해서 매일 발생하고 있다고 설명했다. 마에다(2006)는 폴라니의 이런 주장에 주목하여 '국제분업론의 문화적 시점'의 중요성을 지적했다.

12 오언의 사회적 보호 명제는 그 가치를 인정받지 못했다. 명제의 중요성이 밝혀진 것은 영국의 헌법학자 다이시가『헌법과 여론』(초판 1905년, 제2판은 서문을 추가하여 1914년에 출간)에서 "집산주의/단체주의의 시대"라고 명명한 1870년대부터 20세기 전반이었다. 이 시기에는 '시장사회'를 살아가는 사람들의 사회의식(또는 여론이나 입법) 속에 '사회적 보호'가 자리 잡았고 시장체제의 기능에 제한을 부여할 필요성이 명확해졌다(와카모리若森 2015).

13 폴라니의 사상적 경쟁자였던 하이에크와 미제스 같은 경제적 자유주의자도 시장사회가 '경제와 민주주의'의 딜레마를 안고 있음을 인정했다. 단 그들에게는 생활의 보전을 위해서 정치가 시장질서에 개입하도록 요구하는 민중의 근시안적인 성질과 (대중영합적인) 민주정치의 실책이야말로 시장의 발전과 경제성장의 원천을 수포로 만든 악의 근원이었다. 이에 비해서 폴라니는 세계경제불황 속에서 시장체제을 우선을 고수한 경제적 자유주의의 강력한 추진 정책이 각국의 정치적 민주주의 코스트를 부당하게 끌어올리는 과정에서 사회가 자유와 민주주의의 힘을 잃었다고 분석했다.

주

14 폴라니는 「파시즘의 본질」(Polanyi 1935)에서 미제스파의 자유주의자들을 '자유주의적' 파시스트라고 불렀다. 『거대한 전환』12장 「자유주의적 교리의 탄생」과 13장 「자유주의적 교리의 탄생(속)」에서도 경제적 자유주의와 정치적 민주주의의 긴장 관계에 대해 언급했다.

4장 무력해진 민주주의와 신자유주의의 탄생

1 폴라니 연구자로 유명한 사회학자 블록에 따르면, 시장사회에 대한 폴라니의 위기 분석에는 첫째, 사회의 자기보호에 의한 시장의 자기조정능력 불완전론, 둘째, 금본위제와 보호주의의 대립이라는 두 가지 이론이 있다(Block and Somers 2014). 그것은 사회의 자기보호에 의한 시장의 자기조정능력 불완전론과 금본위제와 보호주의의 대립론이다. 전자는 역사적 필연성을 강조하는 점에서 마르크스주의의 영향을 받았지만, 후자는 폴라니가 『거대한 전환』의 집필 과정에서 새롭게 전개한 제도주의적 이론이다. 블록은 후자의 제도주의적 이론을 중심으로 『거대한 전환』을 읽어야 한다고 주장한다.

2 폴라니에 따르면, 순수한 금본위제의 지지자인 미제스는 각국이 중앙은행제도를 포기한 경우에만 국제금본위제는 자기조정적이 될 수 있다고 주장했다. 그러나 그렇게 되면 각국의 경제는 폐허가 될 것이다(Polanyi 2001).

3 폴라니가 지적하고 있는 것처럼 통화와 국민을 강조하는 견해는 경제적 자유주의의 개념을 초월하는 것이었다. 국민이라는 '부족적' 개념은 시대착오적 산물로 여겨졌기 때문에, 경제적 자유주의자에게 국민국가의 주권은 편협한 사고의 산물에 지나지 않았다. 그들은 화폐를 비본질적인 단순한 교환 수단으로 정의했다(같은 책).

4 주요 국가에서는 보호주의 강화로 경쟁적 시장이 독점적 시장으로 전환되어 개인이 조직으로 대체되었다. 그리고 경쟁이 정체되어 시장의 자기조정적 기능이 손상되자, 국민을 시장경제의 문제로부터 보호하기 위한 보호주의와 시장의 조정 능력 악화에 의한 불황의 장기화, 노동·토지·화폐 시장의 긴장 누적 사이의 모순이 나타나기 시작했다.

5 블록과 소머스(Block and Somers 2014)에 따르면, 폴라니는 제국주의가 시장에 의한 긴장 및 그 파괴적인 충격에 맞서는 시도라는 점에서 가장 국제적인 보호주의적 제도라고 생각했다.

6 폴라니는 1930년대 대불황시기에 통화안정을 위한 긴축정책이 경제위기를 심화시켰다는 케인스의 주장을 지지했다(같은 책).

7 폴라니는 각 국가가 더 이른 단계에서 국제금본위제를 이탈했다면(1931년 영국과 독일 이탈, 1933년 미국 이탈은 너무 늦은 시점이었다) 파시즘과 2차 세계대전은 피할 수 있었을지도 모른다는 가설을 가지고 있었다.

8   폴라니는 「파시즘의 본질」(1935)과 「파시즘의 정신적 전제」(1933)에서 파시즘의 대두
     를 경제와 민주주의가 모두 위기에 빠진 1차 세계대전 이후의 유럽에서 민주주의를
     폐지하고 19세기적 시장사회(자유주의적 자본주의)와는 다른 형태의 자본주의를 만들
     어냄으로써 경제기능의 회복을 꾀하는 위기해결책으로 이해하고 파시즘을 '협동조
     합주의적 자본주의Corporative capitalism'라고 정의했다. 협동조합적 자본주의에서는 보통
     선거제도, 의회 민주주의, 사상의 자유 및 종교의 자유와 같은 모든 형태의 민주주의
     가 폐지되며, 개인과 개인의 관계 및 개인과 사회의 관계에서 모든 정치적·문화적인
     의미가 박탈되어 경제적 의미만 남게 된다(와카모리若森 2011).

9   폴라니는 첫 번째 저서 『오늘의 유럽』(Polanyi 1937)에서 '소비에트와 그 이외의 전승
     국 사이의 심각한 균열'이 파시즘 외교에 활약의 기회를 부여했다고 분석했다. 참고
     로 1920년대에 소스타인 베블런Thorstein Veblen도 「케인스의 '평화의 경제적 귀결'에 대
     한 서평」(Veblen 1920)에서 동일한 문제를 지적했다.

10   1차 세계대전 이후에 유럽 국가들은 시장경제와 민주주의의 기능적 대립에 직면했
     다. 그 해결은 독일, 오스트리아, 이탈리아, 발트3국(에스투니아, 리투아니아, 라드비아),
     루마니아, 스페인, 포르투갈과 같은 유럽 대륙 국가들에서는 파시즘적 협동조합주의
     에 의해서, 영국과 미국에서는 민주적 협동조합주의에 의한 방향으로 진행되었다(와
     카모리若森 2011)

11   이처럼 폴라니는 채권국 미국의 압력이 영국과 프랑스의 외교 정책에 큰 영향력을
     발휘한 점 특히 프랑스의 유화정책을 이끌어낸 점과 그러한 국제관계 속에서 독일
     파시즘이 전선戰線 확대에 성공한 점을 강조했다(Polanyi 2001)

12   폴라니가 『거대한 전환』 7장 「스피넘랜드 법 1795년」에 덧붙인 문헌에 대한 긴 주해
     (같은 책)에서 지적하고 있듯이, 클래펌은 통계적·계량적 방법을 사용하여 산업혁명
     기로 분류되는 시대를 연구했다. 그는 이 시대는 '혁명'이라기보다 이전 시대에서 이
     어지는 점차적인 변화에 불과하며, 이 시대를 거치며 노동자는 빈곤해진 것이 아니
     라 오히려 그 생활수준이 되었다고 주장했다. 그렇게 아놀드 J. 토인비Arnold J. Toynbee
     등이 주창한 종래의 비관론과 달리 낙관론을 제시했다. 클래펌의 낙관론에 대해서는
     이치노세(一ノ瀬, 2001)가 저서에서 자세하게 소개하고 있다. 또한 클래펌이 주요 기
     획자로 참가한 '케임브리지 유럽 경제' 시리즈(1권은 전쟁 중인 1941년에 간행되었다)는
     더글라스 노스Douglass North 등을 기수로 하는 1960년대 미국의 뉴 이코노믹 히스토리
     를 선도했다(쓰노야마·하야미角山·速水 엮음 1979).

5장 인간 중심의 경제는 어떻게 가능한가

1   앞 장에서 지적한 것처럼, 이러한 폴라니의 높은 평가는 빈에서 시행된 사회주의 시

정하의 사회정책을 '스피넘랜드의 망령'과 동일시한 경제적 자유주의자 미제스, 하이에크와 정면으로 대립했다.

2 이에 대한 이론적 연구 성과는 공편저 『초기 제국에서의 교역과 시장』(1957)에 수록된 논문 「제도화된 과정으로서의 경제」에 수록되었다.

3 욕망 충족 수단(자원)의 유한성이라는 희소성의 세계에서 무한의 욕망과 한정된 자원 사이에 대립 관계가 발생한다. 신고전파 경제학은 이 대립 관계를 경제문제로 이해하고 대립 관계에서 발생하는 인간 행동을 연구하는 학문이다. 그것은 '상대적으로 부족한 자원을 어떤 욕망을 충족시키기 위해 이용해야 하는가?', 라는 희소성과 선택의 문제에 연구의 중점을 두고 있다. 폴라니의 경제사회학은 이러한 신고전파 경제학의 사고방식과 대치하고 있다.

4 폴라니에게 인간 경제의 역사는 경제과정이 사회관계 속에 위치하는 비시장경제와, 경제과정이 사회의 다른 영역으로부터 분리된 시장경제의 두 가지로 나뉜다. 경제라는 개념은 전자의 '속에 위치하는 경제'가 아니라 후자의 '분리된 경제' 시대에 처음으로 나타났다. 폴라니는 근대사회의 특징을 '신분에서 계약으로' 파악한 영국의 역사법학자 헨리 J. S. 메인과 '공동체에서 사회로' 이해한 페르디난트 퇴니에스의 이분법을 계승했다.

5 노예가 계산 단위 및 대외적 지불 수단이라는 두 가지 기능을 담당하는 사례도 있다. 폴라니는 이것을 두 가지 기능의 결합으로 파악했다.

6 예를 들어 폴라니는 나치스 경제에서 여섯 가지 마르크가 유통되었다고 지적했다.

7 1920년대 폴라니는 인간의 자유를 위해서 시장경제의 투명성을 높이는 방법으로 기능적 민주주의를 중요하게 생각했다. 시장경제를 대신할 새로운 사회 원리인 기능적 민주주의는 노동조합, 생산 및 소비협동조합, 문화단체, 지방자치체와 같은 다양한 '공동체' 차원에서 개인에게 협력을 요청하는 기능(생산하기, 소비하기, 주거하기 등)을 바탕으로 사회를 조직하는 것을 의미한다. 와카모리若森(2011)를 참조.

8 collectivism은 집산주의, 집단주의, 단체주의 등으로 다양하게 번역된다는 점에 주의해야 한다.

9 예를 들어 국경을 넘어서 자본을 이동시키는 사적 소유권을 제한하면, 부유한 사람들이 정부에 자신들을 우대하는 정책을 강요해서 민주주의적 제약을 피하는 가장 강력한 수단을 사용하는 것을 막을 수 있다.

6장 복잡한 사회에서 인간의 자유란 무엇인가

1 국가에 의한 투자 규제에 대한 논의는 1940년대 케인스와 베버리지의 이론의 핵심적 부분이다. 베버리지는 투기성 이윤을 추구하는 자유를 '본질적 자유'와 구별했지만,

하이에크는 국가에 의한 투자 규제는 자유 사회를 위협하는 결과를 초래한다고 비판했다(하이에크ハイエク 1945=2012: 고미네小峯 2007b).

2 폴라니는 개인적 자유가 시장경제의 부산물로 출현했다고 해석했다. 이러한 해석은 시장사회의 형성에 동반되는 정치와 경제의 제도적 분리가 종래의 사회보장과 정의를 희생하여 시민적 자유와 투기 및 해고의 자유 등의 나쁜 자유를 융합하는 형태로 자유를 만들어냈다는 인식(Polanyi 2001)에 기반을 두고 있다.

3 폴라니는 1950년대의 초고 「산업사회에서의 좋은 생활」(42-13)에서 "신체적 삶의 유한성을 인정하고 받아들이는 것이 일, 예술, 과학, 도덕과 같은 인간적 삶의 창조의 원천이 된다"고 적고 있다. 또한 존 K. 갤브레이스의 『풍요로운 사회』와 아리스토텔레스의 좋은 생활에 대한 인식을 비교한 말년의 초고 「아리스토텔레스의 풍요로운 사회론」(1960년 전후)에서 산업사회의 자유 제도화라는 과제에 대해서 고찰했다. 자유 제도화의 구체적 예로 아이들을 위한 좋은 교육, 연구 및 창조적 활동의 기회, 여가를 향유하는 모든 사람들을 위한 자연·예술·시와의 폭넓은 교류, 언어와 역사의 향유, 개인의 명예를 손상시키지 않는 생활의 보장, 행정구역 및 연합(생산기협동조합, 소비사협농조합 등)이 제공하는 서비스가 있다(와카모리若森 2012).

4 폴라니는 영국판이 발간된 이후에 삭제한 초판 『거대한 전환』마지막 장의 문장(Polanyi 1944)에서 다음과 같은 점을 강조했다. 인간의 소망wish만으로 형성된 사회를 상정하는 시장사회관에 의해서 권력과 경제가치를 수반하는 '사회의 불가피성'이라는 사실이 감춰지고 정치 영역의 타당성이 부정되었다.

5 폴라니는 1940년대 초기의 소련 사회주의를 다음과 같이 이해했다. 헌법에는 자유를 위한 도구로 계획과 규제를 사용한다고 적고 있지만 아직도 헌법에서 약속한 자유를 실현하지 않은 허무한 상태, 즉 수단이 목적을 결정하는 상태이다.

6 마지막 장의 자유론은 완성되지 못했다. 제자 로트슈타인과의 대담 기록인 「주말 노트」에서 볼 수 있듯이, 폴라니는 말년까지 사람들의 경제적·정치적 행위와 선택의 결과로 의도치 않게, 또는 불가피하게 만들어지는 강제력과 개인의 책임을 통한 자유의 관계에 대해서 탐구를 계속했다.

7 난해함으로 유명한 『거대한 전환』마지막 장의 자유론을 폴라니의 빈 시절 사상의 집약인 「자유에 대하여」와 관련지어 재해석하는 시도는 최근 폴라니 연구의 특징 중 하나이다. 대표적인 연구에 Thomasberger(2005), Cangiani(2014), 와카모리(若森, 2011)가 있다.

8 선구적인 폴라니 연구자의 한 사람인 제임스 R. 스탠필드(Stanfield 1990)에 따르면, 오늘날 복지국가가 겪고 있는 위기는 국가가 시장 지향에 지배당하고 있다는 사실에 기인한다. 위기를 극복하기 위해 복지국가에는 그 기반이 되는 복지 문화(책임, 연대, 평등)가 필요하다. 폴라니는 복지 문화의 핵심 요소가 되는 '행위의 영향에 대한 책임

을 통한 자유'라는 자유 개념을 제공했다고 할 수 있다.

9 폴라니가 말하는 기능적 민주주의는 기능에 따라서 조직된 연합의 의사 결정과 운영에 개인이 참여하거나 연합 간의 교섭에 의해서, 노동시간 단축을 요구하는 생산자 연합과 생산물 가격 인하를 요구하는 연합 사이의 교섭을 통해서, 생산(노고)과 욕구 충족(생산물의 가격 인하)의 대립 조정을 기반으로 하는 참가형 민주주의였다.

10 폴라니는 1957년 애제자 아브라함 로트슈타인과의 공저 『자유와 기술』의 출판 계약을 맺고 현대자유론의 간행을 기획했다. 칼폴라니정치경제연구소에 아카이브로 보관되어 있는 강연 원고 「자유와 기술」(1955)과 로트슈타인과의 대화 기록 「주말 노트」에 따르면, 폴라니는 텔레비전과 라디오 등의 대량 전달 기술이 여론 형성을 획일화하는 수단이 됨으로써 사람들이 이웃과 다른 것을 두려워하는 동조주의적 경향이 발생했다는 점을 우려했다. 그는 기술문명의 전체주의적 경향, 즉 타자의 사고와 정신에 강제적으로 작용하는 여론 형태의 권력 형성에 모든 사람이 가담할 수밖에 없는 사태 속에서의 자유의 조건을 고찰했다(와카모리若森 2011).

11 이 표현은 폴라니 말년의 초고 「경제학과 우리의 사회적 운명을 창출하는 자유」(37-4)에서 나온 것이다. 폴라니는 사회 구성원의 대다수를 차지하는 보통 사람들이 선거권을 가지고 있는 민주적인 제도가 존재함에도 불구하고, 사회를 바꾸는 주체에서 그들을 '합법적'으로 몰아낸 장치에 대한 의문을 제기했다.

참고 문헌

1. 칼 폴라니 아카이브(Karl Polanyi Archive: Karl Polanyi Institute of Political Economy, Concordia University, Montréal, Canada)

* 칼 폴라니 아카이브는 캐나다 몬트리올에 있는 컨커디어 대학교 부속의 칼폴라니정 치경제연구소가 보관하고 있는 자료이다. 폴라니의 메모, 논평, 독서 노트, 강의 노트, 강의계획서, 연구회 보고 자료, 강연용 원고, 가족이나 친구에게 보낸 편지, 대학원생 이나 연구자와의 교류 기록, 연구계획서 등을 비롯하여 현재는 입수하기 어려운 원서 가 보관되어 있다.

* 아카이브는 총 59개의 컨테이너로 분류되고, 컨테이너는 다시 파일로 구분되어 그 안에 자료가 보관되어 있다. 이 책에서는 연구소가 간행한 목록의 표기를 기준으로 컨테이너와 파일 번호를 표기하였다. 예를 들어 1-26 (1918)의 경우는 1번 컨테이 너의 26번 파일에 들어 있는, 1918년에 작성된 자료임을 나타낸다.

1-26 (1928) "The Calling of Our Generation", English Translation (1970) by Ilona Duczynska Polanyi from *Szapadgondolat*, Jun. 1918.

15-4 (1936-1940) "Contemporary Problems and Social and Political Theory", University of London, Morley College, Notes and Syllabus.

16-10 (1937) "Confliction Philosophies in Europe".

18-8 (1940s) "The Fascist Virus".

18-24a (1943) "Jean Jacques Rousseau, or Is a Free Society Possible?".

18-24b (1950s) "Jean Jacques Rousseau, or Is a Free Society Possible?".

19-5 (1943) "Plan of a Book on the 'Origins of the Cataclysm: A Political Inquiry".

19-8 (1945) "The Meaning of Parliamentary Democracy".

19-22 (1937) "Christianity and Economic Life".

21-22 (1937) Karl Polanyi with Christian Left Circle, "Community and Society: The Christian Criticism of Our Social Order".

30-1 (1962) "Biographical Notes".

30-7 (1963) "A Hungarian Lecture on Rostow", translated by Ilona Duczynska.

31-1a (1947-1953) "Tool box of Institutional Analysis".

31-1b "Report on term paper no. 2".

33-7a (1958) "Remarks on Social Cost", in "Economic Aspects of Institutional Growth", Continuing Group of the Interdisciplinary, Resume of session no. 2.

33-7b (1958) "Memo on Galbraith".

33-7c (Nov. 1958) "Interdisciplinary Project: Economic Aspects of Institutional Growth", Continuing Group of the Interdisciplinary, Resume of session no. 2.

33-8 (Dec. 1958) "Galbraith: The Affluent Society".

36-9 (1955) "Freedom and Technology".

37-1 (1957) "A Hungarian Lesson".

37-3 (1957) "Freedom is a Complex Society".

37-4 (n. d.) "Economics and Freedom to Shape our Social Destiny".

37-6 (1957) "The Machine and the Discovery of Society".

37-11a (Jan. 15, 1959) "Galbraith's Farewell to Poverty".

37-11b (Feb. 7, 1959) "Aristotle and Galbraith on Affluence".

37-11c (Maar. 13, 1959) "Aristotle on an Affluent Society".

37-12a (1956-1962) "For a New West".

37-12b (1956-1962) "New West".

38-2 (1961-1962) "Soviet Thought in Transition".

38-12 (1954) "Outline for a Revision of *The Great Transformation*", Feb. 24.

38-14 (1961) Karl Polanyi and Ilona Duczynska Polanyi, "The Hungarian Populists".

42-13 (n. d.) "The Good Life on an industrial Society".

59-2 (1960) "Notes on Premature Resignation", by Karl Polanyi, Written to His Daughter Kari in a Form of Letter.

2. 칼 폴라니 공식 출간 문헌

(1) 단행본

Polanyi, K. (1934a) "Fascism and Marxian Terminology", *New Britain*, Jun. 20.

Polanyi, K. (1934b) "Marxism Re-stated(1)", *New Britain*, Jun. 27.

Polanyi, K. (1934c) "Marxism Re-stated(2)", *New Briain*, Jul. 4.

Polanyi, K. (1935) "The Essence of Fascism", in J. Lewis, K. Polanyi, and D. Kitchin eds., *Christianity and the Social Revolution*, London: Victor Gollancz.

Polanyi, K. (1937) *Europe Today*, with Preface by G. D. H. Cole, The Worker's Educational Trade Union Committee, London.

Polanyi, K. (1944) *The Great Transformation*, Farrar & Rinehart.

Polanyi, K. (1945a) *The Origins of Our Time*, Victor Gollancz Ltd.

Polanyi, K. (1945b) "Universal Capitalism or Regional Planning?", The London Quarterly of World Affaires, 10-3.

Polanyi, K. (1947a) "On Belief in Economic Determinism", *The Sociological Review*, vol. xxxix: 96-112.

Polanyi, K. (1947b) "Our Obsolete Market Mentality", Commentary, Feb. 3, in Polanyi, K. (1968).

Polanyi, K. (1947c) "Polanyi's Mimeographed Notes", in Polanyi, K. (1698).

Polanyi, K. (1954) "Hamlet", *The Yale Review*, vol. 43, no. 3.

Polanyi, K. (1957a) "The Economy as Instituted Process", in C. Arensberg, K. Polanyi, and H. Pearson eds., *Trade and Market in the Early Empires*, The Free Press.

Polanyi, K. (1957b) "Aristotle Discovers Economy", in C. Arensberg, K. Polanyi and H. Pearson eds., *Trade and Market in the Early Empires*, The Free Press.

Polanyi, K. (1957c) The Great Transformation: The Political and Economic Origins of Our Time, Beacon Press.

Polanyi, K. (1966) Dahomey and the Slave Trade: An Analysis of Archaic Economy, University of Washington Press.

Polanyi, K. (1968) Primitive, Archaic, and Modern Economies, ed. by G. Dalton, Beacon Press.

Polanyi, K. (1968[1957]) "The Semantics of Money-uses", in Polanyi, K. (1968)

Polanyi, K. (1968[1947-1950]) "Notes on Primitive Money", in Polanyi, K. (1968)

Polanyi, K. (1971) "The Two Meaning of 'economic'", Studied in Economic Anthropology

Polanyi, K. (1977) The Livelihood of Man, ed. by H. Pearson, Academic Press.

Polanyi, K. (1979[1933]) "Der Mechanismus der Weltwirtschaftskrise", in H. Jelinek Hrsg. *Ökonomie und Gesellschaft*, Suhrkampt Verlag.

Polanyi, K. (2000[1925]) "Letter to a Friend", in K. McRobbie and K. Polanyi-Levitt eds., *Karl Polanyi in Vienna*, Black Rose Books.

Polanyi, K. (2001[1944]) The Great Transformation: The Political and Economic Origins of Our Time, Beacon Prerss.

Polanyi, K. (2002a[1928]) "Liberale Sozialreformer in England", in M. Cangiani und C. Thomasberger Hrsg. *Chronik der groβen Transformation*, Band 1, Metropolis-Verlag.

Polanyi, K. (2002b[1931]) "Demokratie und Währung in England", in M. Cangiani und C. Thomasberger Hrsg. *Chronik der großen Transformation*, Band 1, Metropolis-Verlag.

Polanyi, K. (2002c[1932]) "Wirtschaft und Demokratie", in M. Cangiani und C. Thomasberger Hrsg. *Chronik der großen Transformation*, Band 1, Metropolis-Verlag.

Polanyi, K. (2002d[1933]) "Hitler und die Wirtschaft", M. Cangiani und C. Thomasberger Hrsg. *Chronik der großen Transformation*, Band 1, Metropolis-Verlag.

Polanyi, K. (2003) *Chronik der großen Transformation*, Band 2, M. Cangiani und Thomasberger, C. Hrsg., Metropolis-Verlag.

Polanyi, K. (2005a[1922]) "Sozialistische Rechnungslegung", in M. Cangiani, K. Polanyi-Levitt, und C. Thomasberger Hrsg. *Chronik der großen Transformation*, Band 3, Metropolis-Verlag.

Polanyi, K. (2005b[1925]) "Neue Erwägungen zu unserer Theorie und Praxis", in M. Cangiani, K. Polanyi-Levitt, und C. Thomasberger Hrsg. *Chronik der großen Transformation*, Band 3, Metropolis-Verlag.

Polanyi, K. (2005c[1927]) "Über die Freiheit", in M. Cangiani, K. Polanyi-Levitt, und C. Thomasberger Hrsg. *Chronik der großen Transformation*, Band 3, Metropolis-Verlag.

Polanyi, K. (2005d[1933]) "Die geistigen Voraussetzzungen des Fascismus", in M. Cangiani, K. Polanyi-Levitt, und C. Thomasberger Hrsg. *Chronik der großen Transformation*, Band 3, Metropolis-Verlag.

(2) 공저

Arensberg, C., K. Polanyi, and H. Pearson eds. (1957) *Trade and Market in the Early Empires*, Illinois: The Free Press.

Polanyi, K. with C. M. Arensberg and H. W. Pearson (1957) "The Place of Economies in Societies", in C. Arensberg, K. Polanyi, and H. Pearson eds. (1957).

3. 외국어 문헌(구미권)

Amemiya, T. (2007) *Economy and Economics of Ancient Greece*, Routledge.

Anderson, M. (1978) *Welfare: The Political Economy of Welfare Reform in the United States*, Hoover Institution and Stanford University.

Audier, S. (2012) *Le colloque Lippmann: Aux origines du "néo-libéralism"*, Le Bord De L'Eau.

Baum, G. (1996) *Karl Polanyi on Ethics and Economics*, Montreal & Kingston: McGill-Queen's University Press.

Berman, S. (2006) *The Primacy of Politics*, New York: Cambridge Press.

Block, F. (2001) "Introduction", in Polanyi, K. (2001[1944])

Block, F. (2003) "Karl Polanyi and the Writing of *The Great Transformation*", *Theory and Society*, 32.

Block, F. and M. Somers. (2003) "In the Shadow of Speenhamland", *Politics and Society*, 3(2).

Block, F. and M. Somers, (2014) *The Power of Market Fundamentalism*, Harvard University Press.

Bohannan, P. and G. Dalton. (1965) "Karl Polanyi 1886-1964", *American Anthropologist*, vol. 67, no. 6, December.

Cambell, A. and R. Owen (2010[1839]) *Debate on the Evidences of Christianity, Held Between R. Owen and A. Cambell*, ed. by A. Cambell, Nabu Public Domain Reprint.

Cangiani, M. (2006) "From Menger to Polanyi: Towards a Substantive Economic Theory"

Cangiani, M. (2007) "The Forgotten Institutions", in M. Harvey, R. Ramlogan, and S. Randlesm eds., *Karl Polanyi*, Manchester University Press.

Cangiani, M. (2013) "Freedom in a Complex Society: The Relevance of Karl Polanyi's Political Philosophy in the Neoliberal Age", *International Journal of Political Economy*, 41(4).

Cangiani, M. et J. Maucourant (2008) "Introduction", in M. Cangiani et J. Maucourant (eds.,) *Essais de Karl Polanyi*, Éditions du Seuil, 2008.

Cangiani, M. und C. Thomasberger (2002) "Marktgesellschaft und Demokratie: die Perspektive der menschlichen Freiheit: Karl Polanyis Arbeiten von 1920 bis 1945", in M. Cangiani und C. Thomasberger Hrsg. *Chronik der großen Transformation*, Band 1, Metropolis-Verlag.

Cangiani, M., K. Polanyi-Levitt, und C. Thomasberger (2005) "Die Polarität: Menschliche Freiheit: marktwirtschaftliche Institutionen: Zu den Grundlagen von Karl Polanyis Denken", in M. Cangiani, K. Polanyi-Levitt, und C. Thomasberger Hrsg. *Chronik der großen Transformation*, Band 3, Metropolis-Verlag.

Christian, J. and J. Falke eds. (2011) *Karl Polanyi, Globalisation and the Potential of Law in Transnational Markets*, Oxford and Portland, Oregon: Hart Publishing.

Clapham, J. H. (1926) *Economic History of Modern Britain*, vol. 1, Cambridge University Press.

Cole, G. D. H. (1920) *Guild Socialism Re-stated*, London: Leonard Parsons.

Cole, G. D. H. (1920) *Social Theory*, Methuen & Co. Ltd, London.

Cole, G. D. H. (1921[1919]) *Guild Socialism Re-stated*, Leonard Parsons.

Congdon, L. (1976) "Karl Polanyi in Hungary, 1900-1919", *Journal of Contemporary History*, 11.

Congdon, L. (1991) *Exile and Social Thought: Hungarian Intellectuals in Germany and Austria, 1919-1933*, Princeton University Press.

Dale, G. (2009) "Karl Polanyi in Budapest: On His Political and Intellectuals Formation",

Archives Européennes de Sociologie, 50(1)

Dale, G. (2010) *Karl Polanyi*, Polity Press.

Drucker, P. (1995[1939]) *The End of Economic Man*, The John Day Company.

Drucker, P. (1995[1942]) *The future of Industrial Man*, The John Day Company

Eichengreen, B. (1996) *Globalizing Capital*, Princeton University Press.

Emmett, R. (2009) "Frank Knight, Max Weber, Chicago Economics, and Institutionalism", in *Frank Knight and the Chicago School in American Economics*, Routledge.

Filip, B. (2013) "Polanyi and Hayek on Freedom, the State, and Economics", *International Journal of Political Economy*, 41(4)

Fleming, B. (2001) "Three Years in Vermont", the Paper read at the Eighth International Karl Polanyi Conference.

Gábor, É. (2006) "The Early Formation of Karl Polanyi's Ideas", in K. McRobbie and K. Polanyi-Levitt eds. (2006).

Galbraith, G. K. (1998[1958]) *The Affluent Society*, 4th Edition, Mariner Books.

Galbraith, G. K. (1996) *The Good Society*, Mariner Books.

Hartwell, R. M. (1995) *A History of the Mont Pèlerin Society*, Indianapolis: Liberty Fund.

Harvey, M., R. Ramlogan, and S. Randlesm eds. (2007) *Karl Polanyi: New Perspectives on the Place of Economy in Society*, Manchester University Press.

Horn, R. V., P. Mirowski, and T. A. Stapleford, eds. (2011) *Building Chicago Economics*, New York: Cambridge University Press.

Humphreys, S. C. (1969) "History, Economics, and Anthropology: The Work of Karl Polanyi", *History and Theory*, vol. 8, no. 2.

Joerges, C, B. Ståth, and P. Wagner (2005) *The Economy as a Polity*, UCL Press.

Keynes, J. M. (1982[1939]) "Democracy and Efficiency," in D. Moggridge ed., *The Collected Writings of John Maynard Keynes: Activities 1931-1939*, vol. 21, 491-500, The Royal Economic Society.

Lippmann, W. (2004[1937]) *The Good Society*, London: George Allen & Unwin Ltd.

Maucourant, J. (2005) *Avez-vous lu Polanyi?*, La Dispute.

McClintock, B. and Stanfild, J. R. (1991) "The Crisis of the Welfare State: Lessons from Karl Polanyi", in M. Mendell and D. Salee eds., *The Legacy of Karl Polanyi*, Macmillan.

McRobbie, K. and K. Polanyi-Levitt eds. (2006) *Karl Polanyi in Vienna*, Black Rose Books.

Mendell, M. (1990) "Karl Polanyi and Feasible Socialism", in K. Polanyi-Levitt ed., *The Life of Karl Polanyi*, Black Rose Books.

Mendell, M. (1994) "Karl Polanyi and Socialist Education", in K. McRobbie ed., *Humanity, Society and Commitment*, Black Rose Books.

Mirowski, P. and D. Plehwe eds. (2009) *The Road From Mont Pèlerin*, Harvard University Press.

Mises, L. von. (1981[1922]) *Socialism: an Economic and Sociological Analysis*, Liberty Classics.

Mises, L. von (2008[1945]) "Planning for Freedom", in *Planning for Freedom*, Liberty Fund.

Mises, L. von. (2011[1944]) Omnipotent Government, Liberty Fund.

Morgan, M. and M. Rutherford. (1998) "American Economics", in *From Interwar Pluralism to Postwar Neoclassicism*, Duke University Press.

Neurath, O. (2004[1945]) "Alternative to Market Competition: Review of The Road to Selfdom", in T. Uebel and R. Cohen eds., *Economic Writings Selections 1904-1945*, Kluwer Academic Publishers.

North, D. (1977) "Market and Other Allocation Systems in History: The Challenge of Karl Polanyi", *The Journal of European Economic History*, 6-3.

Parsons, T. (1934) "Some Reflections on the Nature and Significance of Economics", *The Quarterly Journal of Economics*, vol. xlviii.

Parsons, T. (1940) "Reply to Professor Knight", *Canadian Journal of Economics and Political Science*, 6.

Parsons, T. (1947) "Introduction", in M. Weber (1947[1922])

Parsons, T. and N. J. Smelser. (1956) *Economy and Society*, London: Kegan Paul Ltd.

Pearson, H. (1977) "Editor's Introduction", in Polanyi, K. (1977)

Polanyi, Ilona Duczynska. (1977) "Karl Polanyi", in Polanyi, K. (1977).

Polanyi, Ilona Duczynska. (2006[1971]) "I first met Karl Polanyi in 1920", in K. McRobbie and K. Polanyi-Levitt eds. (2006).

Polanyi-Levitt, K. (1990) "Origins and Significance of *The Great Transformation*", in K. Polanyi-Levitt ed., *The Life and Work of Karl Polanyi*, Black Rose Books.

Polanyi-Levitt, K. (2013) "The Power of Ideas: Keynes, Hayek, and Polanyi", *International Journal of Political Economy*, 41(4).

Polanyi-Levitt, K. and M. Mendell. (1987) "Karl Polanyi: His Life and Times", *Studies in Political Economy*, 22, Spring 1987.

Popper, K. (1952[1945]) *The Open Society and its Enemies*, Volume II, Routledge & Kegan Paul Ltd., London.

Popper, K. (1960[1957]) *The Poverty of Historicism*, Routledge and Kegan Paul Ltd., London.

Robbins, L. (1952[1932]) *An Essay on the Nature and significance of Economics*, Macmillan.

Robbins, L. (1937) *Economic Planning and International Oder*, The Macmillan Company.

Robbins, L. (1939) *The Economic Causes of War*, The Alden Press.

Russell, B. (1919) *Proposed Roads to Freedom*, Henry Holt and Company.

Skidelsky, R. (1994) *John Maynard Keynes: The Economist as Saviour 1920-37,* Macmillan.

Slatkin, L. (2004) "Measuring Authority, Authoritative Measures: Hesiod's *Works and Days*", in L. Daston and F. Vidal Eds., *The Moral Authority of Nature*, The University of Chicago Press.

Stanfield, J. R. (1986) *The Economic Thought of Karl Polanyi*, St. Martin's Press.

Stanfield, J. R. (1990) "Understanding the Welfare State", in Lutz, M. A. ed., *Social Economics*, Kluwer Academic Publishers.

Stedman, G. J. (2004) *An End to Poverty?*, New York: Columbia University Press.

Stiglitz, J. (2001) "Forword" in Polanyi (2001[1944]).

Swedberg, R. (1998) *Max Weber and the Idea of Economic Sociology*, Princeton University Press.

Tawney, R. H. (1922) *The Acquisitive Society*, Harcourt, Brace and World.

Tawney, R. H. (1926) *Religion and The Rise of Capitalism*, London.

Thomasberger, C. (2005) "Human Freedom and the 'Reality of Society': Origins and Development of Karl Polanyi's Ideas during the Inter-war Period"

Thomasberger, C. (2012) *Das neoliberale Credo*, Marburg: Metropolis.

Thomasberger, C. (2013) "The Belief in Economic Determinism, Neoliberalism, and the Significance of Polanyi's Contribution in the Twenty-First Century", *International Journal of Political Economy*, Winter 2012-2013, vol. 41, Issue 4.

United States Congress House of Representatives. (1997) *To Make Technical Amendments Relating to The Personal Responsibility and Work Opportunity Reconciliation Act of 1996*, The BiblioGov Project of United States Congress House of Representatives.

Valderrama, P. (2012-2013) "'Planning for Freedom': Hayekian and Polanyian Policies in Latin America", *International Journal of Political Economy*, Winter 2012-2013, vol. 41, Issue 4.

Veblen, T. (1920) Review: The Economic Consequence of the Peace.

Waterman, A. M. C (1991) *Revolution, Economics and Religion: Christian Political Economy, 1798-1833*, Cambridge University Press.

Weber, M. (1947[1922]) *The Theory of Social and Economic Organization*, translated from the German by A. R. Henderson and T. Parsons, revised and edited, with an Introduction by T. Parsons, London: William Hodge and Company Ltd.

Weber, M. (1927[1923]) *The General Economic History*, translated by F. Knight, London: George Allen & Unwind Ltd.

Winch, D. (1998) "Poverty and Pauperism: From Smith to Malthus"

4. 일본어 문헌

雨宮昭彦 (2005)『競争秩序のポリティクス』東京大学出版会.

雨宮昭彦 (2010)「〈ポスト大転換システム〉の歴史的考察」『労働』安孫子誠男・水島治郎編者, 勁草書房.

雨宮昭彦・若森みどり (2011)「訳者解説：ヴェブレンが捉えた〈冷戦の起源〉に学ぶ—ヴェルサイユ条約批判と世界戦争への透視」『経営と制度』第9号, 首都大学東京大学院社会科学研究科経営学専攻経営学会編集委員会編, 2011.

アリストテレス (1961)『政治学』山本光雄訳, 岩波書店.

アリストテレス (1973)『ニコマコス倫理学』高田三郎訳, 岩波書店.

出雲雅志 (2006)「ジェイン・マーセットと経済学の大衆化」『マルサスと同時代人たち』飯田裕康・出雲雅志・柳田芳伸編著, 日本経済評論社.

一ノ瀬篤 (2011)「J. H. クラパム『近代イギリス経済史 第1巻 鉄道時代前夜のイギリス, 1820-1850年』要綱, 第1-第4章」『岡山大学経済学会雑誌』43(2).

ウェーバー, M. (1975[1922])「経済と社会集団」(『経済と社会』第2部第1, 2, 3章, 厚東洋輔訳),『世界の名著50 ウェーバー』尾高邦雄編, 中央公論社.

ウェーバー, M. (1975[1921])「都市」(『経済と社会』第2部第9章, 倉沢進訳),『世界の名著50 ウェーバー』尾高邦雄編, 中央公論社.

エスピン＝アンデルセン, G. (2001[1999])『福祉資本主義の三つの世界』岡沢憲芙・宮本太郎監訳, ミネルヴァ書房.

江里口拓 (2008)『福祉国家の効率と制御—ウェッブ夫妻の経済思想』昭和堂.

OECD 東京センター (2014)「不平等と社会の分裂に対処する行動が早急に求められる」3月18日 (http://www.oecd.org/tokyo/newsroom/2015年2日25日アクセス)

オウエン, R. (1954[1813-1814])『新社会観』楊井克己訳, 岩波書店.

オウエン, R. (1961[1857])『オウエン自叙伝』五島茂訳, 岩波書店.

オウエン, R. (1963[1821])「ラナーク州への報告」『社会変革と教育』渡辺義晴訳, 明治図書出版.

大沢真理 (1986)『イギリス社会政策史』東京大学出版会.

大山博 (2012)『福祉政策の形成と国家の役割』ミネルヴァ書房.

小澤修司 (2002)『福祉社会と社会保障改革』高菅出版.

カー, E. H. (2006[1945])『ナショナリズムの発展』大窪愿二訳, みすず書房.

カー, E. H. (2011[1939])『危機の二十年』原彬久訳, 岩波書店.

金子勝 (1997)『市場と制度の政治経済学』東京大学出版会.

川島武宜 (1982[1973])「権利の社会学的分析—Max Weberの "Appropriation"の理論を中心として」『川島武宜著作集』第2巻, 岩波書店.

ガーンジイ, P. (1998[1988])『古代ギリシア・ローマの飢餓と食糧供給』松本宣郎・坂本浩訳, 白水社.

カンジャーニ, M.・C. トマスベルガー (2009)「カール・ポランニー 1920-1947」『現代思想』vol.37-10, 中山智香子訳, 2009年8月号.

木畑洋一 (2014)『二〇世紀の歴史』岩波書店.

木村雄一 (2004)「ライオネル・ロビンズと効用の個人間比較」『経済論叢』173-2, 京都大学経

　　　済学会.

教皇フランシスコ (2014[2013])『使徒勧告 福音の喜び』日本カトリック新福音化委員会訳, カ
　　　トリック中央協議会.

楠茂樹・楠美佐子 (2013)『ハイエク』中央公論新社.

クライン, N. (2011[2007])『ショック・ドクトリン』幾島幸子・村上由見子訳, 岩波書店.

クラウチ, C. (2007[2004])『ポスト・デモクラシー』山口二郎・近藤隆文訳, 青灯社.

クラパム, J. H. (1979-1981[1926-1938])『イギリス経済史概説』上下, 山村延昭訳, 未来社.

栗本慎一郎 (1979)『経済人類学』東洋経済新報社.

栗本慎一郎 (1982)『ブダペスト物語』晶文社.

桑田学 (2014)『経済的思考の転回』以文社.

ケインズ, J. M. (1981[1923])「貨幣政策の諸目標」『説得論集』ケインズ全集 第 9 巻, 宮崎義一
　　　訳, 東洋経済新報社.

ケインズ, J. M. (1981[1925])「チャーチル氏の経済的帰結」『説得論集』ケインズ全集 第 9 巻,
　　　宮崎義一訳, 東洋経済新報社.

ケインズ, J. M. (1981[1930])「わが孫たちの経済的可能性」『説得論集』ケインズ全集 第 9 巻,
　　　宮崎義一訳, 東洋経済新報社.

ケインズ学会編, 平井俊顕監修 (2014)『ケインズは,《今》, なぜ必要か?』作品社.

小林純 (2010)『ヴェーバー経済社会学への接近』日本経済評論社.

小林純 (2015)『マックス・ヴェーバー講義』唯学書房.

小峯敦 (2007a)「「連邦主義」にみる自由主義—ロビンズとベヴァリッジ」『市場社会とは何か』
　　　平井俊顕編著, 上智大学出版.

小峯敦 (2007b)『ベヴァリッジの経済思想』昭和堂.

権上康男 (2006)「新自由主義の誕生(1938-47)」『新自由主義と戦後資本主義』日本経済評論社.

佐藤光 (2006)『カール・ポランニーの社会哲学』ミネルヴァ書房.

塩野谷祐一 (2002)『経済と倫理』東京大学出版会.

塩野谷祐一 (2009)『経済哲学原理』東京大学出版会.

シュムペーター, J. (1980[1914])『経済学史』中山伊知郎・東畑精一訳, 岩波書店.

シュムペーター, J. (1986[1908])『理論経済学の本質と主要内容』下, 大野忠男・安井琢磨・木
　　　村建康訳, 岩波書店.

スキデルスキー, R. (2010[2009])『なにがケインズを復活させたのか?』山岡洋一訳, 日本経済
　　　新聞出版社.

太子堂正弥 (2011)「ハイエクの福祉国家批判と理想的制度論」『経済思想のなかの貧困・福祉』
　　　小峯敦編者, ミネルヴァ書房.

ダイシー, A. V. (1972[1914])『法律と世論』菊池勇夫監修, 清水金二郎訳, 法律文化社.

高城和義 (2003)『パーソンズとウェーバー』岩波書店.

田口晃 (2008)『ウィーン』岩波書店.

玉野井芳郎 (1979)「経済の二つの意味」『市場志向からの脱出』ミネルヴァ書房.

堤未果 (2013)『㈱貧困大国アメリカ』岩波書店.

角山栄・速水融編 (1979)『経済史学の発達』同文館.

ドーア, R. (2011)『金融が世界を乗っ取る世界経済』中央公論新社.

中澤信彦 (2009)『イギリス保守主義の政治経済学―バークとマルサス』ミネルヴァ書房.

中山智香子 (2013)『経済ジェノサイド』平凡社.

永井義雄 (1962)『イギリス急進主義の研究』御茶の水書房.

永井義雄 (1993)『ロバアト・オウエンと近代社会主義』ミネルヴァ書房.

鍋島直樹 (2012)「ケインズの経済瀬策論」『グローバル・クライシス』原正彦編, 青山社.

西沢保 (1999)「雇用政策, 生産合理化をめぐるケインズと大蔵相」『イギリス100年の政治経済学』服部正治・西沢保編者, ミネルヴァ書房.

西部忠 (1996)『市場像の系譜学―「経済計算論争」をめぐるヴィジョン』東洋経済新報社.

根井雅弘 (1991)『「ケインズ革命」の群像』中央公論社.

根井雅弘 (1995)『ガルブレイス』丸善ライブラリー.

根岸毅宏 (2006)『アフリカの福祉改革』日本経済評論社.

野口建彦 (2011)『K・ポランニー―市場自由主義の根源的批判者』文真堂.

ハイエク, F. A. (1954[1944])『隷従への道』一谷藤一郎・一谷映理子訳, 東京創元社.

ハイエク, F. (1990[1949])『真の個人主義と偽りの個人主義』『個人主義と経済秩序』嘉治元郎・嘉治佐代訳, 春秋社.

ハイエク, F. (1987[1964])『福祉国家における自由 自由の条件III』気賀健三・古賀勝次郎訳, 春秋社.

ハイエク, F. (2012[1945])『書評：ベヴァリッジ『自由社会における完全雇用』』『ケインズとケンブリッジに抗して』西山千明監修, 小峯敦・下平裕之訳, 春秋社.

バウアー, O. (1989[1923])『オーストリア革命』酒井晨史訳, 早稲田大学出版部.

バウアー, O. (1992[1936])『二つの大戦のはざまで』酒井晨史訳, 早稲田大学出版部.

橋本努 (2012)『ロスト近代』弘文堂.

濱口桂一郎 (2012)「「失敗した理念の勝利」の中で」『生活経済政策』2012年4月号.

土方直史 (2003)『ロバート・オウエン』研究社.

平井俊顯 (2000)『ケインズ・シュンペーター・ハイエク―市場社会像を求めて』ミネルヴァ書房.

広川洋一 (1975)『ヘシオドス研究序説』未来社.

ピンカー, R. (1985[1971])『社会福祉学原論』岡田藤太郎・柏野健三訳, 黎明書房.

ピンカー, R. (2003[1979])『社会福祉三つのモデル』星野政明・牛津信忠訳, 黎明書房.

フィンレー, M. (1989[1963])『古代ギリシア人』山形和美訳, 法政大学出版局.

フィンレー, M. (1991[1973])『民主主義―古代と近代』柴田平三郎訳, 刀水書房.

フーコー, M. (2008[1978-1979])『生政治の誕生』慎改康之訳, 筑摩書房.

藤田奈々子 (2010)『ミュルダールの経済学』NTT出版.

ブキャナン, J. M.・J. バートン・R. E. ワグナー (1979[1978])『ケインズ財政の破綻』(原題は『ケインズ氏の帰結』) 水野正一・亀井敬之訳, 日本経済新聞社.

フリードマン, M. (2008[1962])『資本主義と自由』村井章子訳, 日経BP社.

フリードマン, M. & R. (2012[1980])『選択の自由』西山千明訳, 日本経済新聞出版社.

ブリュレ, P. (1997[1977])『都市国家アテネ—ペリクレスと繁栄の時代』青柳正規監修, 高野優訳, 創元社.

フレーデン, B. (2003[1998])『ルソーの経済哲学』鈴木信雄・八幡晴文・佐藤有史訳, 日本経済評論社.

フロム, E. (1951[1941])『自由からの逃走』日高六郎訳, 東京創元社.

ベヴァリッジ, W. (2014[1942])『ベヴァリッジ報告 社会保険および関連サービス』一圓光彌監訳, 森田慎二郎ほか訳, 法律文化社.

ポランニー, K. (2012[1927])「自由について」ホランニー, K. (2012).

ポランニー, K. (2012[1932])「経済と民主主義」ホランニー, K. (2012).

ポランニー, K. (2012[1937])「共同体と社会」ホランニー, K. (2012).

ポランニー, K. (2012[1940s])「ファシズムのウイルス」ホランニー, K. (2012).

ポランニー, K. (2012[1945])「普遍的資本主義か地域的計画か?」ホランニー, K. (2012).

ポランニー, K. (2012[1947])「経済決定論の信仰」ホランニー, K. (2012).

ポランニー, K. (2012[1950s])「ジャン・ジャック・ルソー, または自由な社会は可能か」ホランニー, K. (2012).

ポランニー, K. (2012[1955])「自由と技術」ホランニー, K. (2012).

ポランニー, K. (2012[1959])「アリストテレスの豊かな社会論」ホランニー, K. (2012).

ポランニー, K. (2003[1975])『経済の文明史』玉野井芳郎ほか編訳, 筑摩書房.

ポランニー, K. (2004[1975])『経済の文明』栗本慎一郎ほか訳, 筑摩書房.

ポランニー, K. (2012)『市場社会と人間の自由—社会哲学論選』若森みどり・植村邦彦・若森章孝編訳, 大月書店.

ポランニー = レヴィット, K. (2012)「日本語版への序文」ホランニー, K. (2012).

前田芳人 (2006)『国際分業論と現代世界』ミネルヴァ書房.

マーティンセン, H.「倫理的社会主義」『社会文化形成センターディスカッションペーパー』12(1), 小池直人訳.

真下英信 (2001)『伝クセノポン「アテーナイ人の国制」の研究』慶應義塾大学出版会.

間宮陽介 (2006[1989])『増補 ケインズとハイエク』筑摩書房.

マルサス, R. (1973[1798])『人口論』永井義雄訳, 中央公論新社.

丸山真人 (2006)「カール・ポランニー」『新版 経済思想史』名古屋大学出版会.

マンハイム, K. (1962[1940])『変革期における人間と社会』福武直訳, みすず書房.

マンハイム, K. (1954[1943])『現代の診断』高橋徹・青井和夫訳, みすず書房.

マンハイム, K. (2000[1951])『自由・権力・民主的計画』池田秀男訳, 未来社.

三苫民雄 (2000)「ピクレルの社会理論——一九—二〇世紀転換期におけるブダペスト思想界の一断面」『スラヴ研究』47.

南塚信吾編 (1999)『ドナウ・ヨーロッパ史』小川出版社.

美馬孝人 (2000)『イギリス社会政策の展開』日本経済評論社.

宮本太郎 (2009)『生活保障』岩波書店.

モーリス－スズキ, T. (2004)『自由を耐え忍ぶ』辛島理人訳, 岩波書店.

森下宏美 (2001)『マルサス人口論争と「改革の時代」』日本経済評論社.

森元孝 (1995)『アルフレート・シュッツのウィーン―社会科学の自由主義的転換の構想とその時代』新評論.

八木紀一郎 (1988)『オーストリア経済思想史研究』名古屋大学出版会.

八木紀一郎 (2004)『ウィーンの経済思想』ミネルヴァ書房.

八木紀一郎 (2006)「第7巻序文」『経済思想7 経済思想のドイツ的伝統』八木紀一郎編, 日本経済評論社.

柳沢哲哉 (2003)「タウンゼントの救貧法批判」『マルサス理論の歴史的形成』永井義雄・柳田芳伸・中澤信彦編, 昭和堂.

山中優 (2007)『ハイエクの政治思想』勁草書房.

山森亮 (2009)『ベーシック・インカム入門』光文社.

吉野裕介 (2014)『ハイエクの経済思想』勁草書房.

ラスキ, H. (1957[1933])『危機にたつ民主主義』岡田良夫訳, ミネルヴァ書房.

ルカーチ, J. (2010[1988])『ブダペストの世紀末』早稲田みか訳, 白水社.

ルソー, J. J. (1986a[1762])『社会契約論』作田啓一訳, 白水社.

ルソー, J. J. (1986b[1755])『政治経済論』阪上孝訳, 白水社.

ロビンズ, L. (2009[1971])『一経済学者の自伝』田中秀夫監訳, ミネルヴァ書房.

若森みどり (1999)「続『大転換』の構想と晩年のポランニー」『経済セミナー』no.529.

若森みどり (2001a)「〈市場 対 計画〉の終焉と『大転換』」『多元的経済社会の構想』杉浦克己・柴田徳次郎・丸山真人編著, 日本評論社.

若森みどり (2001b)「カール・ポランニーの「二重運動」と自由―『大転換』最終章の歴史的位相」『経済学史学会年報』(39).

若森みどり (2006)「K・ポランニー――社会の現実・二重運動・人間の自由」『経済思想8 20世紀の経済学の諸潮流』橋本努編, 日本経済評論社.

若森みどり (2010a)「カール・ポランニーの「経済社会学」の誕生―『大転換』から『人間の経済』へ」『経済学史研究』51(2), 経済学史学会.

若森みどり (2010b)「カール・ポランニー――社会の自己防衛から福祉国家の哲学へ」『福祉の経済思想家たち 増補改訂版』小峯敦編, ナカニシヤ出版.

若森みどり (2010c)「カール・ポランニーにおける市場社会と民主主義」『労働』安孫子誠男・水島治郎編, 勁草書房.

若森みどり (2011)『カール・ポランニー――市場社会・民主主義・人間の自由』NTT出版.

若森みどり (2012)「劣化する新自由主義と民主主義の危機」『生活経済政策』2012年8月号.

若森みどり (2013)「新自由主義時代における市場社会の危機と蘇るポランニー」『季刊 経済理論』50(3).

若森みどり (2014)「贈与―私たちはなぜ贈り合うのか」『現代の経済思想』橋本努編, 勁草書房.

若森みどり (2015)「カール・ポランニーと社会政策の思想的次元」『社会政策』6(3), 社会政策学会編, ミネルヴァ書房.

渡会勝義 (1999)「古典派経済学と貧困問題」『経済政策思想史』西沢保・服部正治・栗田啓子編, 有斐閣.

ワプショット, N. (2012[2011])『ケインズかハイエクか』久保恵美子訳, 新潮社.

찾아보기

인명 찾아보기

지금 다시, 칼 폴라니
우리 시대의 경제적 고통은 어디에서 출발하는가

1판 1쇄 펴냄 | 2017년 2월 28일
1판 2쇄 펴냄 | 2017년 6월 16일

지은이 | 와카모리 미도리
옮긴이 | 김영주
발행인 | 김병준
편집장 | 김진형
편   집 | 유승재
디자인 | 디자인 규(표지), 이순연(본문)
발행처 | 생각의힘

등록 | 2011. 10. 27. 제406-2011-000127호
주소 | 경기도 파주시 회동길 37-42 파주출판도시
전화 | 031-955-1653
전자우편 | tpbook1@tpbook.co.kr
홈페이지 | www.tpbook.co.kr

공급처 | 자유아카데미
전화 | 031-955-1321
팩스 | 031-955-1322
홈페이지 | www.freeaca.com

ISBN 979-11-85585-32-1 03300

이 도서의 국립중앙도서관 출판시도서목록(CIP)은
서지정보유통지원시스템 홈페이지(http://seoji.nl.go.kr)와
국가자료공동목록시스템(http://www.nl.go.kr/kolisnet)에서
이용하실 수 있습니다. (CIP제어번호: CIP2017002694)